रज़ा पुस्तक माला

नि:शब्द की तर्जनी

खण्ड एक

रज़ा फ़ाउण्डेशन | THE RAZA FOUNDATION

निःशब्द की तर्जनी

खण्ड एक

शंख घोष

बाङ्ला से अनुवाद
उत्पल बैनर्जी

राजकमल प्रकाशन

रज़ा पुस्तक माला : संचयन
प्रधान सम्पादक : अशोक वाजपेयी | सम्पादक : पीयूष दईया
राजकमल प्रकाशन प्रा.लि. और रज़ा फ़ाउण्डेशन का सह-प्रकाशन

ISBN : 978-81-267-3091-9

मूल्य : ₹599

पहला संस्करण : 2018

प्रकाशक : राजकमल प्रकाशन प्रा. लि.
1-बी, नेताजी सुभाष मार्ग, दरियागंज
नई दिल्ली-110 002

शाखाएँ : अशोक राजपथ, साइंस कॉलेज के सामने, पटना-800 006
पहली मंजिल, दरबारी बिल्डिंग, महात्मा गांधी मार्ग, इलाहाबाद-211 001
36 ए, शेक्सपियर सरणी, कोलकाता-700 017

वेबसाइट : www.rajkamalprakashan.com
ई-मेल : info@rajkamalprakashan.com

मुद्रक : यश प्रिंटोग्राफिक्स
नोएडा-201301 (उत्तर प्रदेश)

NIHSHABD KI TARJANI : Khand Ek
(Prose) by Shankh Ghosh
Translated by Utpal Banerjee

आमुख

कलाओं में भारतीय आधुनिकता के एक मूर्धन्य सैयद हैदर रज़ा एक अथक और अनोखे चित्रकार तो थे ही उनकी अन्य कलाओं में भी गहरी दिलचस्पी थी। विशेषतः कविता और विचार में। वे हिन्दी को अपनी मातृभाषा मानते थे और हालाँकि उनका फ्रेंच और अँग्रेज़ी का ज्ञान और उन पर अधिकार गहरा था, वे, फ्रांस में साठ वर्ष बिताने के बाद भी, हिन्दी में रमे रहे। यह आकस्मिक नहीं है कि अपने कला-जीवन के उत्तरार्द्ध में उनके सभी चित्रों के शीर्षक हिन्दी में होते थे। वे संसार के श्रेष्ठ चित्रकारों में, २०-२१वीं सदियों में, शायद अकेले हैं जिन्होंने अपने सौ से अधिक चित्रों में देवनागरी में संस्कृत, हिन्दी और उर्दू कविता में पंक्तियाँ अंकित कीं। बरसों तक मैं जब उनके साथ कुछ समय पेरिस में बिताने जाता था तो उनके इसरार पर अपने साथ नवप्रकाशित हिन्दी कविता की पुस्तकें ले जाता था : उनके पुस्तक-संग्रह में, जो अब दिल्ली स्थित रज़ा अभिलेखागार का एक हिस्सा है, हिन्दी कविता का एक बड़ा संग्रह शामिल था।

रज़ा की एक चिन्ता यह भी थी कि हिन्दी में कई विषयों में अच्छी पुस्तकों की कमी है। विशेषतः कलाओं और विचार आदि को लेकर। वे चाहते थे कि हमें कुछ पहल करना चाहिये। २०१६ में साढ़े चौरानवे वर्ष की आयु में उनकी मृत्यु के बाद रज़ा फ़ाउण्डेशन ने उनकी इच्छा का सम्मान करते हुए हिन्दी में कुछ नये क़िस्म की पुस्तकें प्रकाशित करने की पहल रज़ा पुस्तक माला के रूप में की है, जिनमें कुछ अप्राप्य पूर्व प्रकाशित पुस्तकों का पुनर्प्रकाशन भी शामिल है। उनमें गांधी, संस्कृति-

चिन्तन, संवाद, भारतीय भाषाओं से विशेषतः कला–चिन्तन के हिन्दी अनुवाद, कविता आदि की पुस्तकें शामिल की जा रही हैं। सभी पुस्तकों पर रज़ा साहब और उनके समकालीन मित्र चित्रकारों आदि की प्रतिकृतियाँ आवरणों पर होंगी।

हमारी परम्परा में यह माना गया है कि गद्य कवियों का निकष होता है। यह निरा संयोग नहीं है कि प्रायः सभी भारतीय भाषाओं में महत्त्वपूर्ण कवियों ने अच्छा, सरस और रोशनी देनेवाला गद्य लिखा है। हम इस पुस्तक माला में ऐसा कवि–गद्य प्रस्तुत करने के लिए सचेष्ट हैं। शंख घोष न सिर्फ़ इस समय बाङ्ला के सबसे बड़े कवि हैं, वे भारतीय कवि–समाज में भी मूर्धन्य हैं। उनका गद्य हम दो खण्डों में प्रस्तुत कर रहे हैं। वह उनकी सूक्ष्म जीवन और काव्य–दृष्टि का साक्ष्य है : कई विषयों पर नये ताज़े ढंग से सोचने के लिए हमें प्रेरित भी करता है। उनके यहाँ बारहा ऐसे अनुभवों को गद्य में रूपायित करने की चेष्टा है जो अक्सर गद्य के अहाते से बाहर रहे आये हैं।

अशोक वाजपेयी

अगस्त २०१७, नयी दिल्ली

क्रम

नि:शब्द की तर्जनी

नि:शब्द की तर्जनी

बड़ी मुश्किल पहेली जानती है एक छोटी–सी लड़की। बात करने पर कौन–सी चीज़ टूट जायेगी?

हालाँकि दार्शनिक कीर्केगार्द और भी मुश्किल पहेली जानते थे, अपनी डायरी में जब वे सवाल करते हैं, क्या एक व्यक्ति को किसी दूसरे व्यक्ति से ईश्वर के विषय में कुछ कहने का अधिकार है? क्योंकि तब, उन्हें लगता है, परम के साथ सम्पर्क टूट जायेगा, और इसी सम्पर्क का दूसरा नाम है नीरवता।

लेकिन क्या ऐसी भी बातें नहीं हैं जिनसे नीरवता निर्मित होती हो?

इन दिनों कुछ भी बोलने की इच्छा होती है, बहुत अपनेपन के साथ, अनगढ़ ढंग से। बहुत छोटा और बहुत सहज! ऐसा, जिसे पढ़कर लगे कि इसमें तो कुछ भी नहीं है, लगे कि मानो आधुनिकता का नाम ही नहीं सुना हो, कुछ भी ऐसा नहीं पढ़ा जो समकालीन हो। ऐसे में लग सकता है कि फिर क्यों लिखी जायें कविताएँ? बहुत ज़्यादा बिल्लियों की आँखों से भर गया है यह समाज, चातुर्य बहुत ही अनायास, सुलभ और सर्वसाध्य हो गया है—बहुत खुले ढंग से एक व्यक्ति दूसरे व्यक्ति की आँखों में आँखें डालकर देख सके, आज यही सबसे मुश्किल मामला हो गया है। इसलिये अब अपरिचितों के बीच अचानक प्रवेश करने की तरह अप्रतिभ चेहरा लिये सबके सामने खड़े होने की इच्छा होती है।

लगता है इन कुछ ही दिनों में मैंने बहुत ज़्यादा कह दिया है। दिन भर के बाद देर रात को घर लौटकर ग्लानि–सी महसूस होती है। बातें, और बातें। मानो कहीं भी ज़रा–सी भी ख़ामोशी नहीं थी, नहीं रहनी चाहिए, हाथ पर

हाथ नहीं रखना चाहिए। जिस नीरवता को सब मिलकर ढूँढ़ने निकले थे, वे सब कहाँ बिला गये हवा में, मानो इसके बारे में कभी जानने की कोई ज़रूरत ही नहीं।

हम कोई भी किसी की आँखों में आँखें डालकर नहीं देखते लेकिन हम सब सभी का चेहरा देखते हैं। और चूँकि उन्हें हम बख़ूबी पहचानने लगे हैं, इसलिये जिस तरह शाम को लड़कियाँ शृंगार करती हैं, हम सभी लोकपुराणों का चूरा मलकर घूमते रहना पसन्द करते हैं। हम ख़ुद ही पुराण बन जाना चाहते हैं। लेकिन चैत्र की हवा के वेग से यदि मायावी पुराण खिर जाये तो! मुझे लगता है, इससे तो मुखौटा ही बेहतर। कवि भीड़ में 'सकल'-शृंगार का मुखौटा लिये हुए सभी के भीतर छुपा रहेगा—अब इससे अच्छी शरण भला और क्या हो सकती है? इच्छा होती है कि इसी के बीच में बहुत छिपकर रहे यह कच्चा जीवन, हरी बातों की छाया में।

इसीलिये लगता है निःशब्द होकर ही कविता लिखनी पड़ेगी, निःशब्द कविता। शब्द ही जानता है कि ईश-सूत्र से विलग हुए बिना वह किस तरह निःशब्द हो पाता है। इसके लिये दुःसह ओट से ज़बर्दस्त छलाँग लगानी ही पड़ेगी। दुःसह, क्योंकि अन्तराल को सहन करना ही मनुष्य के लिये सबसे अधिक कठिन होता है। कवि को तो आज मनुष्य ने पूरी तरह खा लिया है, इसलिये मनुष्य के इस अन्तिम दाय को स्वीकार करके भी वह भटक रहा है, अन्तराल को भेद कर एक शरीर दूसरे शरीर की निकटता में रहना चाहता है। ऐसा यदि नहीं होता है तो सहनशीलता टूट जाती है,—लेकिन इसके बावजूद उस दुःसह ओट में बैठकर वह एक दैनन्दिन मुखौटा तैयार रखेगा; उसे कोई नहीं पहचानेगा, कोई उसकी ओर उँगली नहीं उठायेगा कि 'यह व्यक्ति कवि है', और उसके भीतर से चुपके से जन्म लेगी निःशब्द कविता।

क्या ऐसा नहीं लगता कि जीवनानन्द ने हमें सचमुच कुछ नहीं सिखाया? जो उनका परिधान था, उसके समूचे को ही असबाब की तरह कविता के घरों में सजा दिया गया; जो कुछ केवल व्यक्तिगत होने की वजह से श्रद्धेय और त्याज्य था, अजायबघर से मृतदेह को खींचकर लाने की मानिन्द उसी पर हमला किया गया। लेकिन उनकी स्वच्छ नीरवता का पर्दा कहाँ गया? सिर्फ़ उस के सम्मुख ही तो सरनिगूँ हुआ जा सकता था!

सुलभ है, सुलभ है, बहुत सुलभ है बड़ाबाज़ार! दिग्दिगन्त में स्फुलिंग की तरह छिटक जाना आज इतना अकातर है और इसी कारण हम बड़ी सड़क के बीचोंबीच उमड़ पड़े हैं। हमारी मज्जा में कहाँ है गर्व, कहाँ है उपेक्षा? मुँह फेरकर उदासीनता लिये हटकर खड़े रहना कहाँ खो गया है? अब हम दम्भ से भरे हैं लेकिन गर्वित नहीं, निर्जीव हैं लेकिन उदासीन नहीं, लुब्ध हैं पर लिप्त नहीं। पाँच लोगों के बीच में खड़े रहें तो हमें धारा बहा ले जायेगी, केवल इसी डर को मन में लिये हम काग़ज़ के फूलों की तरह खरखराते बालकनी में खड़े हैं। लेकिन इसी रंगिणी काकली के भीतर हमें रह जाना होगा, इसी के संघर्ष के भीतर से उठानी होगी निःशब्द की तर्जनी। कविता उसी तर्जनी की तलाश करती रहती है।

तो क्या प्रकृति में लौट जाना होगा? प्रकृति, वह तो कभी नहीं छोड़ती, उसके साथ तो दिन-रात की लड़ाई चलती रहती है; लेकिन हमें लौट जाना नहीं है क्योंकि प्रकृति तो अत्यन्त वाचाल है। मौन का पता तो केवल मनुष्य के अन्तर को मालूम है, दोनों के बीच सम्पर्क में ही मौन का बीज विद्यमान है, जैसा कि कीर्केगार्द को भी पता था। वह बीज फिर से चाहता है सिर्फ़ यापन का निर्यास। यापन, यापन। हूँ, मैं हूँ—जब प्रश्वासों के आवर्त में यह ध्वनि सुनाई देने लगती है, तभी दलबद्ध सारे शब्द दौड़कर अन्तहीन नीरवता की ओर चले जाना चाहते हैं। हो सकता है अब कोई ऐसी कविता का पता दे सके। निःशब्द अनायास निविड़ आयतन की कविता, मृत्यु के आसपास। जिस फूल को हम तोड़ लाते हैं और जो फूल हमें हाथ में मिलता है, इन दोनों के बीचोंबीच एक अवाच्य निःसत्व को कवि उंगारेत्ती ने देखने की कोशिश की थी। वह फूल, जो शब्द का ही दूसरा नाम है, उसे वे नीरवता से छिन्न करके ले आये थे ताकि उसे नीरवता में ही बिखेर सकें,—जहाँ कण्ठ को उसका सुन्दर स्वर वापस मिल जाता है, गति भीतर-ही-भीतर यति के लिये जगह छोड़ देती है। शब्दों के भीतर स्थित वह अवाच्यता हमें कौन लाकर देगा?

(१९६६)

शब्दों से पलायन

क्षुधार्तों की एक पत्रिका में उस दिन एक पृष्ठ की एक कविता पर मेरी नज़र गयी, जहाँ एक ही शब्द को जपमाला की तरह घुमा-घुमा कर एक नक़्शा तैयार किया गया था। और जो लोग क्षुधार्त के बिलकुल विपरीत हैं, जो लोग कविता को सीमाहीन रूप से स्पर्शातीत करना चाहते हैं, उनकी रचनाओं में भी यही खेल दिखायी देता है। वे भी दो-एक शब्दों, यहाँ तक कि वर्णों, वर्णों के विभिन्न प्रकारों के नक़्शों से काग़ज़ भरे जा रहे हैं। मौजूदा दौर के एक अमेरिकी युवा ने बहुत सोच-विचार के बाद तीन शब्दों को तोड़ कर तीन पंक्तियों में विन्यस्त कर दिया और वह आधुनिकतम कविता की उत्तेजना बन गयी। वे इतना ही ज़ाहिर कर सकते हैं कि यदि टाइपराइटर की रिबन की स्याही धुँधली होने लगे तो फिर रचना का और एक स्वतन्त्र जन्म होगा और कविता का स्वरूप ही बदल जायेगा। यह सम्भवत: बहुत नयी बात नहीं है, पुराने समय से ही इस प्रकार की थोड़ी गरम मज़ाहिया बातें होती रही हैं, अरागाँ ने भी हमें A से Z तक समूची वर्णमाला सजाकर ही एक दिन कविता का उपहार दिया था। इन दिनों इस तरह का आग्रह इस देश में भी दिखायी देने लगा है। बंगाल में शुद्ध कविता की खोज या फिर महाराष्ट्र में 'concrete poetry' का विश्वास कवियों को इस तरह के ऐब्सट्रैक्शन के खेल के लिये उकसा रहा है।

केवल कौतुक के लिये ही ऐसा घटित हो रहा है सोचना अन्याय होगा। कौतुक, उपेक्षा या फिर निराशा कभी भी इनकी रचना के मूल में नहीं रहे ऐसा नहीं है, लेकिन ज़्यादातर समय इनके भीतर एक भ्रान्त दार्शनिकता काम करती रहती है और समूचा मामला ही शब्दविलास के विरुद्ध एक प्रतिक्रिया की शक़्ल अख़्तियार कर लेता है। मनविहीन अनुभवरहित शब्द

प्रयोगों की बहुलता के कारण चारों ओर जब सब कुछ धुँधला लगने लगता है, तब ऐसे में एक अन्ध-प्रतिक्रिया सम्भवत: पूरी तरह से अप्रत्याशित नहीं होती। हमारे जीवनयापन को टिड्डियों के झुंड की तरह शब्दावलियाँ घेर रही हैं, लेकिन क्रमश: पता चलता है कि धीरे-धीरे उसका परिवहन नष्ट हो गया है। निष्फल बातों में तेज़ी से दिन बीत जाता है, रात को घर लौटकर देखता हूँ कि हाथ कुछ नहीं आया। अभ्यासवश बातें करना और झूठ बोलने का यह भीषण सर्वनाश शिल्प में भी अपने निशान छोड़ जाता है, कविता के अवयव भी कोलाहलमय, वार्ताविहीन और अभ्यासताड़ित हो उठते हैं। जिस तरह मुलाक़ात होने पर तुरन्त 'ठीक हो' कहकर एक-दूसरे बनावटी ढंग से अपने आप ही सिर हिलाने लगते हैं, बाङ्ला कविता में आज पयारपंक्ति लगभग उतने ही झूठ को लेकर क़लम की नोंक पर आ धमकती है, जीवित रहने के साथ रचना के सामंजस्य का कोई प्रयोजन नज़र ही नहीं आता।

हो सकता है इस अपघाती झूठ के भीतर खड़े होकर पहले आवेग से शब्दों पर ही एक भूल अभिमान जन्म लेता है। लगता है जिसका परिवहन नहीं उसकी मुझे ज़रूरत भी नहीं। लेकिन, शब्दजात मिथ्या की उपेक्षा करने की कोशिश में यह शब्द की ही उपेक्षा करने-जैसा हो जाता है। इस उपेक्षा की वजह से जो कवि एक-दो शब्दों की ओर लौट जाते हैं, यहाँ तक कि वर्णों की ओर, वर्णों के विविध नक़्शों की तरफ़—अपने अगोचर में वे कविता-जगत से निष्क्रमण के पथ पर आ खड़े होते हैं। यहाँ वे सम्भवत: अपने खेल को महिमान्वित करके सोचते लगते हैं कि कविता आज एक ऑडियो-विज़ुअल मामला है, वह केवल श्रुतिगम्य नहीं है; सम्भवत: वे मन-ही-मन ऐसा मान लेते हैं कि शब्दों की व्यक्तिगत क्षमता आज लोप होने की कगार पर है। लेकिन ऐसा सोचना ही कविता से स्वयं को पीछे खींच लेने का संकीर्ण पथ है। इस अविश्वास के सघन हो जाने पर हमें भी विदेशी लेखकों के एक दल की तरह अन्त में घोषणा करनी होगी : कविता अब और नहीं!

मार्टिन वाल्सर, पीटर हाम और इन्हीं-जैसे दो-चार जर्मन लेखकों ने, सुना है कि पिछले दिनों कह दिया है कि नाटक-कविता-कहानी आदि से अब उनका कोई सरोकार नहीं है।[१] शब्दों के बाज़ीगर लेखकों की ही बात नहीं,

१. इस आलेख को लिखने के बाद पता चला कि इनमें से वाल्सर ने अपने निर्णय पर

हमारे प्रमुख कवियों में भी क्या ऐसा संशय नहीं दिखायी दे रहा? समर सेन कविता छोड़कर चले गये उसका कारण निश्चित रूप से भिन्न है, लेकिन सन्दीपन की रचना-कृपणता या फिर सम्प्रति उत्पल की नीरवता को इसी सूत्र के आधार पर देखना चाहिए। आज उत्पल को क्यों सोचना पड़ा कि अब मिक्स्डमीडिया यानी मिश्रपन्थ के अलावा कला की मुक्ति सम्भव नहीं?

यह ठीक है कि ये लोग जिस चीज़ को पकड़ना चाहते थे वह थी—अनतिव्यक्त एक सांगीतिक प्रतिभा। कविता स्वयं ही ख़ुद की सम्पूर्ण सत्ता होती है, वह तो केवल उस बिम्ब का स्पर्श किये रहती है। इसीलिये उसका कोई दूसरा मतलब नहीं होता, उसका कोई दूसरा प्रतिशब्द सम्भव नहीं; 'द्विविध अर्थमय रायगुणाकार था बहुत वाचाल' (उत्पलकुमार बसु)। शायद यही वजह थी कि कविसभा में कोई उनसे कविता का तात्पर्य समझने की चेष्टा करता तो गिन्सबर्ग को निर्वसन होने का उपक्रम करना पड़ता था। और हो सकता है इसी वजह से, किंचित क्रीड़ाभाव से ही, शक्ति चट्टोपाध्याय की कविता पर सन्दीपन ने गद्य को आधार बनाकर विचार किया है, कभी-कभी परिहास का आग्रह लेकर शब्दों के अर्थ बताकर, क्योंकि स्वतन्त्र शब्दों के कई-कई अभिधा-अर्थ होते हैं, लेकिन सम्पूर्ण कविता के लिये कोई योग्य प्रतिशब्द नहीं है। अर्थ और तात्पर्यों को खोदकर लाने वाले चालू आलोचना के विरुद्ध नाराज़गी की वजह से इसे पल भर में पहचाना जा सकता है, इसमें लगभग इतना ही कहने की इच्छा मानो प्रच्छन्न है कि कविता भी शुद्ध संगीत की तरह ही विषय और विन्यास में एकाकार लीन होती है, उसे पृथक करके तोड़कर देखने का कोई अर्थ नहीं।

लेकिन यदि संगीत को शुद्धतम शिल्प माना जाय, जैसा कि टॉमस मान या रवीन्द्रनाथ ने सोचा था, तो क्या फिर उसके साथ सम्पूर्ण सायुज्य में ही चित्र अथवा कविता की मुक्ति सम्भव है? वॉलेरी ने जो आक्षेप लगाते हुए ज़ीद से कहा था : 'एक पृष्ठ की रचना क्या कभी भी छोटी-सी स्वरलिपि की महिमा तक पहुँच सकती है'—वह आक्षेप भी अन्ततः उनकी रचना को रुद्ध नहीं कर सकी। निश्चित रूप से विचारों के उत्स

→ पुनर्विचार किया था। एक साक्षात्कार में उन्होंने बताया है कि भविष्य में उनका लेखन और भी जटिल होता जायेगा, वह और भी उच्चाशामय होगा।

से ही चित्र अथवा कविता क्रमानुसार सांकेतिक सांगीतिक विश्व की ओर अग्रसर होते जाते हैं। फिर इसके भी बहुत सारे स्तरों को पार कर जब आजकल के नामहीन चित्र और नामहीन कविता के धूसर एब्सट्रैक्शन में पहुँचता हूँ, तो वहाँ देखता हूँ कि केवल कम्युनिकेशन नहीं, मलार्मे द्वारा प्रस्तावित इनिसिएशन तक बन्द है। तब ? तब समकालीन एक विचारक की भाँति कहने का लोभ होता है कि भविष्यत काल एक दिन विह्वल घृणा के साथ इस परम धूसरता की ओर देखेगा।

अर्थात् संगीत की तरह होना और संगीत होना एक बात नहीं है। शब्द अपने चारों ओर की जड़ता को लेकर ही सत्य की ओर अग्रसर होना चाहता है, और यही उसका गौरव है। यह बात सही है कि 'कवि के शब्द जहाँ थम जाते हैं, वहाँ से आलोक का आरम्भ होता है'। लेकिन यही तो कवि की कला है कि वे शब्दों को इसी आलोक के तट पर पहुँचा पाते हैं। शब्दों की पारस्परिकता एक नये ढंग से विन्यस्त होने लगती है और इसी के मध्य रणित होता है निःशब्द संगीत, और तब :

''हरित रहस्यमयी आत्मा, तुम बेटा, तुम क्या चाहते हो ध्वनिमय प्रस्थान घास के वॉयलिन की तरह—धुनिये के ताँत के भीतर से रुई के भीतर क्या तुम चले जाना चाहते हो—क्या तुम मुझे छोड़कर जाना चाहते हो, हरित रहस्यमयी आत्मा मैं तुम्हें ही ढूँढ़ता रहता हूँ मैदानों में—तलाशने पर मुझे काई में लिपटी कूट दीपकों की कटोरियाँ यहाँ-वहाँ पड़ी मिलती हैं—आज सुबह ही बारिश शुरू हुई है।''[१]

प्रतिशब्दहीन ये सारी परमताएँ दिखायी देने लगती हैं। तो फिर आज पूरी हार क्यों होगी भला ? क्यों एक ओर वर्णमाला का नक़्शा है और दूसरी ओर उसी प्रतिक्रिया में मिश्रशिल्प का विकल्प ? देखते ही देखते एक विराट अवजगत जाग उठा है जहाँ उसने चित्र आलोक सुर और शब्दों में घुलमिल कर अपने शरीर तक को शिल्प का माध्यम बना लिया है। शरीर, उसने तो अपने समस्त आर्त्तनादों को तिरछा पकड़ कर चित्र, नाच और कविता का निर्माण कर लिया है। केवल हिप्पी-समाज नहीं, आज समस्त देशों में ही थोड़ा-बहुत ही सही, यह एक नया संस्कृतिमण्डल तैयार होने का उपक्रम दिखायी दे रहा है। लेकिन याद रखना बेहतर होगा कि यह नया

१. उत्पल कुमार बसु, पुरी श्रृंखला, पृ. ३२

जगत कविता का प्रतिस्पर्धी नहीं, उसका समान्तराल–मात्र है। यह शिल्प जिस तरह के अनुभव दे सकता है उसके समान अनुभव अर्जित करना कविता के लिये असम्भव नहीं है। कविता यही कोशिश करती है, शब्द भी यही प्रयास करते हैं, शब्दों से पलायन करके नहीं। इसीलिये मिश्रशिल्प से नहीं, सम्पूर्ण एब्सट्रैक्शन के आग्रह से नहीं, यहाँ तक कि मिनेसोटा के कवियों का दल जिस निःसंग प्राकृतिक आयोजन में मग्न रहने की कल्पना करता रहा है आज उसमें भी नहीं, जाल को और भी बाहर तथा और भी दूर घुमाकर फेंकने की ज़रूरत है।

हम दरअसल संगीत के साथ दैनन्दिन का सामंजस्य बिठाना चाहते हैं। प्रबल प्रहार की उत्तेजना के भीतर होता है हमारा जीवन। हम एक ओर अपने हाथ में रखते हैं चाँद की शिला, दूसरी ओर जाड़े में मैदानों में प्रतिवाद कर रही लड़कियों पर लोकतान्त्रिक पुलिस मुद्गर उठाती है, वर्ण की वजह से, धर्म की वजह से इस देश में, उस देश में जीवन ज़ामिन हो जाता है, फुटपाथों पर ज्योतिषी की नियतिरेखा रातोंरात इश्तहार में तब्दील हो जाती है, उजले मेधावी युवाओं के सिर से कलाई तक क्षमता का संयोग तैयार होने लगता है। इस विशाल समय को उठा कर लाने के लिये ही आज मिश्रशिल्प का यह जटिल आयोजन है, लेकिन विशुद्ध शब्द भी क्या उसे स्पर्श करना नहीं जानता?

यही कोशिश भिन्न–भिन्न तरह से क्रिली या फिर गिन्सबर्ग, सेलान या फिर वॉज़्नेसेन्सकी की रचनाओं में आकार लेती दिखायी दी थी। उनकी भी नाराज़गी शब्दों के खोखले संसार के विरुद्ध थी और हमारे पुरातन छद्म के विरुद्ध, लेकिन उस अभियान को वे शब्दों के भीतर से ही लेकर गये थे। चीत्कार के बदले चीत्कार? इनमें से कुछ लोग क्या अधिक चीत्कारशील थे? कभी–कभी शायद। लेकिन गिन्सबर्ग के अनुरागी कवि भी जानते हैं, यहाँ तक कि वे कवि भी—जिनके बारे में हम सुनते हैं कि वे स्वप्न के आवेश में, नशे के सुरूर में कविता लिखते हैं—उन्हें भी शब्दों के संयम का ध्यान रखना पड़ता है, उन्हें भी एज़रा पाउण्ड की शागिर्दी करनी पड़ती है। विलियम्स को एज़रा पाउण्ड में जो 'mystical ears' दिखायी दिये थे, गिन्सबर्ग को वही श्रुति मुग्ध करती है, वे भी कैन्टोस के अतुलनीय शब्द–शासन से तालीम लेना चाहते हैं। प्रगल्भता के भीतर के शासन, चीत्कार के मध्य की संगोपन नीरवता को ये कवि हर समय पकड़ पाते हैं ऐसा नहीं

है, लेकिन विपर्यय की बुनावट यदि न रहती तो अन्त में उनकी कविता ग्रहणीय नहीं हो पाती। जिस सत्ता के सामंजस्य को बौद्ध और यहूदी तलाशते हैं, वह अद्वय संयोग, सम्भवतः फ़ैशनलुब्ध अगम्भीर पाठकों की नज़रों से बचकर निकल जाता है। लेकिन अगर जानना चाहें कि उनकी जनरेशन के जिस मन को उन्होंने ध्वस्त होते देखा, उनके भीतर का आर्त्तनाद क्या था—तो फिर हमारे सामने उपस्थित होता है एक 'yearning for the ancient heavenly connection to the starry dynamo in the machinery of night'! आन्तरिक सूर्यमुखी यह चरित्र आर्त्तनाद का ही दूसरा पहलू है : 'we are all beautiful golden flowers inside'!

असल में, जिसे हम बाहर से प्रहार या फिर क्रोध के रूप में देखते हैं, उसी के दूसरी ओर गहन रुलाई विद्यमान रहती है। इसके अलावा कोई और बड़ी कला नहीं है। लेकिन जीवन में उसका अस्तित्व कहाँ है? यह जो चींटियों की तरह संसार में व्यस्तता चल रही है, नियम और क़ायदों से बँधा, निर्बोध महत्त्वाकांक्षाओं का आपसी झगड़ा, पल भर के लिये ठिठककर कोई यदि उस अबोध चलने के उलटी ओर देखे, उसके साथ एक सम्पर्क स्थापित करे, तुरन्त ही उसे अन्तरालवर्ती धरती और स्वर्ग की एक विभाजक रेखा दिखायी देगी, जाग उठेगा और एक ऊर्मिमय देश। यह देखना, चल रहे जीवन की आत्मा के संग यह गोपन सम्बन्ध ही कविता है, यहीं पर एक भयावह परिणामहीन मीमांसाहीन सत्य पकड़ में आने लगता है। और इसी सत्य को, इसी सम्बन्ध को खोज लेना चाहती है नीरवता, शब्द के भीतर का निःशब्द। इसके लिये गिन्सबर्ग की शैली भी कभी-कभी अनुभवों की बहुलता का विस्तार लगती है, लगता है इस एक ही अनुभव के भीतर से एक साँचा चुनकर लाया जा सकता है, एक रुदन, जिसके पिछले भाग में विद्यमान हैं प्रहार अथवा क्रोध। इस साँचे को हटा लेने पर बात विरल होने लगती है, लेकिन फिर भी वह उसके हर पल के आकर्षण को अनुभव के संसार में रखता ही है। कविता जब उस ओर जाना चाहती है, तब निःशब्द का मतलब शब्दों से पलायन नहीं होता, शब्दों को ईथर से मण्डित करना भर होता है, अभ्यस्त शब्द-सम्बन्ध के आलस्य को तोड़ कर उसमें सत्य का प्रवाह ले आना होता है। कवि ही इस काम को करता है।

(१९७०)

शब्द की पवित्र शिखा

उसकी प्रिया का वर्णन किस प्रकार होगा? इसीलिये कीट्स ने उजले से और भी उजले एक शब्द की कामना की थी, सुन्दर से और भी सुन्दर एक शब्द। शुद्ध आवेग, सत्य आवेग को प्रकट करने में समर्थ शुद्ध सत्य शब्द कहाँ इतने मिलते हैं? जो शब्द सभी के हैं, हरेक के द्वारा जो शब्द रोज़ 'व्यवहृत, व्यवहृत हैं, ...' —लेकिन नहीं, जीवनानन्द के वाक्य का यह अंश भी बहुत अधिक उल्लेख किये जाने के कारण अब गलित हो गया है—यह कवि के किस काम आयेगा? कवि भी तो प्रेमी की तरह ही तितली के तीन दिनों की कामना करता है, मानव जीवन के पचास वर्षों के मुक़ाबले तीव्र तीन दिन, जिसमें उसके समूचे अस्तित्व को भरा जा सके। लेकिन भरण योग्य शब्द हैं कहाँ, शब्द मिलते हैं क्या? इसीलिये शब्द के साथ कीट्स का वह संग्राम दरअसल कविता मात्र का संग्राम है, परोक्ष रूप से हो या फिर प्रत्यक्ष रूप से, यह संग्राम ही एक कवि के जीवन का इतिहास है।

लेकिन उजले से भी उजला शब्द किस तरह लिखा जायेगा? या फिर, बात यह है कि 'उजला' ठीक किस तरह हमारे सीने के भीतर उजलेपन का आघात कर सकता है? वह मिथ्या नहीं है, वह केवल याद किया गया एक शब्द भर नहीं है, वह हृदय के भीतर का अभिमान है, इसे कोई कीट्स भला किस तरह अपनी प्रेमिका या फिर पाठकों को समझा सकता है? वहीं से उस इतिहास का आरम्भ हो जाता है, कविता के नक़्क़ाशीख़ाने में आते हैं कारीगर, वे शब्दों की छँटाई शुरू करते हैं, और फिर अभिप्रेत मर्मभेदी अव्यर्थ शब्दों को स्तूपाकार उस विषण्ण भण्डार में से एक-एक कर ढूँढ़ लेते हैं।

हालाँकि इस बात का भी कोई अर्थ नहीं। शब्दों को भला किस प्रकार ढूँढ़ निकाला जा सकता है? या कि 'शब्दों की तलाश' इस कथन का ठीक-ठीक तात्पर्य क्या है? पुराने शब्दों से सूखे फटे काग़ज़ों की तरह खरखराहट भरी आवाज़ होती है, उसके समस्त अवयवों में प्रकाशहीन निर्जीवता रहती है, इसलिये उसे प्रक्षेपित करना ज़रूरी है, क्या यही मतलब है? इसमें कोई सन्देह नहीं कि एक-एक नये आन्दोलन में इसी बात का ज़ोर रहता है, हो सकता है व्याकरण को महसूस होता हो कि इन सब क्षणों में ही शब्दभण्डार का प्रसार थोड़ा-सा बढ़ गया है। लेकिन नये शब्दों के उपयोग की ज़रूरी प्रेरणा को स्वीकार करके भी यह पूछना संगतपूर्ण है कि शाब्दिक अर्थ में नये शब्दों की सृष्टि कितने बड़े कवियों की सफलता की कुंजी साबित हुई है।

नये शब्द की सृष्टि नहीं, शब्द की नयी सृष्टि ही कवि का अभिप्राय है। मधुसूदन की तरह परिश्रमी शब्दचयन कविता को एक स्वतन्त्र चेहरा ज़रूर देता है, लेकिन साथ-ही-साथ उसी में पतन का बीज भी छिपा रहता है। कविता में एक प्रकार का अभ्यास तैयार होता है—मैनरिज़म—जो सम्भवत: कवि की स्वतन्त्रता को प्रकट करता है, लेकिन कविता का काम तो केवल कवि की स्वतन्त्रता को समझाना नहीं है, हर कविता में एक बार फिर से स्वयं को प्रतिफलित करना ही कवि का प्रयोजन होता है। शब्दरचना की अतिसाध्य प्रेरणा अन्त में कवि को इस जड़ अभ्यास के गहन अन्धकार में ठेल सकती है, यह आशंका तो रह ही जाती है।

इसका मतलब नये शब्दों की सृष्टि अन्तिम बात नहीं है, शब्दों की नयी सृष्टि ही मूल बात है। लेकिन शब्दों की नयी सृष्टि किस तरह सम्भव हो सकती है? तब हमें याद आता है कि ग्रन्थकीट की भाषा नहीं, लौकिक भाषा, मौखिक भाषा ही कविता का अवलम्बन है। 'कविता के शब्द' नामक कोई पृथक वस्तु नहीं होती, समस्त प्रचलित शब्द ही 'कविता के शब्द' होते हैं। लेकिन यह बात भी आज कितनी पुरानी हो चुकी है! डेढ़ सौ वर्ष पहले वड्र्सवर्थ ने इस तरह की बात कही थी, ठीक यही प्रेरणा ह्विटमैन या कि आर्नो होल्त्ज़ की भी थी, तीस वर्ष पहले भी कवि की मूल घोषणा यही थी, और आज भी बीट कवि या फिर सुभाष मुखोपाध्याय भी उसी तरह से सोच रहे हैं। हाल ही की चर्चा में एलिजाबेथ जेनिन्स ने बताया कि उनके सहपाठी मित्र भाषा को अब इस तरह देखते हैं 'not as lofty, transcendent medium but as a tangible vehicle for worthwhile meaning and honest reflection!' भले ही इन युगों और नाम के बीच दूरियों का व्यवधान है, फिर भी इस एक जगह पर सभी किस प्रकार मेल खाते हैं? इसे ठीक मेल खाना कहा जा सकता है क्या? क्योंकि मौखिक भाषा के बारे में सभी की धारणा और उनके अनुभव एक-जैसे तो होते नहीं, और फिर हर युग में धीरे-धीरे इसका एक स्तरानुक्रमण भी घटित हो जाता है। बात यह है कि मुँह की चलन की भाषा अपने परिवर्तनशील नवजीवन को लेकर प्रवाहित होती जाती है, नाना स्थलों पर विभिन्न लोग एक-एक अंजलि जल लेकर अपने पात्र भर लेते हैं। लेकिन कहाँ वह पानी टलमल, कहाँ वह जीर्ण उद्भिदों की शवों से पटा, कहाँ मिट्टी घुला पंकतिलक होगा, यह क्या तय करके बताया जा सकता है भला।

वस्तुतः, अनुभव, धारणा तथा प्रेरणा की भिन्नता और पूर्वकथित उस क्रमिक स्तरावरोहण के फलस्वरूप कभी-कभी कविता के जगत में बड़े रूप में चकाचौंध उत्पन्न होती है। छोटी-छोटी सीढ़ियों के बाद मानो यह एक विराट सीढ़ी है, छलाँग लगाकर उसे पार कर आने का धक्का सीने के भीतर को कँपा जाता है। बहुत अच्छे से महसूस होता है कि यहाँ कविगण शब्द के व्यवहार में दुःसाहसी होने की शपथ लेकर आये हैं, वे इसे अपनी पूर्व की जड़ता को तोड़ने के महत्तम उपाय के रूप में गिनते हैं। याद आ जाता है तीस साल पहले वर्जीनिया वुल्फ़ ने कवियशः प्रार्थी एक तरुण से सवाल किया था कि इस पद्धति का अन्तिम लक्ष्य क्या है? आघात पहुँचाना? रुचि पर आघात? संस्कारों पर आघात? लेकिन आघात क्या आघात पर ही समाप्त हो जायेगा या कि मुझे इससे कुछ प्राप्त भी होगा, कविता की ओर से प्राप्ति? Whistling as he shuts / His door behind him, travelling to work by tube / Or walking to the park *to ease the bowels,*—यहाँ तक लिखकर, इस इटालिक्स पर पहुँचकर, मुझे सन्देह होता है कि कवि को किंचित आत्मतृप्ति हुई होगी, क्योंकि वे सोचने लगते हैं कि अनभ्यस्त पाठक-मात्र को ही उन्होंने एक बार चकाचौंध कर दिया है। लेकिन परिचित शब्दों के इस बाहरी उपयोग से कविता की योग्यता में क्या कुछ इज़ाफ़ा हुआ है? दूसरी ओर पाठक के प्रति इस आघात का अन्तिम उद्देश्य असल में है क्या?

ऐसा नहीं है कि शब्दों के विरुद्ध वह आपत्ति किसी नीति-रुचि की ओर से होती है। उदाहरण देकर प्रमाणित करना सम्भव है कि देशकालवंदित

महाकवि शब्दों की जाति-विचार को महत्त्व नहीं देते, नीति का प्रश्न वहाँ अवांतर है। रिचर्ड्स की वह पुरानी बात याद कराई जा सकती है कि शब्दों में कुछ भला-बुरा नहीं होता, नहीं, भला-बुरा केवल उनके उपयोग में निहित होता है। अलोकरंजन यदि आक्षेप करते हुए कह उठते हैं—'शब्द की पवित्र शिखा को लेकर यह अपव्यवहार' इसे भी एक अर्थ में संगत माना जा सकता है, भले ही हमें यह याद रखना होता है कि शिखा ही पवित्र है, 'पवित्र शब्द की शिखा'—कथन ऐसा नहीं है। शब्दों की क्या कोई अपनी पवित्रता होती है? जड़ निश्चल अकेला एक शब्द, उसकी कोई शक्ति नहीं, जनन नहीं, किसी दूसरे शब्द के समवाय संघर्षण से वह जल उठता है। जिस तरह अग्निदेवता समस्त पापहर्ता हैं, कविता भी वैसी ही होती है। उसकी अग्नि में जो कुछ भी समिधा के रूप में आ पाता है, वही अन्त में पवित्रता अर्जित करता है। लेकिन वह लपलपाती आग क्या कविता को भी ग्रस लेगी?

वुल्फ़-उल्लिखित इस पंक्ति का अपराध उसके शब्दों में नहीं, शब्दों के उपयोग में है। लगता है कविता की अग्नि में शब्द समर्पित नहीं हो सके हैं, उपयोग कर पाने के कारण कवि की ख़ुशी उस पंक्ति में लगभग पकड़ में आ जाती है, अन्य सब कुछ में से शब्द का मस्तक उभर आता है। कवि का उपादान कवि से क्यों बड़ा हो जाता है? बड़े कवि की रचना में जिस प्रकार छन्द को, उसी तरह उसके शब्द या बिम्ब को मैंने तुरन्त ही नज़र आते नहीं देखा, दूसरे पाठ में वह नज़र आ सकता है। अपने उपादान और उपकरणों को कवि इस तरह से एकाग्र समता और समग्रता में मिला देते हैं कि अलग से उसका धक्का कोई बड़ा रूप नहीं ले पाता और हम केवल समग्रता का आस्वाद कर लेते हैं।

आपाततः बुरे शब्द की वजह से नहीं, उसके विरुद्ध आपत्ति उसके स्वयंप्रकट अस्तित्व की वजह से है। यहाँ तक कि सत्शब्द भी कविता में ठीक उतना ही आपत्तियोग्य दिखायी दे सकता है, लोकनीति की ओर से नहीं बल्कि साहित्यनीति की ओर से। यह सहज-सी बात भी इसलिये याद दिलानी पड़ी कि शब्द की किसी अस्पृश्यता को प्रतिपन्न करना मेरा अभिप्राय नहीं है, मेरा भी विश्वास है कि सभी शब्द कविता के शब्द हो सकते हैं, लेकिन शब्द लक्ष्यभ्रष्ट और उद्देश्यहीन नहीं होने चाहिए, समग्रता के साथ वह समवाय को विच्छिन्न कर ले तथा 'विस्मय का आघात ही एकमात्र वरेण्य

है' अन्त में कवि ऐसा ग़लत न सोच बैठें।

सचमुच, रक्तबीज की तरह रोज़-रोज़ नये शब्दों में इज़ाफ़ा नहीं होता। शब्दों के नये प्रयोग के लिये जिस चीज़ की आवश्यकता होती है, वह है उसकी अनायास पारस्परिकता को तोड़ देना। हर युग में कविता की भाषा में एक निर्दिष्ट बनावट, कोई स्थिर प्रणाली तय हो जाती है, उसका अनुसरण अन्धानुकरण के रूप में चलता रहता है। हो सकता है अनुसरण करने वाले कविगण इस अन्ध शब्द पर आपत्ति करें, सम्भव है कई बार उनके अनुभव वास्तविक हों, अभिव्यक्ति की वेदना में भी किसी तरह की आत्मछलना न हो। लेकिन अपने भी अगोचर में कितनी ही बार हम दासता करते रहते हैं! जैसा कि एलियट ने कहा था, बुरे कवि वे हैं जो नहीं जानते कि उन्हें कहाँ सचेतन और कहाँ अवचेतन पर निर्भर होना चाहिए। कम-अज़-कम अभिव्यक्ति के क्षण में कवि को पूर्ववर्ती अथवा समकालीन सिद्धियों के विषय में जानना ही होता है, तत्सामयिक प्रचलित कहन के ढंग को उसे समझना होगा, और उन बाड़ों को तोड़ने के लिये उसे तुरन्त तत्पर होना होगा। सम्भवत: एक ही शब्द से काम चल जाता है जिस तरह एक ही लोहे से समान रूप से ज़ंजीर और हथियार तैयार हो सकते हैं, लेकिन कवि को ज़ंजीरों की कड़ियों पर आघात कर उन्हें तोड़ डालने की बात सोचनी होती है। एक वाक्य या वाक्यखण्ड के भीतर शब्दों को विन्यस्त करने की जो पद्धति है, उसी में यह कड़ियाँ रह जाती हैं। पूरी तरह से शब्दों पर ही आघात उतना ज़रूरी नहीं होता, जितना ज़रूरी होता है मध्यवर्ती उन अंशों पर आघात करना, दो शब्दों के संयोगबिन्दु पर आघात।

इसी वजह से कभी-कभी हमें कविता की भाषा में अन्वयगत विपर्यास दिखायी देता है। यह याद रखना ज़रूरी है कि अन्वय के परिवर्तन की और एक मूल प्रेरणा वक्तव्यगत दार्शनिकता में निहित होती है, लेकिन शब्द को इस नवीनता में खींच लाना भी उसका अन्यतम अभिप्राय है, इसे स्वीकार करना ही होगा। यह एक उपकारी और फलप्रद अभ्यास है, भले ही यह अभ्यास शब्द फिर विपत्ति का संकेत देता हो। कवि क्या किसी दूसरे मैनरिज़म के दरवाज़े पर नहीं जा रहे? जिस तरह मध्यवर्ती पर्व की कुछ कविताओं में विष्णु डे को लग रहा था कि उनका अपना ही अभ्यास उन्हें शृंखलित कर रहा है, और उनकी हाल की रचनाओं में हम उन्हें जिस तरह स्वयं के ही बन्धन से पुनर्मुक्ति की तलाश में उत्सुक देखते हैं—यह सब

सिर्फ़ उस पूर्वकथित भय को ही बढ़ाता है।

केवल अन्वय नहीं, एक ही चेतना से कभी कवि आँखों के समस्त अभ्यासों को तोड़ कर एक दृश्यग्राह्य गढ़न तैयार करना चाहता है, जिसके भीतर शब्दों को अपने प्राण मिल जाते हैं। डिलन टॉमस की बर्फ़ी पैटर्न वाली कविताओं का और क्या उद्देश्य था, कम-अज़-कम मुझे तो समझ में नहीं आता, सत्येन्द्रनाथ के वक़्त तो शायद केवल क्रीड़ा कौतुक था, और कमिंग्स की टूटे-बिखरे शब्दव्यूह वाली रचनाएँ भी केवल आँखों के साथ युद्ध ही थीं। इसमें कोई सन्देह नहीं कि आधुनिक काल में कविता जब छपे हुए काग़ज़ में से पढ़ी जाती है, तब ध्वनिगुण ही उसका एकमात्र गुण नहीं रहता, तब उसके दृश्यगुण के बारे में भी सोचना पड़ता है। शब्दों में श्रुति और दृश्य के एक संयोग की दरकार होती है, मानो शब्द और वर्ण का भी हँसता हुआ चेहरा होता है, मानो वर्णों में से कोई दौड़ता हुआ जाता है तो कोई स्थिर खड़ा रहता है, सिटवेल को एक-एक शब्द में एक-एक तरह के रंग और स्पर्श का आभास मिला था, रैंबो ने अपनी स्वरमाला में लिख रखा है—'आ कृष्ण, अ श्वेतवर्ण, इ रक्तिम, उ हरा, ओ नीला'। यदि वर्ण में ही इतना रंग-रूप है, तो फिर शब्द और शब्दों की परम्परा में निश्चित रूप से और भी कुछ होगा, दृश्यतः कविता एक प्राकृतिक स्वरूप अर्जित कर लेती है, और इसी वजह से कवि उसे तोड़-तोड़ कर नित्य नये रूप में ढालता है। कमिंग्स का स्वेच्छाचार के पीछे वक्तव्य और आकृति के सायुज्य का दावा वस्तुतः अग्राह्य लगता है, सिर्फ़ इतना ही लगता है कि शब्दों ने इस स्वेच्छाचार के बीच भी—या कि बीच ही—नृत्यरत रहकर एक तरह की सजीवता अर्जित की है।

यह सजीवता शब्द ठीक है। निश्चित रूप से सजीव, लेकिन सजीव कितने दिन, कितनी देर तक? क्षणजीवी पतंग भी जीवनशील होता है, लेकिन अन्त में कवि भी क्या क्षणसामयिकता का भिखारी ही है? उसे क्या चिरन्तन का ज़रा भी अभिमान नहीं होता? यानी इस व्यवहार भंगिमा से भी क्या हम और एक अचल अभ्यास में नहीं पहुँच जायेंगे? यहीं से कवि के तीसरे मैनरिज़्म का सूत्रपात होता है।

वस्तुतः, उल्लिखित इन सारे पर्यायों में हम देखते हैं कि शब्द या शब्द-परम्परा के प्रति कवि का आक्रमण नितान्त उसके बाहरी अवयवों पर है। किन्तु अन्तर्गूढ़ आक्रमण के अलावा क्या शब्दों की नूतन व्यंजना सम्भव

है? और भीतरी आक्रमण किस तरह सम्भव हो सकता है?

मैंने कहा था कि दो शब्दों के संयोगबिन्दु पर आक्रमण ज़रूरी है, वहाँ पर जिस मृत बन्धन में वे जकड़े रहते हैं, उस बन्धन को खोल देना ही कवि का कर्म है। लेकिन कहाँ है वह संयोगबिन्दु? क्या वह दिखायी देता है? वह तो अदृश्य है। अदृश्य शत्रु के साथ लड़ाई कैसे सम्भव है? जो बादलों की ओट से युद्ध करता है उसे जीतने के लिये बादलों की ओट में ही जाना होगा, अदृश्य के हाथ ही अदृश्य पर प्रहार करते हैं।

पहला सवाल यह है कि शब्दों को कौन पकड़े रखता है? कविता में हो या फिर गद्य में, शब्दों को उसका छन्द, उसका स्पन्दन या फिर एक साथ कहें तो छन्दस्पन्दन पकड़े रखता है। छन्द क्या दिखायी देता है? अदृश्य किन्तु श्रुतिगोचर छन्द के प्रवाह के मध्य ही शब्द बहते चले आते हैं, फलस्वरूप छन्द का नक़्शा अत्यन्त सुनियमित हो उठने के साथ-साथ शब्द मानो नेत्रहीनों की तरह आकर एक-दूसरे की देह से सट जाते हैं, वे अनिवार्य रूप आ जाते हैं, इसके द्वारा निपुण और सुगठित एक पद्य-पंक्ति पाई जा सकती है, किन्तु उसमें उस समय अकसर सजीव व्यक्तित्व का कोई लक्षण नहीं दिखायी देता। इसलिये यह भी दिखायी देता है कि शब्द-चेतनागत आघात के साथ-साथ कविता के इतिहास में एक छन्द सम्बन्धी विद्रोह और छन्द-मुक्ति की साधना दृष्टिगोचर होती है। वस्तुतः छन्द का आलोड़न और शब्दों का आलोड़न एक ही सूत्र में बँधे हुए हैं।

मधुसूदन को भी शब्दों में प्राण भरने के लिये ही छन्द को तोड़ना पड़ा था। यहाँ तक कि जिस शब्द-अभिव्यक्ति को हम उनके मैनरिज़म के रूप में जानते हैं, उसकी प्रेरणा भी उन्हें अमित्राक्षर से ही मिली थी। चौदह मात्रा की सुविन्यस्त पंक्ति को तोड़कर जब शब्दों का प्रवाह स्वतन्त्र रूप से बढ़ आया, शब्दों को भी मानो बहुत दिनों बाद थोड़ा हिलने-डुलने का मौक़ा मिल गया, उन्हें थोड़ी करवट लेने की जगह मिल गयी, बहुत दिनों बाद थोड़ा दम लेने का अवसर प्राप्त हो गया। कोशगत अर्थों में रंगलाल जी की जो शब्दसम्पदा थी उसके द्वारा भी नयी कविता की रचना कोई असम्भव बात नहीं थी, वे यदि थक चुकी पुरानी पद्धति के ठसे हुए नक़्शे में उन्हें भरकर न रखते।

केवल मधुसूदन नहीं, बाङ्ला कविता में इसके बाद क्रमिक रूप से

अगले सौ वर्षों तक हमने छन्दमुक्ति की साधना देखी है। रवीन्द्रनाथ को जो गद्य-कविता तक जाना पड़ा उसका एक बड़ा कारण हमें यह लगता है कि अपने ही दायरे से मुक्ति पाना उनके लिये बहुत ज़रूरी हो गया था। कम-अज़-कम उनकी गद्य-कविता इस दावे का समर्थन करती नहीं दिखती कि इस रचना की वाणी को अन्य किसी नियमित छन्दपात्र में स्थान नहीं दिया जा सकता था। यह निश्चित रूप से एक परीक्षा का समय था, लेकिन इस परीक्षा के शोधन से गुज़रकर मानो शब्दों को फिर से नयी शक्ति मिली, और एक नयी यात्रा की शुरुआत हुई, 'प्रांतिक' तथा उनकी परवर्ती कविताओं में जिसका स्वत:प्रस्फुटन हमें दिखायी देता है।

लेकिन छन्दमुक्ति की भी तो कोई हद होती है। सचमुच होती है क्या? छन्द को भी यदि विशुद्ध बाहरी अर्थ में देखें तो निश्चित रूप से उसकी हद है। मौजूदा बाङ्ला कविता में अक्षरवृत्त की—विशेष रूप से अठारह मात्रा की—जो अविश्वसनीय प्रतिपत्ति हमें दिखायी देती है, मान लीजिये उसे तोड़ दिया गया, लेकिन फिर इसके बाद? नाना प्रकार के पंक्तिबन्ध, स्वतन्त्र छन्द-रीति—और इसके मध्य वाक्स्पन्दन का सुन्दर प्रयोग—मान लें कि किसी-किसी कवि के लेखन में गृहीत हुआ, लेकिन फिर इसके बाद? यह भी क्या अन्तत: एक बहिरंग चिन्तन में नहीं पहुँच रहा है? अलग-अलग कवियों के मामलों में केवल भिन्न पंक्तिबन्ध या फिर भिन्न छन्द-रीति ही आविर्भूत हो सकती है ऐसा नहीं है, उन छन्दों में भी पुरातन रीति-नियमों को थोड़ा-थोड़ा तोड़ना सम्भव है, जैसा कि आजकल के कवि अकसर करते ही हैं। पर्वांगविभाग अब और चलेगा या नहीं या फिर मध्यखण्डन का क्या प्रयोजन है अथवा किस छन्द में किस शब्द का क्या मात्रामूल्य सम्भव है—भविष्य के छन्द-विशेषज्ञों को इन तमाम प्रश्नों के विषय में सम्भवत: फिर से सोचना पड़ेगा, नये सिरे से सूत्रों को निर्मित करना होगा। लेकिन इसके बाद?

लगता है इन सबके बाद भी कुछ बचा रह गया है, छन्द में नहीं, छन्दस्पन्दन में। जिस तरह दो भिन्न लोगों के बोलने का स्वर ठीक एक-जैसा नहीं होता, भले ही वे दोनों एक ही शब्द को उचार रहे हों, ठीक वैसे ही यही स्वर, यही स्पन्दन दो कवियों के बीच एक प्रकार की स्वतन्त्रता का अवकाश तैयार कर देते हैं! हालाँकि यह ठीक भी है कि भद्रता का कण्ठ एक प्रकार की रीति में आबद्ध होने के कारण कई बार सुन्दर लेकिन

निर्जीव होता है, बात कहने का सही स्वर केवल अन्तरंग मित्रों के साथ बातचीत के दौरान ही पता चलता है। कविता भी उस अन्तरंग व्यक्तित्व के स्वर की तलाश करती है। पहले वाले को जिस प्रकार हम कण्ठस्वर की भिन्नता में पकड़ पाते हैं, वैसे ही दूसरे को हम छन्दस्वर की स्वतन्त्रता में देख पाते हैं। दूसरे शब्दों में, सम्भवतः कहा जा सकता है कि इस कण्ठस्वर के, व्यक्तिगत ध्वनि के जादू को ही कविता के छन्द के मध्य में संचारित किया जाना चाहिए। तो फिर वहाँ, एकमात्र वहीं पर, किसी मैनरिज़म का वाहन न होकर भी कविता की देह स्वतन्त्र कवि का अस्तित्व बन सकती है। मैंने कहा था कि काव्यपंक्ति में जो शब्द–शृंखला रचित हुई है, उसके बीच के संयोगसूत्रों को तोड़ कर अलग कर देना होगा। इसे कौन करेगा ? कवि का कण्ठ ! हर दो शब्दों में कवि का चेहरा ही भासमान होकर हट जाता है, तब कोई भी शब्द मृत नहीं मालूम होता, नितान्त पुराने भी क्षण भर में माया से भरे नवीन हो उठते हैं, किसी भी प्रकार के उग्र लक्षण न लेते हुए भी जीवनानन्द की भाषा की तरह शब्दों को एकान्त स्वकीयता की ध्वनि मिल जाती है, कोई भी फ़ैनी तब समझ पाती हैं कि कीट्स की इन तमाम चीख़ों में कितने सत्य–मूल्य दुखी होकर मौजूद हैं :

See here it is – I hold it towards you!

सारे कवियों के सीने में से लहराता हुआ यह हाथ, यही उनका पवित्रतम शब्द है।

(१९६२)

कविता–पाठ : शब्द और सुर

किसी बड़ी सभा में नहीं, विनय मजुमदार ने अभी कुछ ही दिनों पहले कॉफ़ी हाउस के एकान्त में अकेले–अकेले अपनी कविताओं का पाठ किया था। बड़े जतन से वे एक–एक शब्द को ज़ोर देकर अलग से उचार रहे थे, और फिर अचानक बहुत देर तक चुप होकर रुके रहते। मानो यहाँ उन्होंने नया एक शब्द देखा हो, क्या सोचकर उन्होंने इस शब्द का यहाँ प्रयोग किया है उसी के बारे में थोड़ा विचार कर लिया। फिर मानो थोड़ा आश्वस्त हुए और दोबारा पाठ आरम्भ कर दिया, तब तक मानो समूचे मामले का अर्थ वे समझ गये हों।

मैं इतनी देर में समझ पाया कि दरअसल मैं उनके सामने किसी श्रोता के रूप में था ही नहीं। मुझे समझ में आ गया कि उनका यह पाठ असल में ख़ुद का ख़ुद के साथ ही बातचीत के ज़रिये समस्या का समाधान करना भर था, उससे अधिक और कुछ नहीं। और तब मुझे याद आया कि उनकी कविताएँ ठीक वैसी ही हैं, उनकी कविताएँ भी तो ख़ुद के साथ ख़ुद की ही बातचीत है। बाहर के पाठक–समाज को पूरी तरह अवान्तर करके कविताएँ लिखते हैं विनय, और इसी वजह से उनके कविता–पाठ का यह ढंग रचना के साथ बहुत ही सामंजस्यपूर्ण महसूस हुआ। यह पाठ ही मानो उनकी कविता का ख़ास तरह का अर्थ है।

ऐसे कवि बहुत कम हैं कि जिनका कविता–पाठ ही कविता का अर्थ बन जाता है। बहुत कम समय में ही कविता के विषय में कवि की धारणा और कवि–कण्ठ से उसका पाठ एक अर्थमय संयोग पाता है। वॉलेरी ने अभियोग लगाया था कि मलार्मे का मुलायम गले से लम्बी तान लेकर कविता का

पाठ करना उनके कविता-तत्त्व के प्रतिकूल है। यानी, यहाँ तक कि ख़ुद के समक्ष भी, कविता के एस्थेटिक्स और कविता के पाठ में अकसर देखता हूँ कि एक विच्छेद घटित हो जाता है। लेकिन कवि के एक ही व्यक्तित्व से यदि दो भिन्न मामले जन्म लेते हैं, तो फिर यह विच्छेद कैसे घटित होगा?

आवृत्ति[१] को जो लोग नितान्त व्यसन की तरह बरतते हैं, जिनका कण्ठ अच्छा है या कि जिनकी गलेबाज़ी बेहतर है, उनके लिये यह कोई समस्या नहीं है। कारण कि वे कविता के केवल गद्य अन्वय को ध्यान में रखते हैं, उसी को श्रोताओं तक संचारित कर सकें तो उसी में उनकी सफलता है। लेकिन कविता उससे भी अधिक कुछ होती है, इसे समझ पाना अन्ततः उनके लिये थोड़ा कठिन हो जाता है। लेकिन कभी-कभी सन्देह होता है कि लोकप्रिय इन सारी स्थूल आवृत्ति की हवा से कविताएँ भी थोड़ी-बहुत प्रभावित होती हैं। वे भूल जाते हैं कि रचना एवं पाठ के मध्य एक-से अनुभव और एक ही अभिप्राय का संचार होना चाहिए। और इसे भूलते ही कविता का पाठ केवल एक शौक़ीन भंगिमा, महफ़िल जमाने की फ़िक्र बनकर रह जाता है।

यह सच है कि आज बहुत-से लोग जान गये हैं कि कविता के शब्दों को एक ही साथ उनके अर्थों और उनकी ध्वनियों की ओर से भी देखना ज़रूरी है। इसीलिये नामी और गुणी आवृत्तिकार भी आज शब्दों और कविता के अन्तःसार को ध्यान में रखकर ही कविता का पाठ करना पसन्द करते हैं। लेकिन कभी-कभी लगता है यह 'ध्यान रखना' सारी हदों को पार करने लगा है। वे जो शब्दों की महिमा को विशेष रूप से श्रोताओं के मन में पहुँचा देना चाहते हैं, यह इच्छा स्वयं इतनी मुखर हो उठती है कि अन्त में शायद कविता पहुँच ही नहीं पाती, श्रोताओं तक आवृत्तिकार का एक नाटकीय आवेग भर पहुँच पाता है।

वस्तुतः यह 'नाटक' ही हमारी कविता की आवृत्ति के मार्ग की सबसे बड़ी बाधा है। कविता पढ़ने के साथ नाटक करने की स्पष्ट भिन्नता को पकड़ सकें, ऐसे आवृत्तिकार आज भी दुर्लभ हैं। अकसर, बल्कि देखने में यह आता

१. बंगाल में दूसरों की कविताओं के पाठ की प्रस्तुति का चलन है, इसे आवृत्ति कहा जाता है। आवृत्ति करने वाला कवि रचनाकार हो ज़रूरी नहीं है।

है कि स्वरों को चढ़ा–उतार कर, कँपाकर–मोड़कर एक ऐसी उत्तेजना निर्मित कर दी जाती है, जिसके आक्रमण से कविता एक लघु शिथिलता में बिखर जाती है। यहाँ तक कि शम्भु मित्र इतने कमाल के सुन्दर स्वरों के मालिक होकर भी कभी–कभी कविता से स्खलित हो जाते हैं, कविता के बाहर। यह मानना ही पड़ेगा कि ज्योतिरिन्द्र मित्र की कविता 'मधुवंशी की गली' में जो नाटकीयता थी, या फिर कण्ठकौशल का जो प्रश्रय था, रवीन्द्रनाथ की कविताओं का भी वही स्वभाव नहीं था। कम–अज़–कम शम्भु बाबू रवीन्द्रनाथ की जिन कविताओं की आवृत्ति करना पसन्द करते हैं वहाँ शब्दावली कितने स्वरतरंग को सहन कर सकती है, इसके विषय में सोचना होगा, हमें देखना होगा कि वहाँ स्वरों को कितना कँपाकर या फिर खींच–तान कर बोलना संगत है। 'चार अध्याय' के अभिनय में 'प्रहर के अन्त के उजाले से रँगा था उस दिन चैत्रमास' का वे जिस तरह उच्चारण करते हैं, वह निश्चित रूप से सुसंगत लगता है, क्योंकि मंच की दूरी पर सिलुट के धुँधलके में तथा पूरे इस रोमांटिक वातावरण में छोटी–सी दो पंक्ति की कविता अतीन के प्रेमवैभव में उसी तरह आ सकती है, ठीक है। लेकिन वही एक ही भंगिमा मंच से बाहर आ जाने, अतीन के आच्छादन से बाहर निकल आने यानी कविता–पाठ की स्वाभाविकता की ओर अधिक बढ़ आने पर, फिर संगतपूर्ण नहीं लगती।

अतिनाटकीयता के आवेग के प्रयोग से हटा लेने के बाद भी कविता–पाठ की समस्या ख़त्म नहीं होती। जो लोग कविता की केवल आवृत्ति नहीं करते, जो बहुत भीतर से ही कविताओं का पाठ करना चाहते हैं, उन्हें समझ लेना चाहिये : क्या वे बात करने के स्वाभाविक ढंग को ही गले में उतारेंगे या फिर इसमें वे कोई अतिरिक्त सुर का प्रयोग करेंगे ? कहना ज़रूरी है कि मैं यहाँ पर सुर शब्द को ठीक गाने के अर्थ में नहीं ला रहा हूँ। यह एक प्रकार का प्रत्यक्ष रूप से आवेग जगाने का सुर हुआ, यह वह सुर है जो सम्भवत: रवीन्द्रनाथ की आवृत्ति में भी मिलेगा। नाटकीयता न लाकर भी शब्दों को किस प्रकार उनकी ध्वनि और अर्थ के बल पर स्वरों तक ले जाया जा सकता है, इसका दृष्टान्त रवीन्द्रनाथ ने ही हमें दिखाया है। बहुत–से लोगों को 'कृष्णकली' कविता में 'एकाकी' शब्द का शून्यतामय उच्चारण या फिर 'झूलन' कविता में 'झंझा' शब्द का किंचित वही झनकार ज़रूर याद आयेगा। ये सब बहुत ही सूक्ष्म स्वरों में अभिव्यक्त हुए हैं। किन्तु

रवीन्द्रनाथ अपने अनेक शब्दों के अकारण अकारान्त ध्वनि में, पंक्तिप्रांतिक मृदु तान में या फिर सब कुछ को मिलाकर एक लावण्यमयी तरंग की सृष्टि में जितना मन लगाते हैं, हम उसी से उनकी कविताओं में सुरों की आकांक्षा को पकड़ पाते हैं। एज़रा पाउंड ने कवि के मुख से बाङ्ला में ही 'गीतांजलि' की कविताएँ सुन ली थीं और उनके सुरप्रवाह ने उन्हें मुग्ध कर दिया था। वे जो सुरूर को महसूस कर पाये उसकी एक वजह शायद यह भी थी कि पाउंड ख़ुद उनकी कविताओं के पाठ का एक सुर तैयार करना चाहते थे, उनके अपने पाठ में तो बार-बार ही इस आवेशसंचारी उच्चारण का अभ्यास दिखायी देता है।

इस सुर विषय को लेकर आधुनिकों का क्या मनोभाव है? आधुनिक कवि, जो निश्चित रूप से अपनी रचना को वाक्स्पन्दन की ओर खींच लेना चाहेंगे, आवृत्ति में भी क्या वे अपनी क्षमता के अनुसार उसी स्पन्दन को नहीं लायेंगे? और ऐसे में स्पन्दन के लिये सुर क्या बाधा बनकर नहीं खड़ा होगा? तो क्या मधुसूदन ने इसी वजह से बाङ्ला कविता के चिरन्तन सुर को तोड़ देने के लिये, अपने पाठ को खण्ड-खण्ड कर दिया था? ज्योतिरिन्द्रनाथ ठाकुर ने अपने संस्मरण में बताया है कि मधुसूदन टूटे गले से हरेक शब्द पर रुक-रुक कर अपनी कविताओं का पाठ करते थे। जिस अमित्राक्षर छन्द ने प्रवहमानता की सृष्टि करने की कोशिश की थी, उसका पाठ इस तरह बाधायुक्त क्यों हो गया? क्या यह स्खलन मात्र है? पूरी तरह अनभिप्रेत? यह भी हो सकता है कि पुराने युग की गीतिमय कविता के विरुद्ध यह उनका एक प्रच्छन्न प्रतिवाद हो। इन दिनों विष्णु डे का कविता-पाठ निश्चित रूप से आवेग या सुरों के विरुद्ध प्रतिवाद है, इस विषय में कोई सन्देह नहीं है। इस ओर से देखें तो शायद हम समझ सकेंगे कि उनका कविता पढ़ने का ढंग एक विशेष आकार-प्रकार में बँधा हुआ है। छन्द में रखकर ही वे कविता में जिस गद्य की तान की सृष्टि करना चाहते हैं, उसका बहुत कुछ अनासक्त निर्वैयक्तिक गले में दिखना अच्छी बात है। बुद्धदेव बसु के सुरीले कविता-पाठ के साथ विष्णु डे के इस रुक-रुक कर कविता पढ़ने के ढंग की तुलना करने पर महसूस होता है कि दोनों के ही कविता-बोध के साथ सुसंगत है उनका कविता पढ़ता हुआ गला।

सुर के प्रयोग के विषय में आधुनिक सभी लोग एक-जैसा नहीं सोचते, यहाँ बुद्धदेव बसु के नाम से इसका अनुमान लगाया जा सकता है। हालाँकि

बुद्धदेव का गला एकान्त लालित्य में उतर आता है, सुर तथा वाचन के सामंजस्य की बात वे सोच रहे हैं ऐसा नहीं है। वॉलेरी—जिन्हें लगा था कि छपी हुई कविता भी छपे हुए गीत की तरह ही अधूरी है और दोनों ही किसी स्वरलिपि की प्रतीक्षा कर रहे हैं—उन वॉलेरी ने ही गीत को आवृत्ति का उत्स माना था। गीत में शब्द अपना अर्थ खोकर पूरी तरह ध्वनि की ओर सरक जाता है, दैनन्दिन वाचन में शब्द अपनी ध्वनि को खोकर पूरी तरह से अर्थ की ओर चला आता है। आवृत्ति में वॉलेरी ने इन दोनों के बीच के किसी रास्ते की तलाश करने की कोशिश की थी। मुझे नहीं पता कि उन्हें अपने गले में ठीक वैसा रास्ता कितना मिल सका था, लेकिन इस वर्णन से हमें समझ में आता है कि आवृत्ति में वे सुरभंगिमा के ही पक्षधर थे, उनका भी किसी सामंजस्य की ओर झुकाव नहीं था।

वाक्‌स्पन्दन के प्रति पूरी तरह अनुगत होकर भी, स्वर में अत्यन्त निर्वैयक्तिकता रखकर भी किस तरह संयमित सुर और नाटकीयता को गले में पाया जा सकता है, इसका उदाहरण हमें एलियट के प्रगाढ़ कविता-पाठ में मिलता है। जिन लोगों ने एलियट का 'द हॉलो मेन' या फिर 'द वेस्ट लैण्ड' का पाठ सुना है, उन्हें याद होगा कि वे किस तरह धीरे से हिला-डुला देते हैं 'Here we go round the prickly pear' या फिर 'London bridge is falling down'. इसका जनजीवनगत उत्स थमा देते हैं; कैसे तुरन्त नाटकीयता के साथ वे उचारते हैं 'Not with a bang but a whimper' इसका whimper शब्द; या फिर किस तरह अपनी कविताओं के अन्तर्गत चरित्रों में प्रवेश कर ज़रा-सी भी नाटकीयता के बग़ैर द्रुत परम्परा में इनके स्वर-स्वातन्त्र्य को समझा देते हैं। मुझे लगता है कि एलियट के इस कविता-पाठ से हम कुछ सीख सकते हैं। कविता जिस प्रकार केवल वाचन भर नहीं है, वाचन और गूढ़तर सुरों की बुनावट में ही कविता निहित होती है—वैसे ही कविता के पाठ में भी एक प्रच्छन्न सुर और नाटकीयता की दरकार होती है। लेकिन सतर्क रहना होगा कि कहीं ये सुर और नाटकीयता अलग से सिर न उठाएँ, श्रोताओं को ऐसा लगते रहना चाहिये कि यह पूरा मामला ही रोज़मर्रा की बातचीत के सन्निहित है। जिस तरह कविता में, ठीक वैसा ही कविता के पाठ में भी, इन दोनों को मिला लेना बहुत कठिन बात है—लेकिन इसे मिला लेना ही सचमुच का रास्ता है।

(१९७०)

लेखक की नियति

ज्योति, इस बार के 'कोलकाता'[१] का एक बहुत बड़ा आकर्षण सुनील और आपकी राजनीतिमूलक चर्चा थी। मैं अपने बहुत से ऐसे तरुण मित्रों को जानता हूँ जो इन पत्रों को पढ़कर तुरन्त आपके अभिनन्दन के लिये तत्पर हो उठे थे, जिन्हें लगा था कि ख़ूब ज़रूरी बात को यहाँ पहली बार इतने साहस के साथ इतने सुन्दर ढंग से कहा गया। मुझे ठीक-ठीक नहीं पता कि उन लोगों ने क्या सोचा था। हो सकता है 'बांग्लादेश' ही उनके मन में रहा हो, या फिर उन लोगों ने साहित्य और राजनीति के उसी चिरन्तन द्वन्द्व के विषय में सोचा हो। लेकिन आज मुझे इस अनुषंग में आपको चिट्ठी लिखने की जो इच्छा हुई, वह किसी समस्या की वजह से है।

बांग्लादेश के बारे में उस विनाश के समय आपको भी कुछ कहना चाहिये था या नहीं, या कि नीरव रहना ही ठीक रहा, इस विशेष वितर्क में मैं नहीं जाना चाहता। इस मामले में इच्छा-अनिच्छा की व्यक्तिगत स्वतन्त्रता का रहना ही ठीक। कुछ वर्ष पहले वियतनाम के प्रसंग में सुनील ने लिखा था कि लेखक की राय या उसके आवेगों की अभिव्यक्ति से राजनीति की देह पर ज़रा-सी भी खरोंच नहीं लगती, इसलिये वह सब कहने का कोई मतलब नहीं; आज वे कह रहे हैं कि मानवता का उच्चारण किसी एक जगह निहित रहना चाहिए, यही हमारी नैतिकता है। फ़िज़ूलख़र्च गिन्सबर्ग एक दिन ख़ामख़याली में पूरी दुनिया को आन्दोलित कर रहे थे, अब वे कविता से ख़ासे दूर सरक आये हैं और वियतनाम के बारे में विलाप कर

१. 'कोलकाता' पत्रिका के तीसरे वर्ष के चौथे अंक में प्रकाशित ज्योतिर्मय दत्त के एक लेख के प्रसंग में।

रहे हैं; 'Bad karma, bad karma for the Statcs'। इन दोनों में ही थोड़ा सच है, इन दोनों ही भंगिमाओं को हमें थोड़ा धीरज रखकर समझने की ज़रूरत है।

लेखक तो क्षुब्ध हो ही सकता है जब वह देखता है कि उसकी बातों का कोई भी तात्कालिक मूल्य नहीं है। स्पेन के गृहयुद्ध के समय जब देश-विदेश के लेखकों के मन की टोह ली गयी तो डेढ़ सौ उत्तरदाताओं में से तब दो लोग निरपेक्ष थे और केवल एक फ़्रैंको के पक्ष में था, लेकिन उसका क्या फल मिला? तीन साल के भीतर ही फ़्रैंको की विजय और दूसरे विश्वयुद्ध का आविर्भाव! उसी विफलता के बोध से क्या ऑडेन की मति बदल गयी थी? स्पेन के युद्ध में जिन लोगों ने लेखकों के लिये ये सवाल तैयार किये थे, उनमें से ऑडेन स्वयं एक प्रमुख व्यक्ति था। और आज जब वियतनाम के विषय में ऑडेन से ठीक वैसे ही सवाल किये गये तो थोड़े खीझते हुए ही उन्होंने कहा था, मुझे यह समझ ही नहीं आता कि राजनीति के बारे में लेखकों को मुँह खोलने की ज़रूरत ही क्या है! आप भी समाज या राष्ट्र विषयक बातों पर उतने ही झुँझलाये हुए हैं। 'कोलकाता' के पुराने अंकों से आपके अनुरागी और मित्र यदि उम्मीद करते हैं कि यह एक ऐसी साहित्यिक पत्रिका है जहाँ समकालीन समाज के संकटों पर प्रत्यक्ष अनुभवों के आधार पर विचार-विमर्श करने के प्रयास किये जायेंगे, तो फिर उन्हें दोष नहीं दिया जा सकता। अबसे हो सकता है वे किसी तरह की आशा न रखें। उन्हें यह साफ़तौर पर समझा देना ठीक ही रहा कि अब आप इन सबमें नहीं हैं, आपने उच्चारित इस शब्दराशि की भीषण निष्फलता को पकड़ लिया है। शब्द यदि कर्म का एक विकल्प बन सकता है, तो उस शब्द को पूरी तरह धिक्कार कर आप जो स्वभाव की ओर, नीरवता की ओर सरक आये हैं, इस बात को समझ लेना हमारे लिये अच्छा ही हुआ।

लेकिन, बांग्लादेश को लेकर नहीं, मेरी समस्या इस नीरवता को लेकर है। क्या आपने सोचकर देखा है कि नीरवता का यह तत्त्व आपको कितनी दूर खींच सकता है? यह सही है कि भाषा आज अपनी दैनन्दिन मिथ्याचार से थका डालती है। यह सच है कि भाषा कुहासे और धुएँ से भर रही है, और इसलिये केवल अख़बारों के तमाम शीर्षकों को ज़िम्मेदार ठहराकर कोई फ़ायदा नहीं। हमारी लुब्धता और हीनता, हमारे बड़े सामाजिक

बाज़ार—चारों ओर से हमारी भाषा को अमर्यादित और संज्ञाहीन बना रहे हैं। और चारों ओर उतना ही शब्दरौरव जाग उठता है, नि:सार चर्चाओं में कितनी ही बैठकें सम्पन्न होती हैं, तमाम लेखन उपलब्धिहीन उच्चारण से भर उठता है, कोई भी आकर कह सकता है कि यह हमारी एक प्रकाण्ड शब्दजीवी संस्कृति है, खोखली, अलस और भण्ड! यह मिथ्या और फलहीन बात केवल राजनैतिक सोच के मामले में ही दिखायी दे रही है ऐसा नहीं है, कविता भी उसी मिथ्या के द्वारा लांछित हो रही है। बांग्लादेश को लेकर लिखी गयी दो सौ, पाँच सौ कविताओं में सुनील जिस आवेग और उद्देश्य को देखते हैं, जो उन्हें 'इनसान के चरित्र में अब भी जो सुन्दरता बची रह गयी है, उसी के प्रतिबिम्ब'-जैसा लगता है, लेकिन जो लोग विश्वास नहीं करते उनके मन में हो सकता है भिन्न धारणा उत्पन्न करे। ऐसे क्षणों में आत्म-प्रचार की कूट लालसा चारों ओर किस तरह उफन उठती है, बहुत अधिक स्नेहपरायण न हो तो वह हमारी नज़रों से बचकर नहीं जा पाती। इसीलिये, अख़बारों में, हमारे प्रतिदिन की बातचीत में या फिर काव्यकला में—भाषा केवल धुँधली होती जाती है, इनसानों में आपसी रिश्ता तैयार करने के बदले हो सकता है काफ़ी हद तक अज्ञात विच्छेद ही होता रहता हो, मैं आपकी इन सब बातों को पूरी तरह स्वीकार करता हूँ।

लेकिन क्या इसी वजह से भाषा पर नाराज़गी शोभा देती है? इसी वजह से क्या निर्भाष प्रकृति के समक्ष शर्तहीन आत्मसमर्पण ठीक बात है? अधिकांश लेखक और आपके बीच बाङ्ला भाषा एक अलंघ्य प्राचीर के समान है, इस धारणा के कारण घोड़े या कुत्ते के साथ मन के सुर मिलाकर क्या आप ख़ुश हो सकते हैं? ये सुर मिलते हैं या नहीं यह विचार आपका एकतरफ़ा होता है, कुत्ते या घोड़े को इस विषय में उनकी मति या विरोध का कुछ पता नहीं चलता और इसलिये आप सरल रेखा की चाल के अनुसार मान सकते हैं कि वहाँ मन मिल रहे हैं,—लेकिन क्या विरोध को जीतने का आपमें उत्साह नहीं होगा? इनसान—दलबद्ध नहीं, व्यक्तिगत इनसान—क्या दुर्लंघ्य को लाँघना नहीं चाहता? नहीं चाहता संघात के भीतर से ही रिश्ते गढ़ना? भाषा बहुत बड़ी बाधा है, इसे जानते हुए भी अन्ततः क्या आप एक स्त्री या एक मित्र की शरण लेकर कभी-कभी भाषा में से होते हुए ही खड़े नहीं होना चाहते? यहाँ तक कि कविता की

ओर अपसृत आपकी इस लम्बी चिट्ठी में भी तो आपको कहना ही पड़ा कि 'मन और हृदय को जोड़ती हमारी यह वासभूमि है; इसे परिश्रम और रुचि से सजाना कितना सुखकर है'! सचमुच सुखकर है? आप क्या इसे सचमुच सजाना चाहते हैं? लेकिन आप कैसे सजायेंगे? वाक्यवीरों की शून्य आत्मश्लाघा इस सजाने में किसी काम नहीं आती यह सही है, बुद्धिमानों के तर्कों की तेज़ आँच से इसीलिये बाहर निकल आने की इच्छा होती है। लेकिन मुर्ग़े की बाँग, नारी की क्षणिक दृष्टि या फिर पानी में मछली की पूँछ की फटक देखते-देखते मैं अपनी इस वासभूमि को थोड़ा और रहने योग्य बना कर जा सकूँगा, अनुभव तो ऐसी बात नहीं कहते। यह देखना ही, अमोघ सौन्दर्य की ओर दृष्टिपात करना ही मनुष्य का सबसे बड़ा गौरव है इसमें कोई सन्देह नहीं है। लेकिन उस गौरव तक पहुँचने का पथ तो आसान नहीं है, ज्योति। परिश्रम और रुचि का आश्रय लें तो हमें दिखायी देता है कि क़दम-क़दम पर बाधाएँ हैं, परिवेश चारों ओर से हमें जकड़ लेना चाहता है, वह हमें ख़त्म कर देना चाहता है। युवावस्था में हमने भी तो सोचा था कि शिक्षाव्रत में एक महनीयता है, सोचा था कि कुछ लड़के-लड़कियों को हम अपने मन-मुताबिक़ साहित्य-रुचि और जीवन-रुचि में दीक्षित कर सकेंगे, हमें लगा तो था कि इस पृथ्वी को हम कुछ लोग मिलकर कुछ और सुन्दर बना सकेंगे—सम्भवत: हम कुछ भी नहीं कर पाए। यह न कर पाना क्या केवल व्यक्तिगत अक्षमता है? किसी भी काम में हाथ डालो तो सब ओर से काँटों भरे उत्पात उमड़ आते हैं, तो क्या सोचना नहीं पड़ेगा कि इनसान उन्हें कैसे रोक सकता है? परिवेश के जाल को काटने का कोई उपाय क्या हमें नहीं सोचना पड़ेगा? हालाँकि आपने लिखा है कि आप ख़ुद को परिवेश द्वारा कुचला हुआ नहीं मानते। आप शक्तिमान हैं। लेकिन इस शक्ति के बल पर अपने मित्र की ओर मदद का हाथ बढ़ाने की आपकी इच्छा नहीं होती? तो फिर कैसे इस वासभूमि को आप सजा सकेंगे? हम लोग, जो कि सम्भवत: परिवेश के दबाव से स्वयं को कुचला हुआ महसूस करते हैं, जो लगातार राजनीति के सूखे स्लोगनों की वजह से भूल कर बैठते हैं, युगों से चले आ रहे अभ्यास के कारण ही सम्भवत: स्वयं को दीन, सत्यहीन, भ्रष्टाचारी बना लेते हैं—आप हम लोगों पर नाराज़ नहीं होंगे? आप हमें ज़रूर धिक्कारेंगे, लेकिन उसी क्षण क्या आप यह नहीं जान पायेंगे कि हम आपका ही एक सम्प्रसारण मात्र हैं, आपका ही एक ग़लत

अंश? हमसे विमुख होने के क्षण में ही हमारी ओर हाथ बढ़ाने की इच्छा, ऐसा न हो तो सचमुच आपको कोई सुख नहीं मिलने वाला।

इस विरोध में ही सत्य का स्फुरण होता है। रास्ते के किनारे जब भिखारी बच्चा हाथ फैलाकर खड़ा होता है, तब उसे देने की इच्छा होती है, यह हमारी दयालुता की एक मुद्रा है, यही हमारी दुर्बलता है—लेकिन उसे देने के क्षण में भी मुझे पता रहता है कि इसके द्वारा मैं उस बच्चे के किसी काम नहीं आता, बल्कि मैं एक सामाजिक अन्याय का पोषण ही करता रहता हूँ। तो फिर मैं क्या करूँ? जैसा कि बहुत-से लोग कहते हैं, वहाँ से हट जाओ, इस असंगति को प्रश्रय देने की ज़रूरत नहीं है—तो उस तरह से हट जाऊँ? क्या मैं नहीं जानता कि यह उपदेश वस्तुतः एक आत्मत्राण की इच्छा मात्र है? और न देकर भी क्या मैं उस अन्याय का कोई प्रतिवाद कर पा रहा हूँ? इसीलिये हमें देने और न देने के जटिल मन को लेकर चलना होता है, करुणा और परिहास एक ही साथ मन में जाग उठते हैं, इन परस्पर विरोधी वृत्तियों के भीतर से ही हमें सत्य को जानना पड़ता है।

दरअसल, सत्य को कभी भी एक पार्श्व से नहीं देखा जा सकता। उस तरह से देखने पर उसका केवल आधा चेहरा दिखायी देता है, और आप तो जानते हैं कि अर्द्धसत्य से अधिक भयावह और कुछ नहीं होता। भाषा धुँधला कर देती है, भाषा प्राचीर है—यह वैसा ही है, सत्य का आधा चेहरा। नीरवता चाहिए, इस बात को भी यदि कोई शाब्दिक अर्थ में सोचने लगे, यदि कोई उम्मीद करे कि अब से आप ख़ामोश होकर घर पर या फिर प्रकृति की गोद में बैठे रहेंगे, तो भी निश्चित रूप से ग़लती करेंगे। भाषा कोई काम नहीं करती, राजनीति हमारे लिये विवेच्य नहीं है, यह बात कहने के लिये भी क्या आपको कई पृष्ठों तक भाषा का ही उपयोग नहीं करना पड़ा? और थोड़ी-बहुत राजनीति का भी? और अगर ऐसा होता है, फिर तो यह प्रमाणित ही हो जाता है कि यही लेखक का काम है, भाषा के द्वारा ही भाषा के झूठ पर विजय पाना। सच्चे लेखक तो भाषा में सत्य को ही उचारना चाहेंगे, वे भाषा के भीतर ही नीरवता के अबाध विस्तार को पकड़ना चाहेंगे! नीरव से नीरव को नहीं, लेखक शब्द के द्वारा ही निःशब्द को पकड़ना चाहते हैं। वहीं पर उनकी परीक्षा होती है। साधारण दुर्बल मनुष्य यदि भाषा का मिथ्याचारी के रूप में उपयोग करता है तो करे, लेखक का काम होता है कि वह उस मनुष्य को उसके झूठ की

शर्मिंदगी के बारे में बता दे। और ऐसा केवल कविता या कहानी के द्वारा नहीं, देशनीति के विश्लेषण के द्वारा भी किया जा सकता है।

देशनीति? लेकिन क्या फ़ायदा? कोई क्या आपकी बात सुनेगा? कोई फ़र्क़ नहीं पड़ता, ज्योति। आप जब कविता लिखते हैं तब क्या आप सोचते हैं कि कितने लोग उसे सुनेंगे, कितने लोग उसे समझेंगे, एक रचना के बाद यदि आप देखते हैं कि लोगों के दिलों में उसका कोई मूल्य ही नहीं है, तो क्या तुरन्त आप तय कर लेते हैं कि उस रचना का कोई मूल्य नहीं है? बंगोपसागर के अरोध्य आकर्षण से आप भला कितने लोगों को आकर्षित कर सके? यह सब सोचना आपका काम नहीं है, आपका काम तो बस लिखना है। क्लास में पढ़ाने के लिये जाकर जो लोग सोचते हैं कि क्या फ़ायदा है पढ़ाकर, कोई क्या मुझसे कुछ सीख रहा है, वह दरअसल वंचना का ही मौक़ा ढूँढ़ते हैं। यह जान लेना चाहिये कि उपादान बाधक होते हैं, परिमण्डल बाधक होते हैं। लेकिन इन बाधाओं की दुहाई देकर हम स्वयं को दायित्व से मुक्त नहीं मानेंगे, इन्हीं में से होते हुए ही हम सिर्फ़ अपना-अपना काम करते रहेंगे।

राजनीति का कोलाहल केवल झूठ बोलता है। दलीयता के पेषण में व्यक्ति खिर जाता है। प्रोमोशन या फिर विज्ञापन की अनिष्टता से मनुष्य का मन हमेशा के लिये प्रेम से, सौन्दर्य से दूर हो जाता है। लेकिन इसी के बीच आप सुन्दरता को गढ़ना चाहते हैं, इसी के बीच आप मन के दरमियान प्रेम के सेतु का निर्माण करना चाहते हैं। तो आपको अनिवार्य रूप से इस दलीयता, इस कोलाहल, इस प्रोमोशन-लोलुपता और विज्ञापन के विरुद्ध कथनी और करनी के स्तर पर खड़े होना होगा। करनी में, यह आपका व्यक्तिगत ऊर्ध्वगमन होगा। कथनी में, यह आपके मित्रों की परिचर्या होगी, आपके परिवेश का प्रतिषेधक। हो सकता है मित्र तुरन्त आपके हाथ में अपना हाथ न रखें, बांग्लादेश या वियतनाम के विषय में कोई आपकी बातें न भी सुनें, लेकिन जो बात आपको कहनी है वह आपको कहनी ही पड़ेगी, और वह इसलिये कि किसी को यह नहीं मालूम कि चुपके-चुपके किस तरह बातों की शक्ति संचित होती रहती है, किसी को पता नहीं चलता कि किस तरुण अथवा तरुणी के बोध को आप पल भर के लिये शुद्ध कर देते हैं, और हो सकता है कि इस तरह एक भावी व्यक्ति का निर्माण हो जाता है। हो सकता है कि वह केवल एक व्यक्ति

हो, केवल एक। लेकिन वह एक व्यक्ति भी आपकी रचना के सत्य से उद्‌बुद्ध होता है, तो फिर आप उस सम्भावना के सुअवसर को उपेक्षा से क्यों गँवा देंगे भला? देशनैतिक चर्चा तो केवल अलस मन्तव्य है, अलीक भावीकथन अथवा वाचाल परामर्श भर नहीं। वह तो निजस्व अनुभूति और अनुभव का सतेज विवरण बन सकता है। और 'कोलकाता' ने एक दिन इसी विवरण का ही तो भरोसा दिया था। हम उसी विवरण को सुनना चाहते हैं, अगर वह मूल से जाग उठा हो तो। और बाक़ी सब लोग झूठ बोलते हों तो बोलें, दो-चार लोगों से हम सत्य की ही अपेक्षा करते हैं। और सब लोग यदि भ्रान्ति उत्पन्न करते हैं तो करें, दो-चार लोगों से हम व्रत चाहते हैं। क्लेश के प्रयोग से कविता बहुत भर गयी है, इस अपमान की वजह से कौन-सा कवि है जो लिखना छोड़ देता है? अगर सचमुच बोलने-जैसा कुछ हुआ तो फिर आप समाज के विषय में बोलना क्यों बन्द कर देंगे भला? और जिसे मन-ही-मन लोग देशसेवा समझ रहे हैं, वह तो बीमारी मात्र है, आप यदि यह कहना चाहते हैं तो कहिये न बार-बार। किसे पता, हो सकता है कि इस कहने से एक दिन एक क्षीण प्रतिकार भी जन्म ले।

और यदि ऐसा न हुआ, तो? यदि सचमुच घास का एक तिनका भी जन्म न ले, एक भी प्यासे का कण्ठ न भीगे? फिर भी आपको कहना ही पड़ेगा, क्योंकि मरुभूमि के बीचोंबीच खड़े होकर यह कहना ही तो लेखक की स्वयाचित नियति है। आप ठीक तरह से कहना चाहते थे इसीलिये तो आप इतनी अनुभूतिहीनता के बीच, इतने सूखे में स्थिर खड़े हैं। यही तो लेखक का जीवन है! मेरी जितनी क्षमता है, उसके अनुरूप विनयपूर्वक काम करते जाना ही मेरा भवितव्य है—और बोलना भी मेरा ही काम है—इस क्षण में उसका कितना फ़ायदा हुआ, वह मेरी विवेचना का विषय नहीं है! लेखक की यही एकमात्र सोच होनी चाहिए, एकमात्र सोच।

मैंने ग़लत कह दिया? अब जो हो, आपको मेरा प्यार।

(१९७२)

प्रतिष्ठान और आत्म-प्रतिष्ठान

सेनेट हॉल के पुराने भवन को जब तोड़ा जा रहा था, लगभग एक युग पहले, उस समय पूर्णेंदु पत्री गोलदीघी में क़ैमरा हाथ में लिये घण्टों खड़े रहा करते थे, इस टूटते जाने की हर भंगिमा को वे क़ैद करते थे। वे सब तसवीरें आज कहाँ हैं? और इसके आसपास ही उस समय शक्ति चट्टोपाध्याय कविता लिख रहे थे, 'सेनेट १९६०'। वे लिख रहे थे, 'तत्पर करनी हाथ में लिए / संस्कार करने वाले हे बन्धु, पुराने कोलकाता को तोड़े जा रहे हो'।

इस कविता में या उन तमाम चित्रों में एक सौन्दर्यमयी आह बिखरी हुई है, इसमें कोई सन्देह नहीं। पुराने कोलकाता को तोड़े जा रहे हो : शायद बहुत-से लोगों की यही व्याकुल आह थी। उन दिनों राह से गुज़र रहे बहुत-से लोग विषण्ण भाव से पुराने कोलकाता के तोड़े जाने की छवियों को देख लिया करते थे।

लेकिन इसके नेपथ्य में उसी समय तोड़ने का जो एक और काम चुपचाप चल रहा था, प्रतिष्ठान तोड़ने का काम, वह सम्भवतः उस समय किसी को नज़र नहीं आया था। लेखन की दुनिया में एक छोटा-मोटा असंतोष और विद्रोह जन्म ले रहा था। गद्य और पद्य में कुछ तरुण लेखक काफ़ी हद तक ऐंठ कर बैठे हुए थे, हर तरह के प्रचलित लेखन का विरोध ही उनका अभियान था। थोड़े ही दिनों में हो-हल्ले का शोर अभिव्यक्त होने लगा, पाठक और समालोचकों के दल उनकी निन्दा और उनके प्रतिरोध में आगे बढ़ आये। तरुण लोग इतना तो समझ ही गये कि उन्होंने सही जगह पर चोट की है, प्रतिष्ठान पर आघात करने की वजह से वहाँ से एक आमूल आर्त्तनाद का उठना लाज़िमी ही था। इसीलिये यह निन्दा, यह

प्रतिरोध तरुणों के लिये परोक्ष रूप से एक जीत ही थी।

इसके बाद के कुछ वर्ष उन कवियों के लगातार प्रतिष्ठित होते जाने का इतिहास है। कुछेक वर्षों के भीतर ही उनका उन दिनों का विद्रोही स्वरूप तत्कालीन लेखकों और पाठकों को स्वीकार्य हो गया। अब उनकी रचनाओं में वैसा कोई भय और आघात नहीं था, अब उनमें केवल स्वीकार्यता थी, अपने आसपास की सामाजिकता की स्वीकार्यता। आजकल नयी उम्र के कवि इन्हें ही लक्ष्य, अभ्यास और शायद प्रतिष्ठान के रूप में भी अपने सामने रखते हैं। कुछ ही दिनों पहले जो प्रतिष्ठानों को तोड़ने की बात सोच रहे थे, आज वे ही नये प्रतिष्ठान का रूप लेने लगे थे। तो क्या फिर उनकी सोच में कुछ ग़लती थी? विद्रोह क्या कोई छलावा था? तो क्या छुपाई गयी आहों का अनिवार्य परिणाम था यह पराभव?

किसी-किसी नये तरुण के मन में ये सवाल पैदा हो रहे थे। वे थोड़ी नाराज़गी के साथ ही देख रहे हैं थे एक दिन जिन लोगों पर उन्होंने ख़ासा भरोसा किया था, अब उन तमाम कवियों की शिनाख़्त प्रचलित परिपार्श्व के साथ संघर्ष करनेवालों के रूप में नहीं हो पा रही है। वे क्षुब्ध होकर देख रहे थे कि रचना-जगत में, प्रतिष्ठितों या फिर प्रतिष्ठाकामियों के संसार में फिर से एक परम विवशता की भंगिमा उतरती आ रही है। वे सारे कवि जो एक समय प्रतिष्ठानों को तोड़ने की बात करते थे, आज वे ख़ुद ही किसी-न-किसी बड़े प्रतिष्ठान के साथ जुड़े हुए थे : वे या तो अख़बारों के साथ जुड़े थे, या फिर कॉलेज या विश्वविद्यालय में थे। और, कौन नहीं जानता कि स्वतन्त्र विचारों और मुक्त-बोध के लिये ये दोनों प्रतिष्ठान ही आज सबसे ज़्यादा भयंकर हैं।

यही कारण है कि आज फिर से एक धिक्कार जन्म लेने लगा है। हालाँकि ज़्यादातर मौक़ों पर यह धिक्कार अस्पष्ट, कमज़ोर और अनुकरण योग्य नहीं है। अकसर हमें अत्यन्त भावप्रवण लेखकों का अभाव महसूस होता है, कविता के विषय में लिखने योग्य उद्यम हमें कम ही दिखायी पड़ते हैं। लेकिन अभी पिछले दिनों ही शैलेश्वर घोष ने दो बहुत ही छोटी पत्रिकाओं[१] के लिये दो ऐसे ही तर्कप्रधान सशक्त गद्य लिखे हैं। वहाँ उन्होंने सीधे-सीधे सवाल उठाये हैं—'६-७ साल बाद तथाकथित कविता के मंच पर

१. उक्त दो छोटी पत्रिकाएँ हैं—निषाद, आर्त्तनाद।

यह विराट चुप्पी क्यों ? मंच से इतनी तेज़ी से खिसक लेने की कोई वजह है क्या ?' शैलेश्वर एक वजह का अनुमान करते हैं कि शिल्प के विषय में विचार करते हुए ही कविता नष्ट हुई है, क्योंकि 'मुझे इन शिल्प-कविताओं में ऐसी कोई अभिव्यक्ति नहीं दिखायी दे रही, जो मुझे अपने जीवन को समझने में किसी तरह की मदद करती हो, उनमें मुझे ऐसा कुछ नहीं मिला जिसे सचमुच एक निश्चित निष्ठुर आविष्कार मान सकूँ, जिसके समक्ष आत्मसमर्पण किया जा सके, या कि जो मुझे शान्ति प्रदान कर सके, जो दु:स्वप्न, दुश्चिन्ता, भय और ताड़ना को दूर कर सके, जो एक और अकेले इस शरीर को मिट्टी और आकाश के साथ जोड़ दे।'

एक निश्चित, निष्ठुर आविष्कार ? ठीक यही। क्योंकि जिस झूठे सामाजिक प्रलेप से हम लोग सत्य के चेहरे को ढँके रहते हैं, उस लेप के पुँछ जाने का भय हमें सताता है, इसलिये हम उसे जी-जान से ढँके ही रखना चाहते हैं। यही कारण है कि बड़ा साहित्य हमें अकसर किसी-न-किसी भय के सम्मुख ले जाता है, यह भय ही सत्य का अन्यतम एक मूल्य है। इसीलिये शैलेश्वर की यह बात मानीख़ेज़ है कि 'कवि शब्द ही विद्रोहवाचक है, कारण कि जीवन के षड्यन्त्रमय वस्तु-समूह के मारक अवस्थान को जो स्वीकार करने से मना कर देता है तथा ऐंठ कर बैठ जाता है, वही कवि है।'

प्रतिष्ठान के विरुद्ध चिरन्तन अभियान इसीलिये है। प्रतिष्ठान इस षड्यन्त्रमय अभियान को स्वीकार कर लेता है, वह दूसरों को भी स्वीकार करवा लेना चाहता है। वह सत्य के चेहरे को एक छद्म सामाजिकता से ढँककर रखना चाहता है, इसीलिये प्रतिष्ठान मिथ्याचारी होता है। इस झूठ का प्रताप इतना भर है कि वह मनुष्य को जीवन के मायने भुलवा देता है। और तब साहित्य-जगत का यह विरोधाभास पैदा होता है, यह पैराडॉक्स : सबके लिये लिखना ही जीवन के लिये लिखना नहीं होता, सबको लेकर लिखना ही जीवन को लेकर लिखना नहीं होता। जो जीवन छिपा हुआ है, जिस जीवन से बचकर रहने में ही लोगों को सुकून महसूस होता है, अगर उसकी तसवीर उनके सामने रख दी जाये तो लोग हठात अपने आप को नहीं पहचान पाते। इसलिये जो कवि जीवन की बातें लिखते हैं, क़िस्मत से शायद वही जीवन-विरोधी कवि के रूप में चिह्नित होते हैं, जिस तरह एक दिन जीवनानन्द हुए थे। क्योंकि प्रतिष्ठान मनुष्य को सदैव उसके छद्म जीवन से ही परिचित रहना सिखाता है।

ठीक है, सच्चे जीवन तक पहुँचने के सारे रास्तों को हमारे प्रतिष्ठानों ने बाधित कर रखा है। सारे दरवाज़े बन्द हैं। लेकिन शैलेश्वर के लिये कितने असंख्य हैं ये दरवाज़े? किसी को यह नहीं पता। किसी को नहीं मालूम कि लगातार कितने दरवाज़े खोलने के बाद सम्पूर्ण आलोक दिखायी देगा। लेकिन किसी-किसी को पता है कि दरवाज़े हैं और वे बन्द हैं।

यह तो होता ही है कि शताब्दी के एक-एक दौर में नये समूहों के मन में यह अभिमान जागता रहता है कि मानो वे ही सबसे पहले ऐसे किसी बन्द दरवाज़े के सामने आकर खड़े हुए हैं। ऐसा होता है कि परम हताशा और दु:ख लिये वे अपने पूर्ववर्तियों की ओर देखते हैं। सोचते हैं कि उन लोगों ने क्यों नहीं देखा या फिर देख कर भी इस बाधा को दूर करने की कोशिश क्यों नहीं की। उन लोगों ने सब कुछ को क्यों स्वीकार कर लिया? चूँकि उन्होंने स्वीकार कर लिया था, इसलिये शैलेश्वर के शब्दों में, वे लोग कवि नहीं थे।

लेकिन किसे पता, यह भी तो हो सकता है कि उन्होंने स्वीकार किया ही न हो! लोग क्या कहेंगे इस सोच को अग्राह्य करके रवीन्द्रनाथ जब केवल एक मोटी शॉल ओढ़कर चप्पल पहनकर अराजकों की तरह घूमते रहते थे और साहबी किताबों की दुकान में घुस जाते थे, वह भी एक तरह से प्रतिष्ठान को तोड़ने का ही निन्दाजनक आयोजन हुआ करता था। उनकी तरुणावस्था की कविताओं में जब शरीर जाग उठा था—हाँ, नि:संदिग्ध उज्ज्वल मुक्त शरीर—वह भी अल्पकालीन प्रतिष्ठान को ध्वंस करना ही था। अब आज हम उसे उस तरह से समझ नहीं पाते। असल में, वह जो मैंने कहा था कि सत्य तक पहुँचने से पहले एक-के-बाद एक अनेक दरवाज़े हैं, कभी-कभी उनमें से एक या दो दरवाज़ों को खोला जाता है। हमारे पुराने कवियों ने बेशक़ ग़लती की थी, वह ग़लती यह थी कि उन्होंने एक या दो के खोलने को ही अन्तिम को खोलना मान लिया था! उन्हें शायद पता नहीं था कि इसके बाद भी असंख्य बाधाएँ मौजूद हैं। या फिर, हो सकता है कभी एक पल के लिये उन्हें यह पता भी चला हो, लेकिन उन्हें लगा था कि उनके लिये और आगे जाना सम्भव नहीं। एक दरवाज़ा खोल लेने पर कवि थोड़ी देर वहाँ पर थोड़ा निश्चिन्त होकर खड़ा हो जाता है, अनुगामी लोग थोड़ा इंतज़ार करते हैं और फिर सभी हासिल किये गये उस नये घर में भीड़ के रूप में घुस पड़ते हैं, उन्हें पता ही नहीं चलता कि

वही उनके लिये एक नयी बाधा बन गया है, एक नया प्रतिष्ठान। तब, फिर से इसे तोड़ने के लिये परवर्तियों का दल आगे बढ़ आता है।

आज के कवि यदि ख़ुद ही अगोचर में वैसे किसी प्रतिष्ठान में तब्दील हो जायें, तो फिर वह डर की ही बात है इसमें कोई सन्देह नहीं। उसे तोड़ना ही पड़ेगा। क्या वे ख़ुद ही ख़ुद को तोड़ेंगे या फिर औरों पर यह ज़िम्मेदारी आयेगी ? आगामी दो-दस वर्षों का इतिहास इसी के जवाब पर निर्भर करेगा।

लेकिन इन सबके बीच यह याद रखना ठीक होगा कि बाहर से ख़ुद को किसी प्रतिष्ठान के साथ जोड़ भर लेना डर की बात है, ऐसा नहीं है। क्योंकि यह पूरी तरह से असम्भव नहीं है कि शारीरिक रूप से किसी प्रतिष्ठान के साथ जुड़कर भी कोई ख़ुद को विच्छिन्न रख सकता है। यह असम्भव नहीं कि इसके ही फलस्वरूप एक प्रतीक्षित विरोध उत्पन्न होता है, बाहरी और भीतरी निरन्तर संघर्ष के फलस्वरूप कवि अपनी कविता के क्षणों में एक तीसरी सत्ता में पहुँच सकता है, जो सत्ता कभी भी प्रतिष्ठानमुखी नहीं होती, जो सत्ता गूढ़ रूप से प्रतिष्ठानविरोधी है। ख़ुद के साथ ही ख़ुद का यह विरोध है।

इसलिये, प्रतिष्ठान में रहना भर डर का कारण नहीं है, डर की बात है स्वयं प्रतिष्ठान में तब्दील हो जाना। एक दिन जिन लोगों ने बाङ्ला कविता में प्रतिष्ठानों को तोड़ने की बात कही थी, आज क्या वे लोग आत्मप्रतिष्ठानों को तोड़ने के आयोजन में आगे आयेंगे ? अपनी आहों को हटाकर क्या वे फिर देखेंगे किसी डर का चेहरा ? यह एक समस्या आज हमारे सामने सिर उठाये खड़ी है।

(१९७१)

शब्द और सत्य

कविता लिखने के अपराध में इस शहर के कुछ युवकों को एक दिन हाजत में रहना पड़ा था, यह आज इतिहास का विषय बन चुका है। कविता लिखने के अपराध में? नहीं, विज्ञ सामाजिकों की विवेचना में वे रचनाएँ ज़रा भी कवितापद्यवाच्य नहीं थीं, क्योंकि उनमें शिल्प-रुचि का कोई आभास नहीं था। जबकि उन युवकों ने पहले ही बता दिया था कि शिल्प नामक कोई भी अलीक काण्ड कहीं पर मौजूद नहीं है, वह और किसी दैवीय संयोग से मिला हुआ, सजाया-सँवारा गया, विलास-व्यापार नहीं है, जीवनयापन के सच की अभिव्यक्ति ही कविता है। अभिव्यक्ति के उस ढंग को उस दिन नीतिज्ञों ने कोई ख़ास क्षमा की दृष्टि से नहीं देखा था, वह हो सकता है एक हिसाब से इनके विजय का ही द्योतक हो, क्योंकि क्षमाहीन प्रत्याघात के आयोजन से ही पता चलता है कि ज़रूर कहीं पर आघात हो रहा था। ये लोग यदि अपने आसपास के मुखौटों पर आघात करना ही चाहते हैं तो प्रत्याघात के लिये तैयार रहना ही इनका भवितव्य है। इसलिये समाज की आँखों में निन्दनीय हो उठना या फिर थोड़ा जेल-पुलिस इत्यादि कर आना बाहरी तौर पर भले ही अपमानजनक और दुःसह रहा हो तो भी इसमें कहीं पर एक जीत ज़रूर थी। उस सामयिक जीत ने उस दिन क्या इन लेखकों को किसी स्थिर आत्मविश्वास की निर्दिष्ट भूमि पर पहुँचा दिया था? 'ख़ुद को लेकर ही कविता' 'कृत्तिवास' के इस निर्णय के बाद इन क्षुधार्त युवकों का आविर्भाव बहुत ही धारावाहिक था, यह लगभग प्रत्याशित ही था। लेकिन यह आविर्भाव क्या आज बाङ्ला कविता की दिशा में किसी नये बदलाव के इशारे कर रहा है?

पाँच साल पहले छपी एक अमेरिकी पत्रिका के विशेषांक को सामने

रखकर आज ख़ुद से ही यह सवाल कर रहा हूँ। इन युवकों की ही प्रतिकृति तथा रचना और जीवनतथ्य से भरपूर वह विशेषांक, बांग्लादेश के 'क्षुधार्त' कविसमाज का ही एक विशद विज्ञापन था। गिन्सबर्ग या फर्लिंगेत्ती की तरह ही अमेरिकी कवि भी इनकी रचनाकृति के नमूनों से स्पष्ट तौर पर उत्तेजित थे, सम्भवतः वे यह सोच कर ख़ुश हो रहे थे कि इस तरह तमाम देशों में प्रतिष्ठानविरोधी लेखकों की ऐक्यमय भूमि तैयार हो रही है। साहित्य-जगत में ये भी मानो मज़दूर ही थे, इसीलिये इनके लिये भी 'वर्क्स ऑव दि वर्ल्ड, यूनाइट'—जैसे आह्वान का शायद कोई एक मतलब भी था। इसीलिये, हमें यह नहीं लगता कि नितान्त अपनी प्रतिच्छवि देख पाने की वजह से ही अमेरिकी कवि बंगाली क्षुधार्तों को इतना सम्मान दे रहे थे, या फिर इसमें अन्य तमाम तरह की राजनैतिक अभिसंधियों को ढूँढ़ निकालने का भी कोई मतलब नहीं था। हम ऐसा विश्वास कर सकते हैं कि ये लोग स्पष्ट तौर पर एक समगोत्रीय काव्यजगत के उल्लास में थे। जिस ध्वंस और झूठ के बीच हम लोग जीवित रहते हैं, उसे केवल भावावेग की मोहक भाषा में सजाकर क्यों दिखाया जाये भला? यही इनका अभियोग था। इस अभियोग की उपेक्षा करने से पहले समूची पृथ्वी की ओर खुली आँखों से एक बार देखना ज़रूरी है, जहाँ पर इनसान एक ही साथ चाँद पर जा रहा है और असहाय ज़मीन पर ऐसा बम फेंक रहा है कि जिसकी किरचें यदि शरीर में घुस जायें तो फिर एक्स-रे भी उसे नहीं ढूँढ़ सकती, इनसान भव्य-सभ्य समाज गढ़ रहा है, चालचलन में त्रुटिहीन, मानो आनुष्ठानिकता का थोड़ा-सा भी स्खलन होते ही सब कुछ ध्वस्त हो जायेगा, और इसके समानान्तर ही साप्ताहिक 'टाइम' में ख़बर छप रही है कि 'ए हेल्दी राइज़ इन रेप', क्या यह प्रहसन है या सर्वनाश? इन दोनों के बीच कोई सीमारेखा है? इस सत्य को सिरहाने रखकर आज कवि चुप नहीं रहना चाहते, वे इस व्यभिचार को प्रकट कर देना चाहते हैं, वे समझाना चाहते हैं कि पूरी तरह नग्न और अक्षम होकर इनसान अब इस उज्ज्वल झूठ के सम्मुख खड़ा है, इससे यदि मुक्ति सम्भव न भी हो तो भी इसे साफ़तौर पर पहचान लेना ज़रूरी है।

इसीलिये कविता की देह में संघर्ष, नग्नता, आक्रोश और उत्पात की बातें अनायास चली आती हैं। इन सब कविताओं के रचयिताओं को जाहिल

या बर्बर कहने से पहले थोड़ा धीरज धरकर सोच-समझकर देख लेना उचित होगा कि क्यों यही आज अवश्यंभावी परिणाम है। जिस प्रकार अतिवामपन्थी क्रान्तिकारी राजनीति को धिक्कारने के क्षण में हमें सोचना होता है कि किस अनिवार्य दबाव की वजह से इसका उद्‌भव हुआ, जिस प्रकार इसकी बाह्य-अभिव्यक्ति हमें बता देती है कि समाज की सड़न किस सीमा तक पहुँच गयी है और यह विक्षोभ किसके विरुद्ध है, उसी तरह क्षुधार्त लड़कों के विद्रोह के लक्षणों को भी उनके ऐतिहासिक तात्पर्यों में समझ लेना ज़रूरी है। यदि ऐसा होता है कि राजनैतिक जगत की तरह ही इस कविता-जगत में आज एक तीसरी दुनिया ने अस्तित्व में आने की कोशिश की है, तो फिर उसके लिये स्थिर भाव से तैयार होना ही उचित कार्य होगा। हम, जो लोग बहुत दिनों से दूसरी तरह की रचनाओं के अभ्यस्त हैं, हो सकता है हम उस आदत को छोड़ने में कुछ दिन और आनाकानी करें, लेकिन हमारी इस अनिश्चित दुविधा की वजह से प्रवाह नहीं रुकेगा।

नहीं रुकेगा, यदि उस प्रवाह में कोई ग़लती नहीं दिखायी दे, यदि आत्मविश्वास का कोई वेग आज भी वहाँ काम करता हो। लेकिन क्या सब समय वह काम कर रहा है? बाङ्ला कविता में सात-आठ वर्ष पहले जो आन्दोलन प्रचण्ड हो उठा था, आज उसके कितने निशान बाक़ी रह गए हैं? इस विषय में कोई सन्देह नहीं कि बाहरी पाठक-समाज में वह लहर अब काफ़ी हद तक स्तिमित है, और उससे भी बड़ी बात यह है कि वही कवि-समाज आज अनेक टुकड़ों में बँट गया है। यहाँ पर इसकी तुलना चरम क्रान्तिकारियों के साथ की जा सकती है। एक बार जब टूटना आरम्भ होता है तो क्रान्तिकारी केवल टुकड़ों की शक़्ल में ही तोड़ते रहते हैं, वे सभी हनन और प्रतिहनन में संलग्न हो जाते हैं, मूल लक्ष्य खो जाता है—यहाँ पर भी आज लगभग वैसा ही घटित हुआ है। सिर्फ़ पाँच साल पहले जो लोग मुखर रूप से अभिलाषित थे, सब कुछ को छोड़-छाड़कर कर कोई आज दलबाहर है, या फिर किसी ने चुप्पी धारण कर ली है, कोई अपने पूर्वकालीन मित्रों के प्रति सिर्फ़ विषोद्‌गार में व्यस्त रहते हैं, और कोई बुरी तरह से हताश और प्रतिष्ठान-लोलुप हो उठे हैं। थोड़े ही दिनों में क्यों ऐसा हो गया? जो लोग आज भी समान विश्वास और ताप के साथ लिख रहे हैं, और सम्भवत: जो लोग इन क्षुधार्तों का विष ही अपने

सीने में लिये भविष्य में भी लिखेंगे, उनके लिये यह प्रश्न आज बहुत ज़रूरी है : कहीं पर कुछ ग़लत था क्या?

दो

प्रतिष्ठान को तोड़ने की चाहत यौवन का धर्म है। जीवन को मृत्यु के सम्मुख रखकर देखना, मृत्यु को जीवन के सामने रखकर देखना यौवन का धर्म है। लगातार हर क्षण मृत्यु पर नज़र रखना, उस पर आघात करना, उसके द्वारा आहत होना यौवन का धर्म है। लेकिन यह यौवन-धर्म जब स्वयं को कविता में अभिव्यक्त करना चाहता है, तब उसे थोड़ा और सोचकर देखना होता है कि वह किस तरह समसामयिक प्रतिष्ठान को तोड़ेगा? यदि ऐसा होता है कि आज का बाङ्ला साहित्य आत्मिक रूप से अवसन्न और क्षरण से भरपूर विपुल एक प्रतिष्ठान मात्र है, तो फिर नये लेखक का आक्रमण किधर से होगा? क्या वह केवल आत्मश्लाघा और आक्रोश का प्रदर्शन मात्र होगा? क्या वही आक्रमण होगा? मृत्यु जीवन की विरोधी होती है इसीलिये उसकी प्रचण्डता को जान लेना होता है, जड़ प्रतिष्ठान जीवन्त कविता का विरोधी होता है, इसलिये तरुण लेखकों को उसकी व्यापकता और जटिलता को समझ लेना होता है, जान लेना होता है कि 'विस्फोट' शब्द से ही विस्फोट नहीं होता, समझना होता है कि समाज नामक कुटिल इस ऑक्टोपस के मर्दन से हम लोग व्यक्तिगत रूप से काफ़ी कमज़ोर हो चुके हैं। आत्मिक रूप से नहीं, लेकिन संगठन की दृष्टि से। यह जान लेना क्या हमें और भी असहाय कर देगा? नहीं, यह जानना ही आत्मशक्ति की ओर बढ़ा हुआ पहला क़दम है। इस जान लेने के फलस्वरूप ही मैं अपनी व्यक्तिगत दृढ़ता की ओर बढ़ पाता हूँ और तमाम इसी तरह के व्यक्तिगत मित्रों के समूहों को क्रमशः समवेत कर पाता हूँ, जो एकाग्र विश्वास के द्वारा रचनाओं के माध्यम से किसी भी प्रकार की प्रातिष्ठानिकता के विरुद्ध खड़े हो पाते हैं। आत्मसंगठन में से धीरे-धीरे एक विद्रोही दल तैयार होगा, जो भिन्न आयोजनों में आक्रोश न भी प्रकट करे लेकिन जिसका समग्र अस्तित्व ही आक्रोश की अभिव्यक्ति, प्रतिवाद और विस्फोट बन जायेगा।

यहाँ भी मैं राजनैतिक तुलना को खींच लाना चाहता हूँ। यह जो हमारी आँखों के सामने एक अविराम विप्लव का उत्थान और सामयिक अपघात

घटित हुआ, क्या उसका एक बड़ा कारण यह नहीं है कि गाँव की प्राचीरों को ठीक तरह से तैयार करने के पहले ही शहर–केन्द्र में आघात और चीत्कार बहुत अधिक पहुँचा? जिन युवकों ने बड़ी तेज़ी से शहर के ढाँचे को तोड़ना चाहा था, वे भाँप नहीं पाये कि प्रतिपक्ष की तैयारी और प्रतिरक्षा का ढंग कितना व्यापक हो सकता है। दूसरे पक्ष की क्षमता का ठीक–ठीक हिसाब न लगाकर युद्ध में कूद पड़ना आत्महत्या का दूसरा नाम है। कविता की दुनिया में भी यदि कोई प्रतिष्ठानों को तोड़ना चाहें तो उनके लिये भी ज़रूरी है सिर्फ़ ख़ामोशी से कविताएँ लिखते जाना, जो कि सामाजिकों के लिये अनायास व्यवहार या आस्वाद योग्य न हो, जो गुप्त पदसंचार से सबको घेर लेंगी। तब प्रतिष्ठान के विरुद्ध स्वतन्त्र विद्वेष जताने की उतनी ज़रूरत नहीं रह जाती, रचना स्वयं ही तब प्रतिष्ठानविरोधी बनकर खड़ी हो जाती है।

और इसीलिये थोड़े और साफ़ ढंग से समझ लेना ठीक होगा कि कविता लिखने वाले के लिये सचमुच का प्रतिष्ठान कहाँ है। उसका अभियान किसके विरुद्ध है? वह क्या कोई प्रचारमय पत्रिका है? वह क्या कोई निश्चल शिक्षायतन है? थोड़े–बहुत ये सभी हैं, लेकिन यहीं पर एकमात्र विपदा है ऐसा नहीं है। लेखक के लिये मूल प्रतिष्ठान है समसामयिक जनरुचि। जिस सत्य के बारे में आज क्षुधार्त कवि कहना चाहते हैं, या राजनैतिक कवि, या फिर कोई भी सच्चा कवि, उस सत्य को स्वभावविमुख इन राह चलने वाले लोगों के लिये मान लेना क्या सम्भव हो सकेगा? हम तो भूल नहीं सकते कि हमारी मुख्य पाठक जनता वस्तुतः मध्यवर्गीय जनसंघ है, जो मध्यवर्गीय जनता स्वरचित कुछ संस्कारों और मुखौटों की माला से ख़ुद को सजा कर रखना पसन्द कर रही है। वह भला क्यों अपने मुखौटों के फाड़ने के आयोजन को सहन करेगी? वह अपने गढ़े हुए मूल्यबोध का विपर्यय क्यों सहन करेगी? इसलिये सत्य का अनुसन्धान करने वाला लेखन उसे घृणा और उपेक्षायोग्य प्रतीत होता है, ख़ुद के दिख जाने के भय से वह भागती फिरती है, उसे अपना गढ़ा हुआ चकाचौंध सत्य के मुक़ाबले कहीं अधिक निर्भरयोग्य लगता है। सारे ही युगों के लिये यह बात आंशिक रूप से सच है, और आज मनुष्य के अन्तिम छद्म को उघाड़ देने के मुहूर्त में वह बात दोगुनी सच हो उठी है।

मैं ऐसा नहीं कह रहा कि समकालीन समाज में ऐसा एक भी पाठक नहीं

रहता जो स्वयं को और अपने परिवेश को खुली आँखों से देखना चाहता हो। हालाँकि पाठकों में इसके अपवाद भी मौजूद होते हैं, कोई-कोई पाठक या पाठिका अनादृत अज्ञात कोने में बैठे होते हैं, जो सम्भवतः किसी सत्य के कहे जाने की प्रतीक्षा कर रहे होते हैं—और उन्हें याद रखकर ही क्रोधी या फुफकारते कवि भरोसा कर सकते हैं कि मनुष्य की तरह ही सहज रूप से मनुष्य के साथ बातचीत करने के लिये दो-एक सुनसान जगहें सम्भवतः आज भी कहीं मौजूद हैं। लेकिन वे जगहें रहें या न रहें, कवि को फिर भी अपनी बात तो कहनी ही होती है, पूरी तरह से अपनी निजता का उद्‌घाटन, अपनी हीनता तुच्छता पराभव को भी उघाड़ डालने की आकांक्षा, बचे रहने के कष्ट और उल्लास—उसे ऐसी भाषा में यह सब कहना होता है, जिसे उसके आसपास के उद्यत पाठक क़तई पसन्द नहीं करते, जो पैसों से आराम ख़रीदना चाहते हैं। यदि वह करता, फिर तो कोई भी प्रतिष्ठान उसे सीने से लगा लेता, या फिर अमेरिकन ग्रोव प्रेस की तरह वह स्वयं ही विपरीत प्रकार का एक प्रतिष्ठान बन जाता। क्योंकि यह तो उसके वाणिज्य का ही सहाय हो सकता था। ऐसा नहीं होता और इसीलिये वह दूर पड़ा रहता है, यह भी उसकी एक गुप्त जीत है।

कवि को इसलिये यह जान लेना होता है कि सबकी बात कहना और सबके लिये कहना एक ही चीज़ नहीं है। सचमुच सबकी बात कहने पर वह शायद सबके लिये नहीं रहती, आपाततः वह कुछेक की होकर रह जाती है। इन कुछेक के सम्प्रसारण के बीच ही निहित है योग्य विद्रोह, लेकिन उसके लिये समय चाहिए, धीरज चाहिए, उपेक्षा सहन करने का पराक्रम चाहिए।

यही सबसे कठिन काम है। 'समस्त छद्मों के चेहरों को सामने ले आना' या 'चेहरे से सभ्यता के नमकीन पलस्तर को हटा देना' या फिर 'जो कुछ निर्मित किया गया है उस पर सन्देह करना' कोई मुक्त कवि अपने स्वयं के इश्तहार में यदि शैलेश्वर-वर्णित इन सब प्रतिज्ञाओं को मान ले, तो फिर इसी के साथ उसे प्रचलित पाठकप्रवाह से थोड़ी दूर रहने के इस कठिनतम आयोजन के लिये तैयार होना पड़ता है। हालाँकि कितना निष्ठुर है यह! जितने सारे भयंकर अन्तर्लोकों को मैं उद्‌घाटित करना चाहता हूँ, उद्‌घाटित होने के बाद वह जनविहीन वनभूमि पर एकाकी गुल्म की तरह पड़ा रहता है, अगोचर में—इससे बड़ा दुःख और कहाँ? बड़ी कठिन है

यह परीक्षा। और इस परीक्षा के सम्मुख आते ही कुछ लोग पराजित हो जाते हैं। इस परीक्षा के बाद ही कोई–कोई सारी अभिलाषाओं को छोड़छाड़ कर दलबाहर हो जाते हैं, तो कोई निर्वाक्, कोई–कोई अपने पहले के मित्रों के प्रति विषोद्गार में अपने वचनों को व्याप्त किये रहते हैं तो कोई ज़बर्दस्त रूप से हताश और प्रतिष्ठानलोलुप हो जाते हैं। और जो लोग इनमें से कुछ भी नहीं हैं, वे भी अन्त में एक प्राणान्तक चीख़ के ज़रिये अपने विक्षत अस्तित्व को प्रकट कर देना चाहते हैं, मानो कहना चाहते हों : देखो यहाँ पर, मैं हूँ।

कवि कह सकते हैं : यही तो मैंने करना चाहा था! मैंने तो कहना ही चाहा था कि मेरा अपने अस्तित्व को प्रबल रूप से प्रकट कर देना ही मेरी कविता है, उसी में से जाग उठेंगे मेरे जीवन के भयावह सारे सम्बन्ध, मेरे समूचे जीवन और अस्तित्व का ऑब्सेशन! ठीक है, लेकिन कविता में ही होगा वह ऑब्सेशन। यदि अस्तित्व का आर्त्तनाद या धिक्कार होगा, कविता में ही वह आर्त्तनाद या धिक्कार होगा। लेकिन कई बार यह आर्त्तनाद मानो उसके बाहर से जगाया जाता है, और बाहर से यह चीत्कार क्रमशः कवि को पूरी तरह बाहर खींच लाता है, कौन–सा समग्र है और कौन–सा अंश, कौन–सा मुख्य है और कौन–सा गौण—उसके बोध में ही संकट दिखायी देता है। उसी संकट के सम्भावित संकेत 'सॉल्टेड फ़ेदर्स' के हंग्री विशेषांक में थे, उसी की साम्प्रतिक प्रतिध्वनि मुझे आज भी महसूस हो रही है। इस विशेषांक के प्रकाशन में अमेरिकी लेखकों के आग्रह की वजहों का अनुमान किया जा सकता है, लेकिन इसमें मलय रायचौधुरी की जो उत्तेजना या उनका आग्रह हमें दिखायी दिया था, उसकी कोई संगत वजह मुझे नहीं दिखायी देती। वे जिस भाषा में बाङ्ला कविता का इतिवृत्त बताते हैं, उसकी अस्पष्टता और उसका अतिरंजन हमें डरा देता है—लेकिन साथ–ही–साथ हम समझ जाते हैं कि यही वह अन्तिम प्राणांतक चीत्कार है; यह आत्मविश्वास योग्य भाषण नहीं है। और यह उदाहरण क्षुधार्तों की आँखों के सामने जगमगा रहा है और इसीलिये आज उनका उथले विज्ञापनों के भुलावों में पैर रखना उचित नहीं हो सकता। बल्कि, क्षुधार्तों के अन्तिम संकलन 'स्वकाल' के पहले अंक में भी इस प्रकार की घोषणाओं को देखकर हम विह्वल हो उठते हैं : 'सावधान! पुलिस की काली वैन तैयार है—प्रदीप ने कवि के रूप में एक बड़ी ज़िम्मेदारी निभाई

है—इस समय का एक असाधारण गद्य है!' या फिर 'प्रदीप चौधुरी का उद्धार स्क्वॉड—बाङ्ला लेखन के जगत में और एक विस्फोट है' या फिर 'सुबो को अनुभूति का राजा कहा जा सकता है। उसकी भाषा अनुभूति से प्रत्यक्ष रूप से उत्पन्न होती है—एक ही साथ इडेन का साँप और पैराडाइज़ का asphodel...यदि राह किनारे कोई धुर शराबी या असहाय शिशु मरणासन्न पड़ा हो तो उसे कोरामिन या सलाइन या ऑक्सिजन न देकर बहुत सूक्ष्म सिरिंज के ज़रिये सुबो की कविता इंजेक्ट कर दीजिए—फिर देखियेगा मानव-सभ्यता और हमारा यह शहर धूप से झिलमिला उठेगा।' यह सच क्या है? उक्त अवस्था में कोरामिन, सलाइन या ऑक्सिजन के मुक़ाबले कविता ही उपयुक्त त्राण हो सकती है, फिर वह जिस भी प्रकार की कविता क्यों न हो, जीवन के लिये इससे बड़ा झूठा आश्वासन और क्या हो सकता है? यह निश्चित रूप से आलंकारिक रूप से कहना हुआ, लेकिन अलंकार की यह निर्मम स्मार्टनेस क्यों? फाल्गुनी राय की जीवनयात्रा रामकृष्ण या बुद्ध की अन-ऐकेडेमिक जीवनयात्रा को शर्मिंदा कर रही है या नहीं, प्रत्यक्ष रूप से यह जानना हमारे लिये सम्भव नहीं; लेकिन बात यह है कि इस तरह के विज्ञापन के माध्यम से उसे जानने की हमें ज़रूरत भी नहीं है। जीवनयात्रा ही जीवनयात्रा का परिचय है, कविता ही कविता की पहचान है।

किसी को यह सोचकर आपत्ति हो सकती है कि यहाँ एक नितान्त तुच्छ प्रवणता को हम बहुत उफान कर देख रहे हैं। लोग कह सकते हैं कि ये सब छोटे-मोटे अलंकरण उपेक्षा योग्य हैं, केवल भीतर के सार को, उसके कथाचरित्र को ध्यान में रखना चाहिए। लेकिन यही मैं कहना चाहता हूँ कि आपात-उपेक्षणीय इस प्रवणता को अभी ही पहचान लेना ज़रूरी है, हमारे मन की एक भीतरी दुर्बलता को इस तरह वह प्रकट कर रहा है इसीलिये इसके विषय में अत्यन्त सतर्कता की बात क्षुधार्त कवि को सोचनी ही पड़ेगी।

यह केवल मन का अवसाद नहीं है, विज्ञापन की इस भाषा से ही हम और एक समस्या तक पहुँच सकते हैं, शब्द की समस्या। बहुत दिनों पहले मलय ने 'मोहेनजोदारो' पत्रिका में लिखा था, 'जीवन का सारा कुछ कविता का है, क्योंकि अब बनाई हुई शब्द समष्टि कविता नहीं रही।' ठीक ही लिखा था। 'थूक को आज की कविता में थूक ही कहा जायेगा,

उसे अधररस कहकर बदन ढँकने की बनावटी कोशिश को प्रश्रय देने का दिन-समय-मिज़ाज अब नहीं है' उनकी यह बात, या फिर शैलेश्वर का 'शिल्प नामक तथाकथित सारहीन वस्तु पर विश्वास न करना' या फिर 'साधारण कथ्यभाषा को व्यक्तिगत करके तोड़-मरोड़ कर उपयोग में लाना' इश्तहार शब्द के बारे में जिस चेतना का परिचय देता है, विज्ञापित वह भाषा हमें उससे काफ़ी दूर हटाकर ले जा रही है। मलय जिस 'शब्दों के जमघट' की बात का उल्लेख करते हैं, जो सम्भवतः क्लेश का ही दूसरा नाम है, वही 'शब्दों का जमघट' उनके अपने ही हाथों से किसी और तरह से भी तैयार हो सकता है, इस भयावह सम्भावना की बात को इन्होंने उतना ध्यान में नहीं रखा। इन्होंने ध्यान में नहीं रखा कि इस विज्ञापन की भाषा में जो मिथ्या की सूचना है, जो शब्दगत अतिचारण की प्रवणता है, वही अन्त में उनकी अपनी कविताओं पर आक्रमण कर सकती है, शब्दों से भरपूर एक विराट खिलते हुए फानूस का निर्माण कर सकती है। जिस प्रकार की कविताओं के विरुद्ध उनका अभियान है, उनके साथ तब केवल रंग का भेद रह जायेगा, वह हो सकता है किसी और रंग का फानूस हो, केवल इतना ही। यानी कविता लिखने की अपेक्षा वे लोग मानो कविता में ज़्यादातर कविता के इश्तहार ही लिखते हैं। व्यक्तिगत जीवन को साफ़ एवं प्रत्यक्ष रूप से सामने लाने की अपेक्षा कई बार वहाँ केवल यह बोध काम करता है कि कवि स्वयं को सामने लाना चाहता है। और इसी वजह से उसकी कविता भीतर से कहीं भी नहीं बढ़ती, जीवन की तरह वह संचरणशील नहीं हो पाती, वह केवल बाहर के अवयव में बढ़ती रहती है, शब्दों के ऊपर शब्दों का प्रयोग होता रहता है। जो प्रातिष्ठानिक जगत शब्द के झूठ का बार-बार उपयोग करता है, जो किसी सत्य की उपलब्धि के उच्चार को पल भर में विज्ञापन की परिभाषा में या फिर चकाचौंध भरी सांवादिकता में खींच लेता है, उससे बाहर निकलने के लिये आज शब्द के आलंकारिक आयोजन को, उसके चयनित अतिकथन को, तोड़ डालने की ज़रूरत थी। शब्द-आडम्बर से स्वयं को उस तरह स्खलित कर लेने में ही एक विद्रोह है। प्रतीक और बिम्ब की ज़रूरत कविता में ख़त्म होती जा रही है, क्योंकि प्रतीकीकरण यानी प्राण को जड़ कर देना, एक के बदले दूसरे को लाकर प्रतिष्ठित करना, यह बात बहुत दिनों पहले ही ये कवि समझ गये थे। ठीक इसी के साथ कवि यदि इस चीज़ को पकड़ पाएँ कि शब्द के अत्याचार भी कभी-कभी जीवन को काफ़ी हद तक

डुबो देते हैं, तो फिर रचना के प्रगल्भ शब्दप्रवाह में बह जाते समय वे एक बार फिर से ज़रूर सोचेंगे।

शब्दबाहुल्य के बाहर खड़े होकर, विज्ञापन के बाहर खड़े होकर, भूल आत्मश्लाघा के बाहर खड़े होकर कवि यदि सचमुच स्वयं को, स्वयं के भीतर और बाहर को, आग्नेय जीवनयापन की विभीषिका के सम्मुख खोल सकें, तो आज वह उनके अस्तित्व की परम योग्यता होगी, उनकी कविता होगी।

तीन

ऐसा नहीं है कि उस तरह की कविता की ओर आवाजाही पूरी तरह थम गयी है। इन सात-आठ वर्षों के बीत जाने के बाद क्षुधार्त कवियों का दल अब संघबद्ध नहीं है, उसके केवल दो-चार सदस्य रह गये हैं, या कहा जा सकता है कि पुराने संघ के अवसान के बाद अब नये संघ के उद्‌भव के संकेत नज़र आ रहे हैं। यही लाज़िमी है। यदि विक्षोभ के कारण विद्यमान रहें तो विक्षोभकारी भी हमेशा रहेंगे, यही स्वाभाविक है। हो सकता है केवल चरित्रों के नाम बदल जायें। कल के विप्लवी आज के प्रतिष्ठान में तब्दील हो जाते हैं, और आज फिर से नये विप्लवी उसी के विरुद्ध खड़े हो जाते हैं : सिगफ्रिड सासुन को कविता के लिये पुरस्कार पाते देख 'मैनचेस्टर गार्डियन' ने कुछ ग़लत नहीं कहा था कि 'टुडेज़ एंग्री यंग मैन इज़ नटोरियसली टुमॉरोज़ रेसिपियेन्ट ऑव ऑनर्स!' साहित्यिक या राजनैतिक समाज में ऐसा ही होता रहेगा। हंग्री जनरेशन का यही इतिहास है, कविता लिखने के लिये कुछेक लोगों को जो इस शहर में जेल की हवा खानी पड़ी थी या फिर उत्पलकुमार बसु-जैसे कवि को एक दिन नौकरी से हाथ धोना पड़ा था, यह इतिहास मूल्यहीन नहीं हो जाता। शिमला के पर्वत शिखर पर हर साल भारतीय ज्ञानी-गुणी लोग इकट्ठे होते हैं, वहाँ सर्वसम्मति से यह घोषित किया जाता है कि भारत में आज कोई भी अंडरग्राउण्ड लेखक नहीं है, ख़ासी आत्मतृप्ति के साथ ही घोषणा की जाती है कि आज़ादी के बाद से आज तक 'नो राइटर हैज़ बीन चार्ज्ड फ़ॉर राइटिंग एंटी-गवर्नमेंट एण्ड नॉन कॉम्फ़रमिस्ट थीम्स!' पाण्डित्य से भरे इन सब भाषणों के बावजूद इतिहास फिर भी बचा रहता है, और इस इतिहास का बहुत-सा अपचय हो गया है यह बात ध्यान में रखकर भी

विषण्ण होने का कोई कारण पैदा नहीं होता जब शैलेश्वर घोष–जैसे कवि अविचलित रहकर केवल जीवन के विन्यास के बारे में सोचते रहते हैं, अपने जीवनयापन को सारे अर्थों में अपनी कविता के साथ मिला लेना चाहते हैं। हम उनकी इन सारी बातों से मुग्ध होते हैं :

'... आओ संन्यासी, तुम्हारी साधना—तुम्हारे गुप्त डर के बारे में चीख़ कर बता दो, गृह अभिमुख यह यात्रा, मृत्यु की तैयारी में जीवित रहना, रुलाई की आवाज़, जीव–कोलाहल एकबार इन्हें झूठ मान लो, देखना शरीर का स्वभाव–दरवाज़ा—कितनी विषण्णता से हमें घेरे रहता है! कहो कि स्वदेश अभिमुख जाने से पहले एक–दूसरे के चेहरों की ओर देखकर अब दुःख नहीं होगा!'

तो क्या क्षुधार्त रचनाओं में आज किसी तरह की परिपक्वता का समय आ चुका है? अतिरिक्त चीत्कार को झरा लेने का समय? इस समय केवल एक बात याद रखने की ज़रूरत है कि कविता में हम जिस सत्य की बात करना चाहते हैं, उसका एक परिवर्तनशील अवयव है। जन्म आकस्मिक है, मृत्यु अनिवार्य और यौनता अमोघ : इन सब नित्य–सत्यों की घोषणा भर ही कविता का सर्वस्व नहीं होता। इन सारे सत्यों पर जो जीवन निर्भर है, उसे विचित्र अनुभवों के संघर्ष में देखना ही कविता का सत्य होता है। उस सत्य के सामने कवि का मैं और केवल उसका बाहरी समाज रूबरू होता है, केवल उसका संघर्ष, और उस संघर्ष से केवल और एक तीसरी सत्ता का उन्मेष होता है। इसीलिये, चलायमान इस जीवन के सामने अपने जीवन को लाकर रखना, उसे गढ़ना और तोड़ना, इस तीसरी सत्ता की ओर निरन्तर आवर्तन के भीतर हम आजकल के क्षुधार्त कवि को, बल्कि सारे कवियों को देखना चाहते हैं, जो ठीक–ठीक कह सकते हों कि कविता का काम है 'जो सच है उसे सीधे–सीधे कह देना,' स्वयं के सत्य के साथ वस्तुतः स्वयं की कोई चालाकी कभी नहीं चल सकती।

(१९७२)

रुचि की समग्रता

बातों-ही-बातों में उस दिन एक तरुण ने बताया कि उसे विष्णु डे की कविता कहीं भी नहीं छूती, बाङ्ला कविता में उनकी कोई बड़ी स्मरणीयता है ऐसा वह मान ही नहीं पाता। यह बात सुनकर मैं बुरी तरह से चौंक उठा था ऐसा नहीं है, क्योंकि मैं उस तरुण को बुद्धदेव बसु के अनुरागी के रूप में जानता था। आधुनिक बाङ्ला कविताओं का जो अंग्रेज़ी संस्करण आज से लगभग तीस साल पहले प्रकाशित हुआ था, उसकी भी निर्विकार भूमिका में कहा गया था कि उस समय के प्रियतम कवि हैं बुद्धदेव बसु, और विष्णु डे या सुधीन्द्रनाथ की रचनाओं के विषय में पाठकों के एक बड़े समूह का मत था कि वे कविताएँ हैं ही नहीं। हमें कई बार ऐसे अनुभव भी हुए कि विष्णु डे के चाहने वाले जीवनानन्द की रचनाओं को सहन ही नहीं कर पाते, या फिर जीवनानन्द के अनुरागी सुधीन्द्रनाथ को अग्राह्य करते हैं; या मौजूदा समय की रचनाओं के अभ्यस्त शान्त और विनम्र पाठकों को मैंने बोलते सुना है कि विनय मजुमदार अथवा उत्पल कुमार बसु की रचनाएँ बिलकुल भी कविता-पद्यवाच्य नहीं हैं।

एक हिसाब से सम्भवत: ऐसा ही होना था। रुचि का एक विशेष सादृश्य पाठक के मन में जन्म लेता है, हो सकता है कोई सामर्थ्यवान कवि ही यह सादृश्य निर्मित कर देता हो, और तब उसके बाहर भिन्न रुचि की कविता को स्वीकार करना असम्भव लगने लगता है। ऐसे में एक कवि दूसरे कवि का विपरीत या विरोधी प्रतीत होने लगता है, तब एक के अनुगत होने की अखण्डता में दूसरे को देख पाना मुश्किल हो जाता है।

मुश्किल हो जाता है; लेकिन क्या पूरी तरह असम्भव हो जाता है? ऐसा

होना क्या पूरी तरह से असम्भव है कि कोई नेरुदा और हिमेनेथ की कविताओं का आस्वादन एकसाथ कर सके? नेरुदा को 'बुरा' कवि कहने के साथ-ही-साथ हिमेनेथ को फिर भी क्यों उसके साथ 'विराट' विशेषण जोड़ना पड़ता है? 'अपवित्र कविता' की घोषणा को लेकर भी नेरुदा को अकसर क्यों ऐसा लिखना पड़ता है 'स्थिर क्षणों'-जैसा लिरिक? 'मैं ख़ुद को अपवित्र मनुष्य घोषित करता हूँ' के कवि निकोलस ग्यीमेन ने भी क्यों लिखा 'बारिश' की तरह स्निग्ध कविता या फिर अत्यन्त आविष्ट करता बैलाड? यह क्या कोई विशृंखलता है? एलियट और विलियम्स, समर सेन और जीवनानन्द, रॉबर्ट क्रिली और रॉबर्ट ब्लाई—यदि कोई पाठक एक ही आग्रह में इन कवियों को देखना चाहे तो क्या इसे असम्बद्ध रुचि की प्रगल्भता मात्र कहा जायेगा?

ऐसा लग सकता है, क्योंकि कोई-कोई कवि जीवनयापन का स्वतन्त्र आकार देखना चाहते हैं, बात कहने की उनकी अपनी एक निजी शैली होती है, पाठकों के लिये एक ही साथ नाना विरोधी या विपरीत उन आकारों पर निर्भर होना सम्भव नहीं। इसलिये हम लोग मान ही लेते हैं कि एक ही साथ भिन्न रुचि वाले दो कवियों को ग्रहण करने का अर्थ है—पाठकों की रुचि की शिथिलता, नितान्त ही एक्लेक्टिक मानसिकता। इससे केवल इतना समझा जा सकता है कि पाठकों की मति में अभी तक परिपक्वता नहीं आई है, यह निरपेक्षता उसके चित्त की दीनता का सूचक मात्र है।

लेकिन क्या सचमुच ऐसा है? यदि है तो फिर हमें एक बार फिर से सोच कर देखना होगा कि कविता से हमारी ठीक क्या प्रत्याशा थी। क्या हम अपनी मति या वाणी तैयार करने के लिये कविता पढ़ते हैं? क्या हम कविता में केवल अपने मत का समर्थन ढूँढ़ते फिरते हैं? लेकिन कविता तो केवल मत का समर्थन नहीं है, वाणी की महिमा ही कविता की महिमा नहीं है। अगर ऐसा होता तो कविता के मुक़ाबले दर्शन पर हमारी अधिक निर्भरता होती, कवि की अपेक्षा गुरु के प्रति हमारा अधिक आकर्षण होता।

दर्शन या गुरु किसी को कविता से अधिक तृप्ति नहीं देते, निश्चित रूप से यह कहना मेरा उद्देश्य नहीं है। ऐसा भी नहीं है कि कवि के पास कहने को कुछ नहीं है, या कि कोई पाठक उस कवि की वेदना या विश्वासों पर ध्यान नहीं दे रहा। लेकिन जो सचमुच कविता के पाठक हैं, उन्हें उस

विश्वास के विन्यास पर ध्यान देना होता है, जिस विश्वास के बल पर कोई वेदना कविता बनने के क़ाबिल हो उठती है। इस विन्यास से ही एक दूसरा जगत हमारे सामने आकार लेता है, जहाँ कवि के दर्शन को हम केवल कविता के रूप में देख पाते हैं, या एलियट के अंदाज़ में कहें तो उनके philosophical belief को हम केवल poetic assent के रूप में देख पाते हैं, उससे अधिक और कुछ नहीं।

यदि कोई पाठक केवल इस assent पर ध्यान देना चाहे तो तब उसके लिये मत का प्रश्न बड़ा नहीं रह जाता। वह तब यह देखना चाहता है कि कवि उसके किसी भी अनुभव को रूप के माध्यम से किस तरह घनीभूत कर रहे हैं, शब्द, छन्द और बिम्ब के उपयोग की अव्यर्थता में किस तरह से अपने अनुभवों को हमारे भी अनुभवों में तब्दील कर रहे हैं। श्रेष्ठ रचना—जो भी हो, उस रचना के अन्तर्गत मति ऐसे एक 'रूप' की सृष्टि करती है, जो रूप मानो पहले कहीं नहीं था, एक बहुत बड़ी शून्यता से, बहुत बड़े 'नहीं' से अचानक मानो उसकी अपरिमेय सत्ता उठ आती है। जो नहीं था, उसी को उठा लाना, यही कवि के काम की महिमा है।

लेकिन नहीं, शायद थोड़ा ग़लत कह दिया। जो नहीं था उसी को उठा लाना? या कि इसका उलट? यह भी क्या एक प्राकृतिक नियम के आविष्कार-जैसा नहीं है? हवा में अदृश्य शब्द-तरंगें बहती रहती हैं, योग्य यन्त्र उस शब्द को फिर से पकड़ने का काम कर सकते हैं। ठीक उसी तरह मानो कोई रूप हमारे जीवनयापन के चारों ओर अदृश्य एक आयनमण्डल में संचारित है, कवि उसके ऊपर केवल एक रेखा अंकित करता है, आहिस्ते-आहिस्ते भीतर से उस यापन की तरंगें उभरने लगती हैं। जो अब तक प्रच्छन्न था, इस आलोक में वही जाग उठता है।

श्रेष्ठ कविता इसीलिये एक ही साथ हमारे लिये अपरिचित और परिचित होती है। कविता पढ़कर मन उस एक अनिवार्य रूप के आकर्षण में बड़ा हो जाता है, जो रूप पहले-पहल बिलकुल नये अनुभव-जैसा लगा था; बाद में महसूस होता है कि यह तो पहले से ही था, इसे तो मैं जानता था, यह तो मेरे भीतर की ही वह समूची छुपी हुई पृथ्वी है। यह आभास तो शायद पहले भी कभी हमें चकित कर चुका है, हम तब इसके सारे अवयवों को पकड़ नहीं पाये थे, आज इस कविता में वह मूर्तिमान हो गया है।

अवनीन्द्रनाथ के एक साथी ने उनके ही बारे में एक दिन कुण्ठा के साथ कहा था : और लोग जब चित्र बनाते हैं तो लगता है उन लोगों ने काग़ज़ पर कुछ नया बनाया है, लेकिन अवनीन्द्रनाथ के चित्रों को देखकर उन्हें यह सोचने की इच्छा होती है कि यह चित्र तो पहले ही कैनवस पर था, उन्होंने केवल थोड़ी-बहुत रेखाएँ इत्यादि खींचकर उस चित्र को जगा दिया है। इस पर अवनीन्द्रनाथ ने स्वयं को पुरस्कृत ही अनुभव किया था, क्योंकि कलाकार का इस अन्तर्गूढ़ रूप को अभिव्यक्त कर देने से बड़ा और क्या काम होता है! कवि भी वही करता है, हालाँकि उसकी ज़िम्मेदारी थोड़ी-सी ज़्यादा जटिल होती है। केवल आँखों से देखी गयी दुनिया नहीं, उसे तो समस्त इन्द्रियग्राम के प्रक्षेपण को एक ही साथ खींचकर पकड़ना होता है, वह खिंचाव यदि रचना में जाग उठे तो ही हम उसे सृष्टि कहते हैं, प्रतिभा कहते हैं। कविता के पाठक केवल सृष्टि के उस रहस्य का आस्वादन कर क्यों ख़ुश नहीं होंगे? इसी आस्वादन के बारे में सोचकर रवीन्द्रनाथ को कहना पड़ा था कि वे केवल रूपद्रष्टा के लिये लिखते हैं, क्योंकि 'कविता की मुख्य वस्तु है सृष्टि—अर्थात् रूपकल्पना।'

तो क्या इसका मतलब यह है कि इस मत या मति का कोई मूल्य ही नहीं है? रवीन्द्रनाथ ने हालाँकि सीधे-सीधे बताया था कि 'बात जहाँ पर अकृत्रिम और सुन्दर है मैं वहाँ पर मत के विषय में नहीं सोचता', और इसके साथ एलियट की उस धारणा का मिलान किया जा सकता है जिसमें वे कवियों के मतामत की भित्ति पर देखना चाहते हैं 'अनुभव की सज्जनता, परस्परिक सामंजस्य या संलग्नता'। बात सिर्फ़ इतनी ही नहीं है कि जीवनानन्द या विष्णु डे अपने किन्हीं निजी परिपक्व या संलग्न अनुभवों पर निर्भर होकर लिखते थे और इसीलिये उनकी रचनाएँ हमारे लिये एक ग्राह्य रूप अर्जित करती हैं, केवल यही नहीं कि उनकी रचनाओं के आस्वादन में हम केवल छन्द या बिम्ब के उपयोग की कुशलता को देखकर मुग्ध हो जाते हैं। यदि ऐसा होता है कि कविता का 'रूप' हमारे आसपास के अदृश्य मण्डल में से जीवन के ही एक विस्तारित 'रूप' को जगा दे, फिर तो वह रूप 'यापन'-वर्जित नहीं है, चिन्तन-वर्जित नहीं है, तब क्या कवि की मति या उसके मत को हम पूरी तरह अग्राह्य कर सकते हैं? तब क्या यह सोचना नहीं पड़ता कि बुद्धदेव ने अनुभवों का जो जगत गढ़ा है हो सकता है उसे गढ़ने लायक़ कोई रूप ही न हो, कहीं उसका कोई

अस्तित्व ही न हो, या फिर, विपरीत रुचि वाले किसी व्यक्ति के लिये, विष्णु डे जिस मण्डल की सृष्टि करना चाहते हैं उसे सिरजने लायक़ कोई मण्डल ही नहीं है ? इसी तरह पाठक भिन्न-भिन्न रुचियों के वलय निर्मित कर लेते हैं, और यही तो संगत बात है ? हमने बहुत ही सीधे-सीधे बाँट लिया है, जीवन से अथवा कविता से हमारी अतिनिर्मित सचेतन माँग का तरीक़ा बहुत मुखर है। हम चाहते हैं हृदय अथवा मेधा, जादू अथवा युक्ति, रहस्य अथवा स्पष्टता, व्यक्ति अथवा समाज, शान्ति अथवा क्षोभ, नमनीयता अथवा विद्रोह, आसक्ति अथवा विद्रूप। हम इनमें से किसी एक दिशा का चुनाव कर लेते हैं और उसे ही जीवन की सम्पूर्णता मानने लगते हैं, जीवन से छिन्न कर हम स्वयं को मति की एक सीमारेखा में क्रमशः रुद्ध करने लगते हैं और उस सीमारेखा का जाल फेंक कर हम कवि अथवा कविता के जगत को उसमें पकड़ना चाहते हैं।

लेकिन इसमें क्या एक बड़ा धोखा नहीं है ? मनुष्य के सहस्त्रधारा वाले मन को क्या इतनी सहजता से एक निर्धारित ढाँचे के भीतर क़ैद किया जा सकता है ? 'अंश के साथ अंश जुड़कर मानवजगत तैयार होता है'— अर्नेस्ट फ़िशर ने यह याद दिला दिया था। फ़िशर ने इस वजह से याद दिलाया था कि हमारी दुनिया एक ही साथ रूसी और अमेरिकी साहित्य को पाना चाहती है, या वह एक ही साथ हेनरी मूर और आधुनिक मेक्सिकन चित्रकारों को, ओ केसी और ब्रेष्ट को, पिकासो और शागाल को। उन्होंने सोचा था कि एक-दूसरे की समस्याओं, उद्देश्य और आकांक्षाओं को समझना ही फ़िलहाल साहित्य और कला का सबसे बड़ा काम है। बुद्धदेव की कविताओं में शरीर-चेतना और विष्णु डे की रचनाओं में सामाजिक स्वप्न के बीच आख़िर में कोई अलंघ्य विरोध नहीं है, नेरुदा के तरंगक्षुब्ध विस्तार और हिमेनेथ की निभृत शुद्धता आख़िरकार परिपूरक ही हैं, इसे समझने में किसी-किसी को बहुत समय लग जाता है। इस सत्य को मर्म में आत्मसात करने में बहुत समय चला जाता है कि हृदय और मेधा, जादू और युक्ति, रहस्य और स्पष्टता, व्यक्ति और समाज, शान्ति और क्षोभ, नमनीयता और विद्रोह, आसक्ति और विद्रूप के बीच निरन्तर आवाजाही करके ही हमारे विभिन्न क्षणों की खण्डता जीवित है, ये खण्डताएँ परस्पर सम्पृक्त होकर किसी एक समग्रता में जीवन्त हो उठना चाहती हैं। आज इस खण्डछिन्नविक्षिप्त समाज में ऐसे कवि का सपना देखना सम्भवतः

मुश्किल हो जो एक ही साथ ये सारी चीज़ें स्वयं धारण करते हों, जो आपातविपरीत इन सारी वृत्तियों का एक महाकाव्यात्मक आधार बनकर चलायमान एक प्रबल जीवन के सत्य को दिखा सकें। यही सम्भव है कि आज इन भिन्न मतियों और उनके भिन्न-भिन्न रूपों को हम भिन्न-भिन्न कवियों के आयतन में देख सकें। कोई पाठक यदि इन विभिन्न रुचियों वाले भिन्न-भिन्न कवियों का समग्रता में आस्वादन करने का अभ्यास करें, तो हो सकता है वे जीवन के किसी व्यापकतर विन्यास के रूबरू हो जायें। कोई यदि ऐसा कर पाते हैं तो वह उनकी रुचि की शिथिलता नहीं, रुचि की समग्रता मात्र है।

(१९७४)

ईश्वर का एक क्षण

साल भर पहले एक जर्मन अध्यापक कोलकाता आये थे। अपने साथ एक टेप रिकॉर्डर लिये हुए उन्होंने कई कवियों से मुलाक़ात की थी, वे उनसे उनकी किसी विशेष रचना को लिखने के क्षणों के अनुभवों के बारे में जानना चाहते थे। शायद वे एज़रा पाउंड के इस परामर्श को मानते थे कि गाड़ी के विषय में यदि ठीक-ठीक जानना हो तो उसके पास जाना बेहतर—जो गाड़ी का निर्माण करता है; गाड़ी चलानेवाला इस मामले में उतना विश्वसनीय नहीं होता। पाउंड कवि थे, और हमने ग़ौर किया है कि कवि लोग समालोचकों को बहुत ही कम पसन्द करते हैं, येट्स या जीवनानन्द के ज़बर्दस्त मज़ाक हमें याद हैं। लेकिन साथ-ही-साथ हमें यह भी याद है कि अपनी रचनाओं के विषय में बोलते हुए कवि अमूमन गड़बड़ कर बैठते हैं, वे कभी कुछ, कहीं कुछ बोलते हैं, और उन पर विश्वास करना ठीक होगा या नहीं सोचकर हम लोग किंचित उद्भ्रान्त हो जाते हैं। दूसरों की क्या कहें, रवीन्द्रनाथ ने ही एन्ड्रयूज़ साहब को एक बार लिखा था कि 'डाकघर' नाटक में अंग्रेज़-भारतवासी के सम्बन्ध में एक व्यंजना मिलती है। 'डाकघर'? 'गाँधीजी का आवेदन' को लेकर भी किसी ने ऐसा ही सोचा था, 'अमल धवल पाल में लगी है मन्दमधुर हवा'-जैसे गीत की भी हमने कई बार राजनैतिक व्याख्या सुनी है—लेकिन 'डाकघर'? हमें नहीं लगता कि गाड़ी की सवारी करने वालों की सोच में इतना पहुँच पाता है।

यानी, अपनी रचनाओं के विषय में कवि का कथन ही अन्तिम कथन है, ऐसा सोचने की कोई वजह ही नहीं है। कवि के कहे गये को हम निश्चित रूप से धीरज से सुनेंगे, लेकिन उसे हम परम प्रमाण नहीं भी मान सकते। ठीक। फिर भी उन जर्मन अध्यापक के उत्साह की अवज्ञा नहीं की जा

सकती। क्योंकि उनका मुख्य आकर्षण कविता के विषय में कवि का मन्तव्य नहीं था, उनकी रुचि रचना की सृष्टि के क्षण को लेकर थी। स्मृति यदि बहुत प्रतारक न हो (कभी-कभी वह होती है) और यदि हम कवि को अनृतभाषी न मानें (दो-एक बार ऐसा मानने की वजहें भी होती हैं)—तो फिर इन सारे विवरणों से हो सकता हम काव्यतत्त्व की ही एक मीमांसा तक पहुँच सकते हैं। किस तरह लिखते हैं कवि? किसी एक अनुभव को कवि किस प्रकार तरतीब देते हैं? बहुत सोच-विचार कर, परिकल्पना करके, बुद्धि और परिश्रम से? जिस तरह—मान लें—एक मकान का निर्माण किया जाता है? या कि कवि भूतग्रस्त होता है, दानव के वश में रहता है? अचानक किसी क्षण में ईश्वरीय दान होती है उसकी कविता? लेकिन आज के दिन, बीसवीं शताब्दी की इस शाम, कोई क्या यह मानना चाहेगा, कहना चाहेगा कि ईश्वर ख़ुद आकर कविता की कोई पंक्ति कवि को थमा देता है?

ईश्वर : इस शब्द को उचारने में कुछ लोग आज दुविधा महसूस करते हैं। लेकिन शक्ति—शक्ति चट्टोपाध्याय—ने उन जर्मन अध्यापक के समक्ष नितान्त निर्लज्ज भाव से ही क़बूल किया था कि कविता लिखते समय उनकी वैसी ही दशा होती है। शक्ति कहते हैं कि अचानक किसी समय क़लम लेकर बैठते ही प्रवाह की तरह उनकी अवचेतन-रचनाएँ निकल आती हैं। मानो पहले से सब कुछ तय किया हुआ है, लिखा हुआ है : उन्हें ऐसा ही महसूस होता है। और, एक बार जब शब्द उनके काग़ज़ पर उभर आयें तो फिर उन्हें काटने-कूटने में भी उनकी अभिरुचि कम ही रहती है। साम्प्रतिक कविता के पाठकों को सुनील गंगोपाध्याय की भी ऐसी ही स्वीकारोक्ति याद आ सकती है। किस तरह रास्तों पर टहलते हुए, दोस्तों के साथ बातचीत करते हुए, या फिर क्रिकेट देखते-देखते उनकी एक रचना तैयार हो गयी थी, एक जगह पर रुकी हुई क़लम 'अमूल' मक्खन का डिब्बा देखकर किस तरह फिर से चलने लगी, पंक्ति में थोड़े-से भिन्न अर्थ के साथ वह अमूल शब्द चला ही आया : यह सब उन्होंने हमें अकुण्ठ भाव से बताया था। जिन दो अनुभवों के बारे में बताया गया वे निश्चित रूप से एक-से नहीं हैं। शक्ति एक तीव्रता लिये वेगमय क्षण की बात करते हैं, और सुनील बताते हैं कि उनकी रचना का क्षण मानो उदासीन, मंथर, थोड़ा-सा कैज़ुअल होता है। फिर भी इन दोनों के बीच

एक सामंजस्य है। ये दोनों ही दिखाना चाहते हैं कि उनके सृजन के अनुभवों में सचेतन बुद्धि परिचालक नहीं थी।

बुद्धि से पलायन का यह गर्व, यह आकांक्षा—यह क्या केवल उनका व्यक्तिगत अभिप्राय है, या कि इसमें युग का ही एक ढंग छिपा हुआ है? गिन्सबर्ग लगभग एक युग पहले कोलकाता आये थे, कोलकाता के तरुणों ने उनके इच्छाकृत अविवेकी चालचलन को देखा था, मादक द्रव्यों के सेवन से अपनी बुद्धि को पूरी तरह भ्रंश कर देने के सामयिक आयोजन को देख कर वे चमत्कृत हुए थे। इसके परिणाम इतने दूरगामी हुए कि १९६८ में किसी विश्वविद्यालय के विद्यार्थियों ने यहाँ के तरुण कवियों से यह सवाल करना ज़रूरी समझा : 'कवि बनने की क्या कोई आपेक्षिक शर्त होती है? जैसे कि मान लीजिए, दाढ़ी नहीं कटवाना, फटा कुर्ता पहनना (गेरुआ या खादी का), रूखे-सूखे बाल, इच्छाकृत उदास-उदास भाव?' कवियों ने इसके जवाब में 'नहीं' कहा ज़रूर था, फिर भी वे यह कहना नहीं भूले थे कि फक्कड़ होने में कवित्व का एक उत्स है। वे लोग बड़े गर्व के साथ ही गिन्सबर्ग की रचना-प्रक्रिया का वर्णन करते थे। लगभग नींद के आवेश में ही—आधी रात को नींद के झोंके में स्वप्नचालित की तरह गिन्सबर्ग कविताएँ लिखते थे—यह सब इन लोगों ने देखा था। और, इस मामले का मज़ाक़ बनाना भी किसी काम का नहीं। ज़्याँ कॉक्तो ने हमें याद दिलाया है कि यदि कोई यह दावा करता है कि उन्हें रचना के लिये एक स्वप्नाच्छन्न मण्डल चाहिए, तो वह उनका दम्भमात्र नहीं है, क्योंकि 'कवि उनकी रात के अधिकार में हैं। नम्र है उनकी भूमिका। वे कब आयेंगे सोचकर उन्हें अपने घर को धो-पोंछकर रखना होगा।'

हमें इसमें पूरी तरह से भिन्न चरित्रवाले किसी और कवि का स्वर भी सुनाई दे रहा है क्या? 'बड़े जतन से मुझे यह घर अपना / धोना होगा पोंछना होगा!' चाँदनी रात में बसंत की मदमाती हवा में सभी वन जाते हैं, केवल एक है जो घर में बैठा रहता है, प्रतीक्षा में : 'क्या पता वह कब आयेगा'। असल में इस प्रतीक्षा के घर को ही तो अपने सीने में वहन करता हुआ कवि दिन भर घूमता रहता है, बाहर से हो सकता है हम इस बात को सब समय समझ नहीं पाते। उसे यह उम्मीद रहती है कि किसी भी क्षण कोई आलोड़न उठ सकता है, लेकिन साथ-ही-साथ वह एक सामाजिक होने के नाते एक स्वतन्त्र परिचय और एक स्वतन्त्र दायित्व से

भी बँधा होता है। इन दो अस्तित्वों का सामंजस्य किस प्रकार होगा भला? बाहर हर दिन का दबाव, बुद्धि की प्रबलता, सांसारिक कर्मण्यता क्या उनके भीतर का द्वार रुद्ध नहीं कर देगी? या कि वे इस बाहरी दबाव को पूरी तरह से अग्राह्य कर देंगे? सामाजिकों से पूरी तरह विमुख हो जायेंगे? अल्पख्यात एक विदेशी कवि ने लिखा था कि उनकी लगभग तैयार हो चुकी एक कविता कक्षा को पढ़ाने की व्यस्तता में विलीन हो गयी थी। क्या उस समय कक्षा में न जाना ही बेहतर होता? इन सारी व्यस्तताओं की वजह से क्या कभी-कभी बड़े कवियों की रचनाओं में भी दीर्घकालीन सूखा दिखायी देता है? 'बलाका' से लेकर 'पूरबी' के दरमियान कितने ही दिनों के लिये रवीन्द्रनाथ की क़लम लगभग ठिठक ही गयी थी। The King of the Great Clock Tower लिखने से पहले येट्स ने एक डर के साथ ही महसूस किया था कि उन्होंने दो साल तक कुछ नहीं लिखा, तो क्या कविता उन्हें छोड़कर चली गयी थी?

इसलिये, बाहर के साथ जुड़ाव रखते हुए भी प्रयास करके धीरे-धीरे ख़ुद को भीतर की ओर ले आना ज़रूरी होता है। सम्भव है कुछ कवि ऐसा नहीं कर पाते, और इसीलिये उन्हें किसी अतिरिक्त मसाले की दरकार होती है। स्पेंडर ने हमें याद दिला दिया था कि मन को समेट लेने के लिये, चेतना को संहत करने की गरज से, शिलर को सड़े सेब के गंध की ज़रूरत होती थी, ऑडेन कई-कई कप चाय पी लेते थे, डि ला मेयर कहते थे कि बहुत सारी सिगरेट पिये बग़ैर उनके लिये लिखना सम्भव नहीं। हालाँकि स्पेंडर को लिखते समय ओंठ में दबी सिगरेट का कोई स्वाद महसूस नहीं होता था, और मधुसूदन—पीने में जिनकी गहरी आसक्ति थी—उन्होंने कहा है, I never drink when engaged in writing poetry। आज बाहरी कोलाहल बहुत ज़्यादा है, आज बाहरी विश्व की असंगति और प्रत्याघात बहुत अधिक मुखर और आक्रामक है, इसलिये एक दिन जहाँ चाय-सिगरेट से काम चल जाता था वहाँ आज गाँजे अथवा LSD की, तन्त्रमन्त्र की खोज में पश्चिमी कविगण भागे जा रहे हैं, ख़ुद को पूरी तरह से उत्पीड़ित करने के बाद तब उसमें वे सत्य का उद्‌भास देख सकेंगे, ऐसी उन्होंने कल्पना की है। शक्ति ने भी उन जर्मन अध्यापक से कहा कि ख़ुद को कष्ट पहुँचाकर ही वे कविता लिख पाते हैं। तो फिर ये लोग सोच रहे हैं कि इसी तरह, इस आत्मपीड़न से ही, भीतर से एक भिन्न सत्ता जाग उठेगी,

जिसका नाम है प्रेरणा, कविता रचने का क्षण तभी आयेगा।

इस समय के बंगाली कवियों में 'प्रेरणा' शब्द के उच्चारण में मुझे किसी तरह का डर नहीं दिखता। डर का कोई कारण था क्या? किसी समय था। बिहारीलाल अपने 'सरस्वती विरह' के प्रसंग को छुपा गये थे, उन्होंने मन-ही-मन असर्ववादिसम्मत बात कहने की विपदा का अनुमान लगा लिया था, लेकिन अन्य रोमांटिक कवियों की ही तरह रवीन्द्रनाथ ने भी अपने अनुभवों के बारे में, अपरिचित किसी एक स्वतन्त्र अस्तित्व के बारे में विस्तार से कहा है। हालाँकि पाठकों पर इसका बहुत अच्छा प्रभाव नहीं पड़ा था, 'छिन्नपत्र' की किसी-किसी चिट्ठी के प्रकाशन से क्या प्रतिक्रिया होगी, सोचकर रामेंद्रसुन्दर त्रस्त रहा करते थे। वह त्रास निश्चित रूप से अकारण नहीं था, सामने द्विजेंद्रलाल आदि के अनुभव थे, रवीन्द्रनाथ-जैसे व्यक्ति को भी सिर्फ़ यह साबित करने के लिये केयर्ड के मनोविज्ञान से उद्धरण लेने की ज़रूरत पड़ी थी कि रचनाकर्म में अवचेतना की एक भूमिका हो ही सकती है। सिर्फ़ केयर्ड नहीं, हो सकता है युंग की सोच में भी इसका समर्थन रहा हो, जिस युंग ने साफ़-साफ़ कहा था कि कला एक भीतरी ताड़ना है, जो मानवसत्ता को अपनी मुट्ठी में क़ैद कर लेती है और उसे अपना यन्त्र बना लेती है! यन्त्र? 'मैं क्या तुम्हारा वीणायन्त्र हूँ जी' हमें यह पंक्ति याद आ जाती है, या फिर इमेजिस्ट कवि एमी लोएल की यह धारणा याद आ जाती है कि कवि तो एक धारकयन्त्र है, एक रेडियो-एरियल मात्र।

लेकिन युंग-कथित यह भीतरी ताड़ना ही प्रेरणा के रूप में दिखायी देती है, जब इस बात को समझ लेने का समय हुआ, तब, बाङ्ला कविता में पाला बदलता दिखायी दिया, इस रोमांटिक प्रेरणा को तीस के दशक के बुद्धिवाद ने अस्वीकार करना चाहा था। तब यथार्थवाद का बोलबाला था, निरीश्वरता तब लगभग फ़ैशन बन गयी थी, बुद्धिजीवियों की सोच में मार्क्स के दर्शन का प्रताप पहुँचने लगा था : एक ऐसे परिवेश में मानसिक गह्वर या अलीक अलौकिक पर भरोसा करना निश्चित रूप से कठिन था। बुद्धि के विश्लेषण द्वारा हर चीज़ समझी जा सकती है, कल्पना केवल धुएँ से भरा विलास मात्र है : कवियों की रचनाओं में इस तरह का अभिमान जाग उठा था। बाज़वक़्त मामले का मज़ाक़ उड़ाने के बहाने सुभाष मुखोपाध्याय ने कहा था : 'बहुत दिनों तक खिदिरपुर डॉक के आसपास / मैं काव्य की तलाश करता रहा, जिस तरह की जाती है गायों की

तलाश'—लेकिन इससे कोई ख़ास फ़ायदा नहीं हुआ था। छोटी-सी चार पंक्तियों की इस रचना में उन्होंने सीधे-सीधे आक्रमण किया है :

'कल्पना मेरी प्रजा; मगज का मैं ज़मींदार
वहाँ दुनिया की किसी घटना का मैं नहीं मानता प्रभाव।
—कहा था। फिर बजा था मूर्छित सितार
युद्ध आया, अग्निमूल्य, मैं यह क्या देख रहा हूँ सपनों का अभाव!'

कविता क्या एक प्रकार का आवेश होती है, या कि सिर्फ़ बुद्धि की दीप्ति, मेधा का नामांतरण? बुद्धदेव ने सुधीन्द्रनाथ के प्रसंग में सवाल उठाये थे। लेकिन ये बुद्धदेव वरिष्ठ बुद्धदेव थे। ये अब अवाक् नहीं होंगे अगर सुधीन्द्रनाथ कहें कि विष्णु डे-जैसे एलियट-भक्त विशुद्ध अन्तःप्रेरणा की ताड़ना से कविता नहीं लिखते। 'तो फिर किसकी ताड़ना से लिखते हैं' कहकर बुद्धदेव अब नहीं कूद पड़ेंगे, क्योंकि १९४८ में उनका *An Acre of Green Grass* प्रकाशित हो चुका था, जहाँ उन्हें कहना ही पड़ा : nothing remains for us but hard work, the discipline of selfconsciousness! मानो अपने स्वभाव से बाहर आकर उन्होंने यह बात कही थी, 'बन्दी की वंदना' या फिर 'कंकावती' के उद्वेलित बुद्धदेव इस बार मानो ख़ुद को एक मेधा के संयम में बाँध रहे थे, फिर तो सुधीन्द्रनाथ या विष्णु डे की ही तरह वे भी सोच रहे थे कि कविता 'अनथक परिश्रम और निरन्तर प्रयत्न का पुरस्कार है।'

प्रेरणा के विरुद्ध एक दिन सबसे अधिक स्पष्ट रूप से सुधीन्द्रनाथ ने बातें कही थीं। सुधीन्द्रनाथ ने लिखा है : 'मैं जब पद्य लिखना सीख रहा था, उस समय जो लोग कवियशःप्रार्थियों के अनुकरणीय थे, वे सोचते थे कि काव्य का प्रमुख गुण है स्वाच्छंद्य; और इस कारण उच्छ्वास-संवरण जो कि साहित्य-साधना का आद्यकृत्य है, इस बात के समझने में मेरा आधा यौवन बीत गया।' इसमें कोई सन्देह नहीं कि इस समझने के काम में एलियट ने इनकी मदद की थी, 'उनके ऐतिह्य और व्यक्तिप्रतिभा' प्रबन्ध ने लगभग इश्तहार की तरह काम किया था, और एलियट ने जिस तरह ज़ोरदार ढंग से emotion, recollection और tranquillity इन तीनों ही शब्दों को ख़ारिज करके वड्र्सवर्थीय प्रतिपाद्य को लाँघने की कोशिश की थी, इस देश के माहौल में सुधीन्द्रनाथ का अभिप्राय भी काफ़ी हद तक ऐसा ही था। इसलिये उन्हें कहना ही पड़ा कि 'प्रेरणा नामक दायित्वहीनता

की मर्यादालाघव अवश्यंभावी है', कहना ही पड़ा कि 'जिस तरह स्वप्नचारी पथिक को, वैसे ही अनुप्राणित कवि को मैं डराता हूँ' या फिर 'प्रेरणा में अलौकिकता का आभास निहित है इसलिये साहित्य-सृजन के उक्त उपकरण को मैंने यथासम्भव मानने से इनकार ही किया है, इसके बदले मैंने अनुभव को जकड़ रखा था।'

प्रेरणा के बदले अनुभव? इस बात का क्या कोई मतलब हुआ? अनुभव तो उपादान है, संचय है। यह संचय क्या सृजन का अन्तिम सत्य है? सृजन के क्षण में क्या उसे किसी आघात की प्रत्याशा नहीं रहती? किसी वेग की? प्रेरणा की? रोमांटिकों के लिये भी क्या अनुभव का कोई मूल्य नहीं था? वस्तुतः, सुधीन्द्रनाथ जो कहना चाहते थे, वह सम्भवतः मनन है, जैसा कि बार-बार विष्णु डे भी कहते रहे हैं। विष्णु डे अपने समसामयिकों में समर सेन की रचनाएँ पढ़कर ख़ुश होते थे, क्योंकि उनकी कविता किसी लोकोत्तर शून्य की जीव नहीं थी, वे 'सजग कवि' हैं, 'उनकी सम्पदा उनके मनन में है' या फिर विष्णु डे को समर सेन की कविता 'गहरी चेतनता की मननजीव' होती नज़र आती है। 'अपने मन के गह्वर से निकला स्वयंभू जीव' नहीं है कविता, 'काव्य कोई गोपन तन्त्र-मन्त्र नहीं है', 'साहित्य में चेतनता के स्रोत या स्ट्रीम ऑव कॉन्शस्नेस से हमने बहुत कुछ सीखा है, लेकिन उस परीक्षण में विकास का पथ अवरुद्ध हो गया है' विष्णु डे हमें यह याद दिला देते हैं।

सुधीन्द्रनाथ, विष्णु डे और समर सेन से यह बोध सुभाष मुखोपाध्याय तक पहुँचा है, और १९३० से १९४० के मध्यवर्ती कालखण्ड में रवीन्द्रनाथ को भी अपनी कविता के प्रसंग में कहना पड़ा कि 'इन्हें भीतर के मननजात अनुभव ने पकड़ रखा है'। और इसके फलस्वरूप चालीस के ज़माने की कविता पढ़कर कई बार लगता है कि रचना के पीछे स्पष्ट रूप से एक प्राक-परिकल्पना, सुमार्जना, और कहीं-कहीं अत्यन्त सरलीकरण भी रह गया है। सुना है चेख़व ने कहा था कि ऑटोमेटिक लिखने की बात केवल उन्मादी लोग करते हैं, रचना के लिये हमेशा ही एक पूर्वागत परिकल्पना, धीर-स्थिर चिन्तन की ज़रूरत होती है। लेकिन उन्होंने यह बात कहानी लिखने के सन्दर्भ में कही थी। कविता के विषय में भी क्या इस बात को कहना सम्भव है? कवि के लिये क्या यह कहना मुमकिन है कि दिमाग़ में कविता का एक प्लॉट आया है? किसी-किसी के लिये यह सम्भव

हुआ था। ग्रामांचल के एक निर्जन रास्ते पर चलते-चलते मैंने एक दिन सुभाष मुखोपाध्याय की 'इस समय सोच' कविता के प्राथमिक आयोजन के विषय में जानकारी हासिल कर ली थी।

अब वह उम्र है कि जब
दूर का सबकुछ विलक्षण साफ़ है—
सिर्फ़ पास का ही धुँधला दिखता है।
अब वह उम्र है कि जब
अचानक ज़मीन पर गिरते-गिरते लगता है
हाथ में एक सख़्त लाठी होती तो अच्छा होता।

जब मुझे इन पंक्तियों की सोच के बारे में पता चला था, तब तक ये पंक्तियाँ नहीं लिखी गयी थीं। हालाँकि मुझे यह नहीं पता कि कविता की वह कमाल की अन्तिम तसवीर उस समय तक कवि की आँखों में उभरी थी या नहीं :

धान के गुच्छों के बीच खड़े होकर
मुझे दिखायी दे रहे हैं उसके दो ताक़तवर हाथ—
मैं आख़िरी बार की तरह
ज़मीन पर गिरने के पहले
मेरे तमाम प्यार को
सुरक्षित उसके हाथों में पहुँचा देना चाहता हूँ।

लेकिन मुझे सोचना पड़ा था कि कवि रचना पूरी होने के बहुत पहले किस तरह इस बात को कह सके? ऐसा कह पाना क्या सम्भव है? ऐसा कहना संगत है? सम्भव है यह तो दिख ही रहा है। और सम्भवतः उनके लिये संगत भी है जो यह सोचते हैं कि कविता किसी क्षण की ताड़ना नहीं है, दैवीय शक्ति पर आधारित नहीं है, जो यह मानते हैं कि गद्य की पंक्तियों की तरह ही थोड़ा-थोड़ा करके कविता की पंक्तियों को भी सजाया जा सकता है—स्पष्ट, साफ़-सुथरी और बुद्धिग्राह्य।

हालाँकि ये लोग भी—ये कविगण भी मेधा पर ही निर्भर करते हैं—ये भी अवचेतन की चंचलता को हर बार पूरी तरह ख़ारिज नहीं कर सकते। सम्भव है कि वे अपने एक अन्तर्विरोध पर ग़ौर नहीं कर पाते, और असावधानीवश उसी मनोविज्ञान की, अवचेतन की बात कह जाते हैं, जिसे उन्होंने लगातार

धिक्कारा था। कुछेक जिज्ञासु विद्यार्थियों के समक्ष विष्णु डे को यह बात कहनी पड़ी थी : 'कॉलरिज की कुबला ख़ान यदि स्वप्न-कविता है, तो फिर 'घुड़सवार' भी मेरी स्वप्न-कविता ही है। भयंकर बुखार से त्रस्त सारी रात काट कर सुबह लगभग प्रलाप की तरह घुड़सवार का पहला हिस्सा मैंने लिख डाला था। इसलिये उस कविता में एक अन्य प्रकार की आबोहवा है।'

'कुबला ख़ान' स्वप्न-कविता तो शायद नहीं ही है, 'two grains of opium' से कॉलरिज को जो सुरूर आता था, उसी से मानो उन्हें एक के बाद एक तसवीरें मिलती जाती थीं, और थोड़ी चेतना के लौट आने पर अनुप्रेरित की तरह वे अपनी कविताएँ लिखते जाते थे। उनसे मिलने आये एक व्यक्ति ने उनका यह सुरूर उतार दिया था, उनके साथ एक घण्टे से ज़्यादा समय बिताकर जब वे चले गये, तब सब कुछ खो गया था :

. Then all the charm
Is broken–all the phantom-world so fair
Vanishes.

लेकिन कॉलरिज ? कॉलरिज तो रोमांटिकों के भी रोमांटिक थे, आख़िरकार उनके इस phantom-world वाले दृष्टान्त का ही उपयोग कर बैठे विष्णु डे ? समर सेन को उन्होंने 'सजग कवि' कहकर उनकी वंदना की थी, लेकिन उनकी यह 'घुड़सवार' तो फिर सजग कविता नहीं है ? तो क्या 'घुड़सवार' उनकी अन्यतम श्रेष्ठ रचना नहीं है ? उन्हें तो मानना ही पड़ा कि कभी-कभी कविता 'मन के गह्वर से निष्क्रान्त स्वयंभू जीव' हो ही सकती है। इसे ही यदि कोई दूसरे शब्दों में ईश्वर का एक क्षण कहे, जैसे कि वॉलेरी कहने को तैयार थे, तो फिर इसमें कोई दोष नहीं है। केवल, आधुनिक काल यह चाहता है कि हृदय और मेधा एकसाथ आज इस क्षण में घुल-मिल जाये। आज मनुष्य में पूरी तरह आत्मविच्छेद घटित हो गया है, मेधा और हृदय आज बहुत दूर तक विच्छिन्न हो चुके हैं, कोई इसमें से किसी एक पर निर्भर होता है तो कोई दूसरे पर। लेकिन और तमाम लोगों की यह दुविधा-विच्छिन्नता, यह सामंजस्यहीनता कवि के भीतर आकर भी क्या किसी पूर्णता के अवयव को नहीं पा सकेंगी ! सामाजिक दशा के प्रतिकूल होने पर स्वयं में यह सामंजस्य गढ़ लेना हो सकता है कवि के लिये कठिन हो, लेकिन कवि तो कठिन रास्तों पर ही चलता है, यह उम्मीद तो हम कर ही सकते हैं ?

और यहाँ पर हमें एक बार फिर जीवनानन्द की महिमा की आहट सुनाई देती है। 'विशुद्ध कल्पना या सिर्फ़ बुद्धि का रस नहीं है' कविता, इस बात को उन्होंने कितने सहज रूप से समझाया था। सुधीन्द्रनाथ या विष्णु डे की तरह 'प्रेरणा' शब्द को लेकर उनमें किसी तरह भय या विराग नहीं था, उन्होंने कभी उससे दूर जाना नहीं चाहा। यह बात कहते वे कभी नहीं डरे : 'मैं अन्त:प्रेरणा को स्वीकर करता हूँ।' उन्होंने ग़ौर किया कि 'आज के वैज्ञानिक युग में हम प्रेरणा शब्द को तिरछी नज़र से देखते हैं। इस शब्द का काफ़ी दुरुपयोग हुआ है। लेकिन फिर भी इसके निजी परिप्रेक्ष्य में इस शब्द की शुद्धता और संगति नष्ट नहीं होने वाली।' फिर दूसरी ओर, जो लोग सम्पूर्ण चेतना के साथ बोलते हैं—'पृथ्वी अथवा स्वकीय देश की विगत और वर्तमान काव्य–परिधि के भीतर अद्‌भुत रूप से दीक्षित होकर कविता की रचना करनी होगी, उनके इस दावे के सम्पूर्ण मर्म को कम–अज़–कम मैं तो नहीं समझ सका' नितान्त दुखी होकर जीवनानन्द ने ऐसा कहा था। वे जानते थे कि कभी–कभी 'मानो मोम की तरह जल उठता है हृदय ...', लेकिन यदि वह न जल उठे तो फिर 'उन क्षणों में कविताएँ जन्म नहीं लेतीं, सिर्फ़ पद्य की रचना होती है।'

इसलिये जीवनानन्द ही मौजूदा दौर के कवियों के पास दोगुने क़ीमती होकर लौट आते हैं। उनकी कविताएँ तरुण कवियों को और भी आश्रय देती हैं, लेकिन इसी के साथ वे यह भी महसूस करते हैं कि सचेतन बुद्धिवाद के विरुद्ध उनके अभियान में जीवनानन्द का काफ़ी आश्रय है। उनके समकालीन कवि या पाठकों का उन्हें उतना मनोयोग भले ही न मिला हो लेकिन उनकी मृत्यु के बाद हम जो उन्हें इतना अधिक चाहते हैं, यहाँ उसका एक प्रच्छन्न कारण है। लेकिन यहाँ पर भी, जैसे कि दो–एक मामलों में भी, मुझे डर लगता है कि मौजूदा कवियों ने जीवनानन्द को थोड़े ग़लत ढंग से अंगीकार किया है।

हम लोगों ने कहा था कि जीवनानन्द ने हृदय और मेधा के सामंजस्य का एक रास्ता खोज निकाला था। हम यह नहीं कहते कि उस रास्ते की कोई मंज़िल उन्हें मिली थी, लेकिन उनकी चर्चाओं को, उनके चलने की विशेषताओं को हम नहीं भूल सकते। विशुद्ध बुद्धि के बल पर कविता लिखना सम्भव नहीं, यह बात जीवनानन्द ने कही ज़रूर थी, लेकिन उससे पूरी तरह से पलायन करने की बात भी उन्होंने नहीं सोची थी। 'प्रेरणा'

उनके लिये 'आवेग और प्रज्ञा का मिलन' थी। उनका विश्वास था कि कविता-रचना की पृष्ठभूमि में बुद्धि तथा और भी बहुत कुछ की ज़रूरत होती है, उन्होंने कहा था 'इन सबके सम्मिलित सम्बन्ध-शृंखला से ही प्रेरणा जन्म लेती है'। सभी कवि नहीं होते, लेकिन जो कवि होते हैं, उनमें जीवनानन्द ने देखा था कि 'हृदय में कल्पना की और कल्पना के भीतर चिन्तन तथा अनुभव की स्वतन्त्र सारवत्ता है।' तो फिर जीवनानन्द को भी 'अनुभव' शब्द का प्रयोग करना ही पड़ा, लेकिन उन्होंने सुधीन्द्रनाथ की शैली में नहीं कहा। वे अनुभव के साथ चिन्तन शब्द को जोड़ लेना नहीं भूले, उनकी चर्चा में एक नया शब्दबन्ध समासबद्ध होकर चला आया है : कल्पनामनीषा। एक अंग्रेज़ समालोचक ने १९२९ में लिखा था, 'मनीषा और कल्पना की यह युगल प्रक्रिया एक असाधारण गति हासिल कर सकती है, आपातनिष्क्रिय मन के सम्मुख स्वयं को वह किसी स्वप्न की तरह उद्‌घाटित कर सकती है'! यह वेग, यह स्वप्न, कल्पना और मनीषा का यह समवेत प्रधावन : आज इसी का नाम प्रेरणा है।

भय होता है कि वर्तमान समय में यह युग्मता शायद फिर से छिन्न हो रही है। शायद फिर से जादू की ओर तराज़ू झुकने लगा है। कविता निश्चित रूप से, जैसा कि स्पेंडर ने कहा था, एक terrible journey है। निश्चित रूप से वह एक आलोड़ित क्षण की प्रतीक्षा में है। निश्चित रूप से हार्ट क्रेन की तरह कोई कवि अपने दोस्तों को बैठाकर अचानक पास वाले कमरे में जा सकता है, एक घण्टे बाद सुर्ख़ लाल चेहरा लिये वह बाहर आ सकता है, जलती हुई दो आँखें, सिर के बाल खड़े हो चुके हैं, होंठों पर बिना सुलगी हुई सिगार, पाण्डुलिपि का एक सद्यशासित पन्ना आगे बढ़ाकर जो दोस्तों से कह सकता है : 'पढ़कर देखो। इससे बेहतर कविता क्या कभी लिखी गयी है?' कोई कवि रॉबर्ट फ़्रॉस्ट की तरह किसी एक क्षण को महसूस कर सकता है कि जब उसका समूचा शरीर मानो द्रव में तब्दील हो रहा है, शरीर के भीतर से ऊर्मि-माला की तरह छन्द का एक स्पन्दन जाग उठा है, अदृश्य, अलक्ष्य छन्दविद्युत—जबकि तब तक कोई भी शब्द देह धरकर उसकी चेतना में नहीं आया है। निश्चय ही यह 'rhythm, a dance, a fury' उसे क्षण भर के लिये पागल कर देती है; लेकिन बड़ी तैयारी करते हृदय और मेधा के समन्वित किसी निर्यास को आज उस क्षण की प्रतीक्षा में बैठे रहने दो; लेकिन सिर्फ़ मेधा नहीं, सिर्फ़ हृदय नहीं। (१९७४)

कविता के तुम

'पोर्ट्रेट ऑफ़ दि आर्टिस्ट ऐज़ ए यंग डॉग' किताब में डिलन टॉमस ने एक कौतुकजनक घटना का उल्लेख किया था। उनके दुष्ट टाइप के एक रिश्तेदार थे, बचपन में मोहल्ले की लड़कियों को परेशान करना ही उनका काम था। घर पर बैठकर वे उनके नाम से पद्य लिखते और उन्हें उनकी खिड़कियों पर पहुँचा देते थे। कालान्तर में वे पादरी बने। उनके साथ मुलाक़ात करते समय जब मज़ाक किया गया : 'आपने वह सारा पद्य जला दिया है क्या?' नये पादरी अवाक् हो गये। क्यों, जलाऊँगा क्यों भला? उन सारी कविताओं का अब वे ईश्वर के नाम से उपयोग करते हैं।

इस मामले में टॉमस बहुत हँसे थे। प्रेमिका के नाम से लिखी कविताएँ ईश्वर के उद्देश्य से कैसे चल जाती हैं, यह था हँसी का विषय। चूँकि हमने वे ख़ास कविताएँ नहीं पढ़ीं इसलिये उस घटना की हास्यजनकता कितनी विस्तृत थी उसके बारे में विस्तार से सोचना हमारे लिये सम्भव नहीं। लेकिन हो सकता है यह मामला पूरी तरह से परिहास का न हो, हम तो अपने देशी अनुभवों के आधार पर जानते हैं कि कविता के सृजनकालीन उद्देश्यों को हटा कर कई बार उसे हम नये तात्पर्यों में पढ़ते हैं। वैष्णव कवियों ने ईश्वर का ही ध्यान किया था या कि अपने ही घर की प्रेयसी का, इसे लेकर रवीन्द्रनाथ ने संशय प्रकट किया था। और जब रवीन्द्रनाथ ने 'गीतवितान' में प्रेम और पुजारी श्रेणी बनाई, तो इस विषय में हम भी कभी दुविधामुक्त नहीं हो सके। 'तुम अपने पास थोड़ा बैठने देना' यह प्रेम का गीत है या कि पूजा का, 'मुझे बना लो अपनी वीणा' यदि प्रेमी का कथन है 'मैंने तुम्हें सुनाये थे जितने गीत' तो फिर किस

तरह पूजार्थी की वेदना, 'ओ रे तेरे प्राणों का रस तो सूख गया है' 'लाल कनेर' में विशू का यह गीत 'गीतवितान' की प्रेम-कविताओं वाले खण्ड में किस तरह पहुँच गया भला—यह सब हम लोग तय नहीं कर पाते।

वस्तुत: रुचि और इच्छा के मुताबिक़ श्रेणियों में अनायास ही कुछ अदल-बदल तो हो ही सकता है। 'बादलों पर जम गये हैं बादल' जब हम इस प्राकृतिक गीत में सुनते हैं 'तुम अगर न दिखो मुझे, जो करो मेरी उपेक्षा' तब वह 'तुम' किसी के लिए प्रणय हो सकता है, तो कोई सोचता है कि यह परमता है। यहाँ तक कि एक ही व्यक्ति भिन्न-भिन्न समय में अलग तरह से सोच सकता है, इतना ही सम्भव है।

सम्भव है, क्योंकि 'तुम' सर्वनाम है। यह 'तुम' कविता में किसके लिये प्रयुक्त हो रहा है, कई बार यह अस्पष्ट ही रह जाता है। कभी-कभी यह अस्पष्टता ही कविता के सौन्दर्य को बढ़ाती है, उसमें वह बहुमात्रिक सम्भावना पैदा कर देती है। केवल तुम-मैं के प्रयोग से ही बहुविकीर्णन की यह संगति रह जाती है ऐसा नहीं है, कभी-कभी तो मुझे दिखायी देता है कि नारी तरुणी या युवती शब्दों के उल्लेख से भी पाठक निश्चित बोध नहीं कर पाते, वे समझ नहीं पाते कि यह नारी नितान्त कोई लौकिक अनुभव है या नहीं, कविता अवधारित रूप से कोई प्रेम-कविता ही है या नहीं। 'दिन का अन्त हो आया अँधेरा घिर आया धरणी पर' : 'चित्रा' की अत्यन्त सुकुमार उस कविता को याद कीजिए। मैं भले ही मान नहीं पाता कि उसमें एक अनुरागी की क़लम से बनाये एक स्थानीय स्निग्ध चित्र से अधिक कुछ है, लेकिन एक प्रातिष्ठानिक मान्य समालोचक इसकी गणना जीवनदेवता की कविता के रूप में करते हैं। भरे हुए घट छलछलाती नतमुख जो तरुणी चली गयी, जिसे देख कवि की इच्छा होती है 'इसी घाट पर मैं बाँधूँगा अपनी नाव', वे तो स्वयं अभ्रान्तरूप से जीवनदेवता की ही प्रतिमा हैं।

कविता-पाठ की इस पद्धति का मज़ाक उड़ाना ही आपातत: मेरा उद्देश्य नहीं है। बल्कि मैं कहना चाहता हूँ कि पाठक को सतर्क ही रहना होगा। कई बार 'तुम' से तात्पर्य क़रीबी स्त्री या प्रेमिका भले ही हो लेकिन इसका सर्वनाम-सुयोग कई बार उसे अतिक्रमित कर चला जाता है। यह तुम कहीं पर ईश्वर है, जीवनविधाता है, कहीं पर मित्र है तो कहीं पर

जनसमाज, या फिर और कोई प्राकृतिक वस्तु या निरुपाधि सत्ता; लेकिन अकसर यह तुम वस्तुतः कवि के 'मैं' का ही दूसरा नाम होता है, इसे ध्यान में न रखें तो हम गर्हित भूल कर बैठेंगे। इस अर्थ में कविता के मैं और तुम का सम्बन्ध कई मामलों में कवि के अन्तर्नाटक का खेल बनकर रह जाता है, मानो ख़ुद के साथ ख़ुद की ही प्रीति या लड़ाई की एक छवि।

घिरती हुई शाम को मित्रों या फिर प्रेयसी को हममें से बहुतों ने सम्भवतः हलके मज़ाक के स्वर में एलियट की वह अनूठी पंक्ति सुनाई होगी Let us go then you and I : पूरी कविता में से यह पंक्ति तोड़ ली गयी है और यदि पूरी कविता को उस पल देखना ज़रूरी न हुआ तो फिर प्रेमोच्चारण के हिसाब से इस पंक्ति का उपयोग क्यों नहीं किया जा सकेगा भला? लेकिन थोड़ी ही देर बाद हम समझ जाते हैं कि यह तुम कोई और है, प्रुफ़ॉक तो ख़ुद ही प्रेम निवेदन के उद्देश्य से जा रहे हैं, अन्यत्र; तो फिर वे इस आसन्न संध्या के समय किसे साथ ले जाना चाहते हैं? उनका 'तुम' कौन है?

यहीं पर अन्तर्द्वंद्व की समस्या को उठाना होगा। हमारा अस्तित्व तो वैसे ही भीतर से टुकड़ों में बँट चुका है और उसका एक आयाम बाहर मुँह फेरे हुए है और दूसरा केन्द्र में अवस्थित है। इन दो के बीच सम्यक संगति जितनी छिन्न होती जाती है, कविता उतनी ही वेदनारक्तिम हो उठती है, उतनी ही प्रशस्त चेतना इन दो विपर्ययों के संग्राम के भीतर से दिखायी देने लगती है। इसी का एक आयाम कवि का 'मैं' है और दूसरा आयाम कवि का 'तुम'। भले ही थोड़ा निष्ठुर ध्वनित हो लेकिन यह बात सच है कि अकसर कवि ख़ुद ही ख़ुद के साथ बात करता है। उसका एक अस्तित्व दूसरे अस्तित्व से सवाल करता है, व्यंग्य करता है, आघात करता है और प्यार भी करता है। इन दोनों के बीच से जाते-आते ही कवि हर क्षण एक तीसरी सत्ता अर्जित कर लेता है और इसके बाद फिर से नये सिरे से नाटक शुरू होता है। हो सकता है इसी के बारे में सोचकर येट्स ने कभी कहा था कि कविता में 'ईगो' हर पल 'ऑल्टर-ईगो' की ओर सरक आना चाहता है, या फिर हम इसी का थोड़ा-सा सरलीकरण देखते हैं जब रवीन्द्रनाथ कहते हैं कि उनका बहिरंग अस्तित्व अन्तरंग सत्ता के साथ मिल जाना चाहता है।

निश्चित रूप से आधुनिक समय का 'मैं' तो कई मामलों में ठीक आत्मगत नहीं है, वह अपने जीवनयापन के विशेष चिह्न से थोड़ा विच्छिन्न होकर रह रहा है। इसी के फलस्वरूप कवि के अन्तर्लीन इस नाटक में पाठक अनायास भागीदारी कर लेता है, क्योंकि कविता का कोई एक अस्तित्व—मैं अथवा तुम—पाठक के लिये ख़ूब जानी हुई चीज़ है, मानो वह ख़ुद ही हो। एलियट के प्रुफ़ॉक में हम उनकी जनसत्ता (Public self) और उनकी गूढ़सत्ता को देख पाते हैं। इस जनसत्ता के साथ हम सहज ही अपनी शिनाख़्त कर पाते हैं और एक एकात्मबोध घटित हो जाता है। लेकिन इसी वजह से यह कहना उचित नहीं होगा—जैसा कि एक अमरीकी समालोचक ने कहा था—कि, तुम जनसंघ हो।

लेकिन कवि का कौन-सा अस्तित्व तुम है? कौन-सा मैं? तुम शब्द में किंचित अपरिचय का रहस्य घुला-मिला होता है इसीलिये हमें भ्रान्त, क्षिप्त, परिवर्तनशील जान-पहचान के अंश को ही 'मैं' कहने की इच्छा होती है, बावजूद इसके याद रखना बेहतर होगा कि इस नाटक में दिक्-परिवर्तन बार-बार घटित हो सकता है। सुधीन्द्रनाथ जब कहते हैं, 'तुमने कहा था जय होगी जय होगी' और फिर जब कहते हैं 'तुम्हें क्या मेरी बात सुनाई नहीं देती' तो कहना न होगा कि इन दो 'तुम' को हम एक ही ध्यान के आसन पर नहीं बिठा सकते। 'संवर्त' की परस्पर दो कविताओं में जब कवि ने अत्यन्त मुखर होकर कहा 'मर्त्य का प्रतिभू हूँ मैं' 'मैं भ्रान्तिविलास में सम्राट' तथा अन्यत्र 'मैंने कहा वह आत्मा है' 'मुझमें लय होता है देशकाल', तब हम सहज ही समझ जाते हैं कि ये दो 'मैं' एक ही चरित्र अर्जित नहीं कर रहे हैं। परवर्ती उदाहरणों में कवि थोड़ा मुखर है, इसलिये सम्भवतः समस्या कम है। लेकिन कवि जहाँ पर थोड़ा ढँककर कहते हैं या फिर उद्दिष्ट के चरित्र को अस्पष्ट रखते हैं, वहाँ हम भला किस प्रकार 'तुम' की शिनाख़्त कर सकेंगे?

इसका एक रास्ता सम्भवतः इस भ्रान्तिविलास शब्द में है। कवि की भीतरी सत्ता काफ़ी हद तक सांख्य के पुरुष की भाँति निष्क्रिय, स्थिर और साम्यावस्था में स्थित होती है। परिवर्तनशील, चंचल, भ्रान्त, भ्रष्ट, दैनिक की तुच्छता में निर्जीव रूप में कातर, आदर्श अर्जित करने की इच्छा में उत्क्षिप्त रूप से व्याकुल उसका प्रकृतिचरित्र बहिरंग अस्तित्व के साथ मिल जाता है। यह भ्रष्टता हर पल संगति की ओर आना चाहती है।

कविता में हम यही देख लेना चाहते हैं कि कवि 'तुम' की ओर ही अग्रसर होते हैं या कि 'तुम' को ही 'मैं' की ओर जाना पड़ रहा है, और इसी से हम काफ़ी हद तक पकड़ पाते हैं कि कौन-सा अस्तित्व उनकी कविता में तुम है, और कौन उनकी कविताओं के प्रभु हैं, ईश्वर हैं।

(१९६७)

कविता का मैं

लगभग बारह वर्ष पहले,[१] जब आधुनिक समय के तरुण कवियों को लेकर समाज थोड़ा विचलित दिखायी दे रहा था, कविता की अनुरागिणी एक पाठिका यह कहती हुई विलाप कर उठी : 'दिन-ब-दिन यह क्या हो रहा है! बच्चे कवि भी आजकल नज़रें मिलाकर बात करते हैं! उनकी इतनी हिम्मत कैसे होती है!'

समझ में आ जाता है कि तमाम और लोगों की तरह ही इन महिला के मन ने भी शुद्ध कवि-चरित्र की एक तसवीर बना ली है, उन्होंने मान ही लिया है कि कवि विनम्र होंगे, शर्मीले और भद्र; कोई उन्हें देखेगा तो सहज ही वे आँखें झुका लेंगे; और महिलाओं के सामने पुराने ज़माने की तरह भयमिश्रित श्रद्धाभाव में सब समय नत रहेंगे। लेकिन यह तो मानना ही पड़ेगा कि उस दिन कोई-कोई तरुण दु:साहसिक रूप से इस चरित्र से काफ़ी हद तक नीचे उतर आये थे। क्योंकि उन्हें नहीं लगा कि कवि के लिये किसी स्वतन्त्र वेदी की ज़रूरत है, उन्होंने द्रष्टा या त्राता की भूमिका में कवि को देखने की कामना नहीं की, उन्हें महसूस हुआ था कि कवि भी तमाम और लोगों की तरह घूमने-फिरने वाला व्यक्ति है, वह किसी पृथक महिमा का दावा नहीं करता। इसलिये राह चलता एक इनसान आँखों में आँखें डालकर बातें करे और यदि वह विशेष रूप से उल्लेख की जाने वाली ख़बर न हो, तो फिर कवि की आँखों ने ऐसा क्या अपराध कर दिया, उस दिन अभियुक्त लोग इसे नहीं समझ सके थे। आँखों में आँखें डालकर ही उन्होंने उस दिन व्यक्तिगत सम्पर्कों की परिधि को जान

१. कॉलेज स्ट्रीट के कॉफ़ी हाउस में १९६२ का एक दिन।

लेने की कोशिश की थी, उन्होंने अपने आसपास के विन्यास में स्पष्ट रूप से अपनी भूमिका को समझने का प्रयास किया था, और इसी आकांक्षा से ही उनमें प्रबल हो उठा था एक नवीन 'मैं' का उत्थान। तब कवि का अपना जीवन ही सामने आ गया और उसका 'मैं' कविता का एक प्रमुख विषय बन गया।

लेकिन इस 'मैं' का आना कविता में क्या नयी बात है? बाङ्ला कविता में ही यह 'मैं' क्या आज सौ साल पुराना नहीं है? तमाम लोगों के मन में इसी बीच कोई-कोई प्रसिद्ध पंक्तियाँ सम्भवतः जाग उठी होंगी : 'मैं आ गया, टूटी तुम्हारी नींद / ख़ालीपन में खिल उठे उजाले के फूल।' या फिर, और भी निश्चित रूप से, 'मेरी ही चेतना के रंग से पन्ना हरा हुआ / माणिक हुआ लाल!' तो फिर, क्या यह नहीं कहा जा सकता कि 'मैं' का जागरण ही रोमांटिकता का प्रमुख लक्षण था? उसके लिये मौजूदा समय तक प्रतीक्षा करने की ज़रूरत थी क्या?

ठीक है; पहले-पहल लग सकता है कि उसकी कोई ज़रूरत नहीं थी। लेकिन कविता में थोड़ा-सा आगे बढ़ने पर हम महसूस कर पायेंगे कि इस 'मैं' का भी गोत्रान्तर और रूपान्तर हुआ है; रवीन्द्रनाथ और आज के कोई युवा कवि सम्भवतः एक ही अर्थ में 'मैं' शब्द का उच्चारण नहीं करते, सम्भवतः इस विशेष शब्द की अनिश्चितता में ही बाङ्ला कविता के कतिपय कालखण्डों के बदलाव का इतिहास छिपा हुआ है।

'लिरिकल बैलेड्स' की भूमिका में एक दिन कहा गया था कि कवि ऐसे होंगे कि a man speaking to men। लेकिन यह बात कहकर उस दिन कवि और उसके पाठक को एक ही आसन पर नहीं बैठाया गया था। इस शब्दबन्ध में एक शब्द के एकवचन और बहुवचन का प्रयोग—man और men—निश्चय ही अकारण नहीं है। 'मनुष्य की मृत्यु के बाद भी मानव रह जाता है' : जीवनानन्द की इस पंक्ति में दो समानार्थी शब्द जिस तरह प्रयोग की वजह से ख़ासे भिन्न तात्पर्य अर्जित कर लेते हैं, वड्र्सवर्थ के इस सूत्र में भी वैसी ही एक भिन्नता उद्यत दिखायी देती है। व्यक्तिगत मनुष्य नहीं, उसके भीतर की सत्ता का प्रवाह, वड्र्सवर्थ के शब्दों में कहा जा सकता है कि उसका Comprehensive Soul या Spirit of Life, वहीं पर खड़े हैं कवि। और यह कवि, भीतर के ये व्यक्ति, जब बात करते हैं तो वे किसके साथ बात करते हैं? क्या केवल बाहरी पाठक-समाज के

साथ? 'कविता के तीन स्वर' प्रबन्ध में एलियट ने बल्कि इस पर थोड़ा और खुलकर कहा है। कवि का 'मैं' कभी व्यापक श्रोतामण्डल के साथ बात करता है, तो कभी वही 'मैं' किसी स्वतन्त्र नाटकीय चरित्र में तब्दील हो जाता है, और कभी-कभी तो कवि का मैं कवि के ही साथ बात करता है, ख़ुद उसी के साथ।

ख़ुद के साथ ख़ुद की यह बातचीत भी हालाँकि कोई नयी बात नहीं है। इस बातचीत, इस खेल के ढंग को यदि समझ न लें तो फिर रवीन्द्रनाथ की कविताओं की ये पंक्तियाँ भी अस्पष्ट ही रह जायेंगी : 'मैं प्राणों के संग खेलूँगा आज मरण का खेल!' लेकिन, यहीं से, व्यक्तित्व में इस दुविधा या त्रिधा की धारणा से ही, कविता की जटिलता दिखायी देनी शुरू होती है। क्योंकि साधारण पाठक के रूप में हम लोग अकसर ख़ुद को सामंजस्यमय आत्मसम्पूर्ण व्यक्ति मान लेते हैं, एक समूचा इनसान, कई बार हम पकड़ ही नहीं पाते कि कितने टुकड़ों में बँट गया है हमारे सारे समयों का अस्तित्व, जिन टुकड़ों में भीतर-ही-भीतर सिर्फ़ लेन-देन चल रहा है।

इस बहुधा के विषय में सोचकर स्पेंडर ने कभी अपनी एक कविता में लिखा था : मेरा मैं कोई बड़ा व्यक्ति नहीं है। उसमें नाना प्रकार की दुर्बलताएँ हैं, खाना खाते-खाते वह उन्मत्त हो जाता है, किसी प्रतिवाद को सुनकर ग़ुस्से से भर उठता है, मछली पकड़ना ही उसकी एकमात्र ख़ुशी और भूल जाना उसकी एकमात्र आकांक्षा है। लेकिन इन सब के बीच उसका एक केन्द्रीय मैं है :

> To advance from friends to the Composite Self
> Central 'I' is surrounded by 'I eating'
> 'I loving' 'I angry' 'I excreting'–
> And the 'great I' planted in him
> Has nothing to do with all these!

स्पेंडर के इस Composite Self अथवा Central I को हम नाम देते हैं—आत्मगत मैं। और उसे जो उसका रोज़ का व्यावहारिक छिन्न परिचय घेरे हुए है—I eating, I loving, I angry—वह एक व्यक्तिगत 'मैं' है। व्यक्तिगत मैं से बूँद-बूँद निर्यास पाकर ही किसी का आत्मगत 'मैं' निर्मित होता है। लेकिन यह आत्म क्या वह समाहारमात्र है? वह क्या किसी परिणति की ओर नहीं जा रहा है? जो ego है, फ़्रायड ने कहा था कि उसकी भी

परिणति है। वह परिणति या परिवर्तन किस वजह से है? किस आकर्षण के कारण है? उसके भीतर क्या कोई और भी पूर्णतर किसी 'मैं' का बोध जागा हुआ है, सम्पूर्णता का कोई बोध? रवीन्द्रनाथ सम्भवतः जिसे कहेंगे 'बड़ा मैं'? तो क्या वही स्पेंडर का great I नहीं है?

एक ओर है यह बड़ा मैं और दूसरी ओर है व्यक्तिगत मैं : इसके बीच में है हमारा क्रमशः जन्म लेता आत्मगत परिचय। रोमांटिक कविता में, बाङ्ला कविता में रवीन्द्रनाथ के अभ्यास तक भी, हमें सिर्फ़ यह Subjective I दिखायी देता है, इस आत्मगत मैं की मुद्रा। निश्चय ही व्यक्ति के प्रतिदिन के अनुभव से इस आत्म का जन्म हुआ है, लेकिन कविता में अभिव्यक्त होने के क्षण में यह व्यक्ति का चिह्न मिट जाता है, वह तो उत्स में गुपचुप काम करता चलता है। कभी-कभी—जैसे कि मधुसूदन या बिहारीलाल—व्यक्ति से आत्म में आने-जाने का यह एक जोड़ा निशान रह ही जाता है, कविता कुछ समय के लिये थोड़ी विह्वल और भावुक हो उठती है। लेकिन रवीन्द्रनाथ ने समस्त जीवन को समेट कर इतने साफ़-सुथरे ढंग से इस आत्मजगत की रचना की है कि वहाँ जोड़ का निशान इस तरह सुषमा के साथ मिल गया कि कालांतर में उनके बाद आत्मगत उच्चारण के इस स्वभाव से उत्तरकालीन कवियों का एक बड़ा काम निष्क्रमित हो गया।

किसी-किसी ने इसी वजह से नैरात्म्य रीति को ही रोमांटिकता के प्रतिवाद के रूप में आधुनिकता की प्रमुख निशानी माना था। अपने 'ऐतिह्य और व्यक्तिगत प्रतिभा' प्रबन्ध में एक दिन एलियट ने इस नैरात्म्य रीति का इश्तहार तैयार किया था, और इसके बाद बारह वर्ष के भीतर ही हमें सुधीन्द्रनाथ, यहाँ तक कि रवीन्द्रनाथ के मुँह से भी फिर से इसका उच्चारण सुनाई दिया था। 'विशुद्ध आधुनिकता क्या है' इस सवाल के जवाब में रवीन्द्रनाथ ने कहा था : 'विश्व को व्यक्तिगत आसक्ति भाव से न देखकर विश्व को निर्विकार तद्गतरूप से देखना'। निरासक्त मन ही कविता का सर्वश्रेष्ठ वाहन होता है, ये इंगित उन्हें अपने युवा कवि-मित्रों की मनोभंगिमा से मिलने लगे थे, १९३० में ही 'काव्य मुक्ति' प्रबन्ध में सुधीन्द्रनाथ ने याद दिला दिया था कि 'कवि का सम्मान इतना ही है, उसकी मर्यादा यहीं पर है कि मनुष्य की अनुसन्धान की अनन्त इच्छा उसके कण्ठ से भाषा पाती है ... लगता है इसी अर्थ में ई. एम. फ़ॉस्टर ने समस्त बड़ी कलाओं

को नैरात्म्य कहा है।' या फिर कालान्तर में 'मनुष्यधर्म' प्रबन्ध में उन्होंने और भी स्पष्ट रूप से घोषित किया था : 'मेरा विश्वास है कि नैरात्म्यरीति से विश्वसाहित्य में समानता के सूत्रों की तलाश की जानी चाहिए।'

हालाँकि अपनी कविताओं में इस रीति को अर्जित करना सुधीन्द्रनाथ के लिये भी कोई आसान बात नहीं रही। उनकी कविता से ही उनके काव्यतत्त्व का यह विश्वास बहुत सहज रूप से नहीं जागा था, उनकी कविता ने उनके काव्यतत्त्व का बहुत धीरे-धीरे अनुसरण किया है। किस तरह धीरे-धीरे उन्होंने अपने आप को गढ़ा था, उनकी किताबों की विविधता को देखने पर इसकी तसवीर स्पष्ट हो जाती है। प्रकाशन के समय के हिसाब से 'ऑर्केस्ट्रा' से दो साल छोटी है 'क्रन्दसी', और उससे भी तीन साल बाद की है 'उत्तरफाल्गुनी'। लेकिन निश्चित रूप से सभी जानते हैं कि इन तीन पुस्तकों की कविताओं में ठीक इस तरह समय की कोई परम्परा नहीं है, कवि ने १९२८ से लेकर १९३३ के बीच लिखी रचनाओं को इन तीनों संग्रहों में अपनी मर्ज़ी के हिसाब से संकलित कर लिया था। समय की यदि कोई परम्परा इसमें नहीं है तो फिर वे कौन-से सूत्र हैं, वे कौन-सी इच्छाएँ हैं, जिनके आधार पर रचनाओं को खण्डों में विभाजित किया गया?

उन सूत्रों की तलाश में हम यदि आगे बढ़ें तो पाते हैं कि 'ऑर्केस्ट्रा' या फिर 'उत्तरफाल्गुनी' में है एक लज्जाहीन प्रगल्भ यौवन, कवि के आत्मगत प्रेमानुभवों की निविड़ अभिव्यक्ति। इन दो संग्रहों जो 'मैं' है, उस 'मैं' के साथ रोमांटिक आत्माभिव्यक्ति का कोई विरोध नहीं है, मर्म-मर्म से एक रोमांटिक की तरह ही वे यहाँ कह सकते हैं : 'मुझे तुम प्यार नहीं करती /दुःख मुझे होता ही है / लेकिन उसमें सिर्फ़ विषाद है / इसके सिवा कोई यातना कोई तपिश नहीं!' या फिर 'वह भूल जाये तो भूले, करोड़ों मन्वंतर / मैं तो नहीं भूलूँगा, कभी नहीं भूलूँगा'।

लेकिन क्या यही मैं 'क्रन्दसी' का भी नायक है? 'क्रन्दसी' की पहली कविता में ही एक नैरात्म्य मैं का परिचय मिलता है, कवि के आत्मगत चरित्र को यहाँ पर उनके विश्वगत अस्तित्व ने मिटा दिया है, इतिहास के पटल पर खड़े होकर यहाँ हमें इस शताब्दी के किसी भी मनुष्य की आर्त्त भावना सुनाई देती है : 'तुम्हें क्या मेरी बातें सुनाई नहीं देतीं? / तो फिर क्यों झूठे छल में चेहरा छिपाते हो? / कहाँ छिपोगे? धू-धू करता है

मरुथल / छीजती छाया हट गयी पैरों तले से।' चर्चित 'शुतुरमुर्ग़' कविता के अन्तिम क्षणों में जब कवि कहते हैं, 'तुम मुझे लिये चलो लोकोत्तर में / मैं तुम्हें बाँधता हूँ मित्र लोकायत में'—फिर यह मैं-तुम परम्परागत कोई मैं-तुम नहीं रह जाते, यह मैं और तुम किसी भी मनुष्य के आकार ले रहे हो रहे व्यक्तित्व के दो विरोधी टुकड़े भर रह जाते हैं।

एक समय 'संवर्त' तक पहुँचकर सुधीन्द्रनाथ अपने प्रेम के साथ सभ्यता के संकट को मिला सके थे। इस काव्य तक पहुँचकर उनका काव्यतत्त्व एक तरह से चरितार्थ हो गया था, उनकी 'नांदीमुख' या 'संवर्त'-जैसी रचनाओं में आत्म को नैरात्म्य की ओर ले जाना सम्भव हो सका। 'तुम्हारे योग्य लिखे हैं गीत / इसलिये बैठा हूँ विजन में नव कदम के वन में / पुष्पित तृणदल में' : यहाँ तक पढ़ कर लग सकता है मानो यह रवीन्द्रजगत से उतर आया हो, छन्द में, विषयवस्तु में यहाँ तक कि भाव और विचार में भी। लेकिन इसके चौथे पद तक जाते-जाते हम जाने कब अगोचर में इस भूमि से दूर सरक आते हैं, और तब हमें एक नया अपरिचित चेहरा दिखायी देता है, जहाँ 'स्पेन से चीन प्रदोष में विलीन / फिर भी मैं उन्हें पहचानता हूँ।' फलस्वरूप कविप्रिया और पृथ्वी का चेहरा एक-से लगने लगते हैं, जिस तरह अनायास ही एक-जैसे हो सकते थे पाब्लो नेरुदा या नाज़िम हिकमत या लुई अरागाँ की कविताओं में।

सुधीन्द्रनाथ को हालाँकि इतिहास में पहुँचने के बाद भी वहाँ कोई आश्रय नहीं मिल सका। चारों ओर नज़रे दौड़ाकर मृत स्पेन, म्रियमाण चीन को देखकर वे यह तय नहीं कर पाए कि किसे आधार बनायेंगे, क्योंकि उन्होंने स्तालिन को हिटलर का मित्र साबित किया था। इसीलिये उनके कण्ठ से ध्वनित हुआ था : 'सही नहीं जाती, अब और सही नहीं जाती / जनता की जघन्य मित्रता' और इस जनता से ख़ुद को अलग कर लेने के उपक्रम में उनका निर्वैयक्तिक 'मैं' कभी भी किसी संघ के समीप नहीं जाना चाहता, 'मैं' हम में तब्दील नहीं हो पाता। लेकिन उस समय, और एक कवि, जिन्होंने कहा था, साहित्य का उपजीव्य शून्य में लटका दिया गया निरालम्ब व्यक्तित्व नहीं होता, जो देख पाते हैं कि किस तरह समाज और व्यक्तित्व में द्वन्द्वात्मक सम्बन्धों के लम्बे इतिहास में इस व्यक्ति के स्वरूप को मर्यादा प्राप्त होती है, उन्हीं विष्णु डे की कविताओं में 'मैं' बहुवचन की समग्रता लिये चला आता है। विष्णु डे या समर सेन या सुभाष मुखोपाध्याय

संघ के आयतन को सामने रखकर ही बात करते हैं, कोई भी पाठक आज इस तथ्य से इनकार नहीं कर सकता। 'हमारी सत्ता सैकड़ों पीपल के पेड़ों तले / बोलियों की हवा में नित्य झिरती रहती है / डरता हूँ ऊँचे शिखरों और गहन जंगलों निर्जन मैदानों से / डरता हूँ मन की मुक्ति से' : यह है विष्णु द्वारा देखी गयी हमारी दीनता की छाया, और इस दीनता से वे मुक्ति का आभास भी तैयार करके रखते हैं, जब वे कहते हैं : 'इस पार उस पार है हमारा सेतु / दोनों तटों पर हमारा प्रवाह जल थल आकाश और वनस्पतियों में...'। ऐसे में सुभाष मुखोपाध्याय की कोई भी पंक्ति याद आ सकती है : 'हमारी बनी रहे समवेत अग्रगति' या फिर 'ध्वंस के सम्मुख हम'। कोई यह न सोचे कि मैं कहना चाहता हूँ कि इनकी रचनाओं में 'मैं' शब्द कभी भी नहीं आता, बल्कि यह कहा जा सकता है कि वह अकसर आता है, लेकिन वह 'मैं' कवि का कोई आत्मगत 'मैं' नहीं है, वह मैं विराट 'हम' के मुहाने पर खड़ा है, इनकी रचनाओं को पढ़कर मानो हम ख़ुद को सभी के साथ हाथ मिलने की भंगिमा में ही देख पाते हैं। कभी-कभी संशय भी होता है, कभी-कभी ख़ुद पर विचार करने की ज़रूरत भी महसूस होती है, 'हम' से ही जिन्होंने शुरुआत की थी उन सुभाष मुखोपाध्याय को भी अपनी 'कल मधुमास' शीर्षक वाली लम्बी आत्मकथात्मक रचना में ख़ुद के समग्र जीवन की ओर एक बार नज़र दौड़ाने की ज़रूरत पड़ती है, लेकिन अन्त तक जनतासंघ की यह परम निर्भरता उनके अस्तित्व से हट नहीं जाती और इसी में से बाङ्ला कविता में एक नैरात्म्य रीति की सिद्धि स्थापित होती है।

मैं जीवनानन्द की बात नहीं भूल सका। मैं नहीं भूला कि इसी के समानान्तर जीवनानन्द रोमांटिकता के सम्प्रसारण के हिसाब से ही एक निःसंग 'मैं' को वहन करते चल रहे थे। मैं नहीं भूला कि ये जीवनानन्द जब अपने आरम्भिक दिनों में कभी-कभी इस 'मैं' को हटाकर 'हम' कहा करते थे, उसके साथ विष्णु डे या सुभाष मुखोपाध्याय के प्रार्थित बहुवचन में मौलिक भिन्नता है। कवि जब कहते हैं : 'हम सोये रहते हैं पृथ्वी के गह्वर की तरह' या फिर 'हम जिन्होंने देखा / निविड़ वट के नीचे लाल-लाल फल पड़े हुए हैं', तब उनकी साँसें विष्णु डे के साथ बिलकुल भी तुलनीय नहीं हैं। विष्णु डे की कविताओं में 'मैं' भी 'हम' की आभा लिये आता है, और जीवनानन्द की इन शुरुआती रचनाओं में उनके 'हम' के पीछे 'मैं'

का ही अन्त:सार रह जाता है। यह निभृत अनुभव का निर्यास है, यह सबकी आँखों से देखना नहीं है, यह वस्तुतः उस तरह से देखना हुआ जिसके प्रसंग में ब्लेक कह सकते थे कि ये दो आँखें सिर्फ़ खिड़कियों की तरह हैं! ठीक है। लेकिन यह भूल जाना उचित न होगा कि जीवनानन्द में भी एक परिपक्वता की आसक्ति थी। भूल जाना अनुचित होगा कि समय की प्रबल ताड़ना की वजह से जीवनानन्द के स्वर भी बदलने लगे थे, उनकी बाद की कविताओं में अन्य एक मैं का आविर्भाव देख पाना मुश्किल नहीं है। '१९४६-४७' कविता में जब वे कहते हैं : 'सृष्टि की मन की बातें द्वेष-जैसी लगती हैं / सृष्टि की मन की बातें हमारी ही आन्तरिकता में / हमारे ही सन्देहों की गिरती परछाइयों को लाकर / पीड़ाओं को ढूँढ़ लाना है' या फिर 'वेला अवेला कालवेला' की सम्भवतः किसी भी कविता में : 'आज इस शताब्दी में सभी के जीवन के हेमन्त सैकत पर / रेत पर तैरते हैं हमारी चिन्ता काम संकल्प के तरंग कंकाल'— तब इस 'हमारे' के उद्घोष में हम एक आत्म-उत्तीर्ण मैं को देख पाते हैं, हज़ारों साल से रास्तों पर चलते-चलते जो इस बार पूरी तरह से इस शताब्दी पर एक निश्चित सहारा लेकर खड़े हुए हैं।

लेकिन उस समय जो सब किशोर उभर रहे थे, आन्दोलन, मन्वंतर, दंगों में से गुज़रते हुए जो किशोर नए-नये अनुभव संचित कर रहे थे, आज़ादी के बाद ही जिन्हें सुनना पड़ा कि 'यह आज़ादी झूठी है', निर्माण के शुरुआती दौर में ही जिन्हें अपने चारों ओर एक हिंसक समाज को देखना पड़ा, उनके लिये वह सहारा, वह विश्वास उतना सहज नहीं था। वे देख रहे थे कि समूची पृथ्वी एक युद्धक्षेत्र में तब्दील हो गयी है। लेकिन किस वजह से, किस बात को लेकर यह युद्ध है उन्हें ठीक-ठीक पता नहीं। नए-नये राजनैतिक मतवाद और उनके प्रयोग उनके सामने घटित हो रहे थे, लेकिन उनसे किसी सत्य का आश्वासन नहीं मिल रहा था। वे देख रहे थे कि उनके चारों ओर मनीषियों की कथनी और करनी में कोई समानता नहीं है, 'सत्य' शब्द का कोई स्पष्ट मूल्य नहीं है। तो क्या फिर उसे अपनी आत्ममुक्ति में, अपने आत्मसन्धान में लौट जाना चाहिए? लेकिन वहाँ भी डर है। 'द ब्रदर्स कारामाजॉफ़' में दस्तोयवस्की ने जैसे लिखा है कि मनुष्य अपने समूचे आत्मज्ञान, अपनी समूची आज़ादी की बजाय सुक़ून को चुनेगा, मृत्यु को चुनेगा। इस मृत्यु ने ही तब उसे चारों ओर से घेर लिया

था। आज़ादी की ज़िम्मेदारियाँ बड़ी हैं, स्वयं को निर्मित करने के बड़े आयोजन हैं, लेकिन उसकी यह शक्ति भी मानो खोती चली जा रही है। इसीलिये नये ज़माने के युवा कवियों ने उतावली में किसी और 'मैं' के प्रवाह में छलाँग लगा दी थी। उन्होंने सोचा था कि यहीं पर उनकी मुक्ति है। यह कोई और निर्विशेष मैं नहीं था, यह कोई आत्मगत मैं नहीं था, यह पूरी तरह व्यक्तिगत ही था, सम्पूर्ण रूप से आत्मगत मैं।

'कहाँ जा रहे हैं तारापद बाबू' आज इसीलिये बहुत सहज रूप से यह तारापद राय के कविता-संग्रह का शीर्षक हो सकता है। यह केवल चौंकाने के लिये है, ऐसा सोचना ग़लत होगा। कवि अब अपने व्यक्तिगत जीवन को ही अपनी रचनाओं के वृत्त में खींचकर लाना चाहते हैं। और केवल यही किताब नहीं, तमाम लोगों ने ग़ौर किया होगा कि इन पन्द्रह वर्षों की कविता-चर्चा में किस तरह बार-बार ही कवियों के नाम उनकी रचनाओं में चले आये हैं। मध्ययुगीन कविताओं में जिस तरह से कविता के अन्त में कवि के नाम का उल्लेख होता था, उसका ढंग ऐसा नहीं है, सुनील गंगोपाध्याय की कविता या उपन्यास के नायक यदि कभी-कभी नामवश सुनील हो जायें तो समझना होगा कि अबकी बार अस्थिमज्जा समेत उस परिचित व्यक्ति को ही सुनील अपनी रचना में ले आना चाहते हैं। अलोकरंजन कह उठते हैं 'शहर के पास और कब तक रहोगे अलोक', या फिर बिना किसी दुविधा के वे लिखते हैं : 'मनुष्य चला जाता है / रह जाती है नाम की खदान / मेरे बाद यह अलोकरंजन / गुप्त रूप से रह जाएगा इस धरती पर।'

यह सोचकर क्या कोई किसी तरह की आपत्ति जता रहा है कि ऐसा तो हमने कभी-कभी सौ साल पुरानी रचना में भी सुना है? ह्विटमैन ने ख़ुद पर इस उद्धत घोषणा के साथ कविता लिखी थी कि 'Walt Whitman am I'! या फिर रवीन्द्रनाथ की भी उत्तरकाल की कविताओं में कभी-कभी कवि ने जो अपना नाम लिया है, वह सच्चाई क्या यहाँ नहीं देखी जानी चाहिए? वह निश्चित रूप से स्मरणीय है लेकिन याद रखना ज़रूरी है कि अपने इस नाम लेने के साथ मौजूदा दौर के कवियों के आत्मवर्णन में भिन्नता है। उन्नीसवीं शताब्दी में अमेरिका की ख़ुद को समूचे विश्व में उत्तोलित करने की आकांक्षा ह्विटमैन की लम्बी प्रसारणमय कविता-पंक्तियों में स्फीत हो उठी थी और इसके साथ ह्विटमैन ने अपने व्यक्तित्व

का भी एक विराट उत्थान देखा था, और सीमाबद्ध छोटे लोगों को समूचे परिमाप को अतिक्रमित कर उठा था वह विशाल आविर्भाव : a Kosmos, a mighty Manhattan the son ! ह्विटमैन जानते थे कि वे मृत्युहीन हैं, वे विश्वरूप हैं। अपने अन्तिम दिनों की रचनाओं में रवीन्द्रनाथ जिस रवीन्द्रनाथ का नाम लेते हैं, उसका भी एक संगठित कविरूप है, विभिन्न रवीन्द्रनाथों की वह एक माला एक आदर्श प्रतिमा के गले तक पहुँचती है। लेकिन गिन्सबर्ग में वह संगठित विशालता नहीं मिलती, सौ साल बाद वाले अमरीका में वे ह्विटमैन के पूरी तरह विपरीत हैं। भूखी, नंगी, उन्मादी, एक बरबाद जनरेशन को सामने रखकर उनकी क्रुद्ध चीख़ें हैं, उनका Howl उनके पराभव की गर्जना है। विलियम कार्लोस विलियम्स हमें यह कहकर इस कवि का परिचय कराते हैं कि एलेन गिन्सबर्ग के व्यक्तिगत भयंकर अनुभव ही उनके Howl का एकमात्र विषय है। 'Hold back the edges of your gowns, Ladies, we are going through hell' तब विलियम्स को यह चेतावनी देनी पड़ती है।

हमारे देश के ये युवा कवि भी ठीक उसी तरह के वैसे ही एक नरक के अनुभवों में से गुज़रकर आ रहे हैं, वे कह रहे हैं : 'यह जीवन संज्ञान, आत्मत्याग में नहीं, सर्वग्रासी, सर्वभक्षी कविता के लिये तैयार हो रहा है', वे लोग रवीन्द्र–व्यक्तित्व की उलटी दिशा बने जा रहे हैं। वहाँ सीधे–सीधे यह आक्षेप लगता है : 'मैं किस तरह ज़िंदा हूँ तू आकर देख जा निखिलेश।' इसे क्या नर्सिसिज़्म भर कहूँगा ? उसे नहीं, हँसी का आक्रमण मध्यवर्ती इस पंक्ति पर है : 'फिर धड़ाम से दरवाज़े के बन्द होने की आवाज़।' दरवाज़ा बन्द करके इस तरह बाहर की दुनिया का प्रत्याख्यान कर रहे हो, अपनी विफलता के डर से, जीवन इस ग़लती को स्वीकार नहीं करता— यह सोचकर घिर रहे अँधेरे में धागों से लिपटा पेड़ मुँह दबाकर, नियति की तरह हँसता रहता है।

दूसरी एक कविता में ये कवि लिखते हैं : 'इस पृथ्वी के सहारे खड़े हो / देखो / मैं जटा में बाँध रहा हूँ वेदना की आकाशगंगा।' वेदना की आकाशगंगा सिर पर लेते समय भी पृथ्वी के सहारे खड़े होने की ज़रूरत पड़ती है। यह वेदना और पृथ्वी के सहारे वाली बात इस कविता में निविड़ रूप से घुलमिल गयी है, हमें ऐसा ही लगता है।

दो

वेदना और पृथ्वी का सहारा कविता में भीतर की ओर अनुस्यूत है, लेकिन कवि ने इन दो भूमिकाओं को कविता में आपात-स्वतन्त्रता के रूप में भी सजा लिया है। एक ओर पेड़ इस कविता का स्थित अधिनायक है, पृथ्वी का सहारा लेकर वह भवितव्य को जान रहा है—दूसरी ओर वर्तमान में आविष्ट चलायमान नगर-जीवन की छवि है। इन दोनों में कवि के दो भिन्न अस्तित्व हैं। और इस वजह से पहले तीन पदों के बाद नये चलन (movement) का सूत्रपात होता है, बाद का हिस्सा थोड़ी दाईं ओर सरकाया हुआ है।

समधर्मी शब्दों के एक प्रकार के स्तिमित पुनरावर्तन से, इस नये हिस्से में गति की भंगिमा भिन्न रूप लेकर आई है : 'काले अँखौड़े[१] पहनाकर / फिर उतारकर /...लिटा कर / फिर उठाकर...' यहाँ पर फिर 'फूल खिलें' वाली तेज़ चाल नहीं है। पहनाकर, खोलकर, लिटाकर, उठाकर... इन सब असमापिका क्रियापदों की परस्पर बहुलता से भी विरामहीन क्लान्ति की छाया तैयार होती है, ऐसे दिनयापन का प्रत्यावर्तन हम दोबारा नहीं चाहते। दिन-रात की निर्जीवता की तसवीर भी यहाँ बढ़िया उभर रही है। दिन के बाद रात के बाद फिर से दिन, उजाले में काले अँखौड़े पहनाये गये ब्लैक-आउट की रात, तो फिर लोगों में इस रहस्य की सम्भावना रह ही जाती है, इसीलिये आज हम निश्चय ही नहीं चौंकेंगे यदि Notes from the Underground में दस्तोयवस्की कहते हैं : 'पता है, मुझे साफ़ महसूस होता है कि भीतर-ही-भीतर मैं दोफाड़ हो गया हूँ। मानो किसी की दूसरी सत्ता ख़ामोशी के साथ उसके पास खड़ी हुई है।' अपने पास ही अपनी इस छाया को लेकर चलते चले जाने का अनुभव ही आज के कवियों के साथ घटित हो रहा है। जीवनानन्द से ही आभास मिलने लगा था : 'मैं चलता हूँ, साथ-साथ वह भी चला आता है / मैं रुकता हूँ, वह भी रुक जाता है'—जीवनानन्द के बोध में हमने यह दुविधा देखी है, लेकिन इन दोनों में से उन्होंने मुख्य रूप से अपने भीतर के जीवन पर निर्भर होना चाहा है। और आज, सुनील-जैसे कोई कवि कभी-कभी इन दो सत्ताओं की अदला-

१. घोड़े की आँखों में पहनाये जाने वाले फ़्लैप। इससे घोड़ा अपनी नज़रें सड़क पर सामने की ओर ही रखता है। उसका ध्यान नहीं भटक पाता।

बदली कर लेना चाहते हैं, वे ख़ुद तथा उनका चरित्र निखिलेश परस्पर भूमिकाओं की अदला-बदली करते-करते एक ऐसी जगह पर आ जाते हैं कि जब दोनों के बीच की भिन्नता को फिर हम नहीं पकड़ पाते। या फिर, ऐसे ही आत्मविच्छेद की मत्तता से निर्मित होती है शक्ति चट्टोपाध्याय की टलमल ये पंक्तियाँ : 'सिर से पैरों तक टलमल करता है, दीवारों-दीवारों, कार्निश-कार्निश, आधी रात को फ़ुटपाथ बदल जाते हैं।'

बड़े लोग नाराज़ हो जाते हैं। नाराज़ होने की कोई वजह नहीं है, ऐसा नहीं है। सुधीन्द्रनाथ ने अपने 'मनुष्यधर्म' प्रबन्ध में संताप के साथ ही कहा था : 'आख़िरकार काव्य आज ख़ामख़याली है; कवि की स्वकीयता ने आजकल शिशुसुलभ स्वेच्छाचार का भेस बना रखा है; व्यक्तिस्वरूप को खोकर उसने फ़िलहाल हिंसक व्यक्तिवाद को जकड़ लिया है।' 'मैं स्वोच्छाचारी हूँ' कहकर शक्ति ने जिस कविता की शुरुआत की थी, सुधीन्द्रनाथ का मन्तव्य अवश्य ही उसके बहुत पहले लिखा जा चुका था। यह सही है कि इस तरह के प्रक्षेपण में एक क़िस्म की शिशुसुलभ दुर्बलता रहती है, व्यक्तिस्वरूप का अपनोदन रहता है। हमें समझ में आ जाता है कि आख़िर क्यों मारित्याँ का दृष्टान्त देकर विष्णु डे को कहना पड़ा था कि पिछले दस-बारह वर्षों की बाङ्ला कविता की आधुनिकता हमें 'वय:संधिशोभन' लग सकती है; लेकिन यह भी सोचने लायक़ है कि यह नाटकीयता पूरी तरह आधारहीन नहीं है, यदि कोई इसे न्यूरोसिस भी कहता है तो उसे यह जानना होगा कि समाज और व्यक्ति के आज के असमान संघर्ष से ही अनिवार्य रूप से यह विरामहीन आत्मनाट्य निर्मित हो रहा है।

डर की वजह होती, अगर यहीं पर आज की रचना का परिचय पूरा हो जाता। लेकिन यदि हम याद रखें कि ख़ुद को लेकर इस खेल में से होते हुए, ख़ुद को तोड़ने और गढ़ने के भीतर से होते हुए धीरे-धीरे कवि अपना एक व्यक्तित्व निर्मित कर रहा है; यदि ऐसा होता है कि व्यक्तित्व कोई पूर्वनिर्धारित निश्चल वस्तु नहीं है, वह क्रमशः कवि के अविराम सचेतन उद्यम से निर्मित हो रहा है—तो फिर सोच-विचार की उतनी वजहें नहीं रह जातीं। 'व्यक्तिगत अनुभूति के अलावा मेरा और कुछ भी सम्बल नहीं है—साहित्य के समक्ष मैं असहाय हूँ' सुनील गंगोपाध्याय ने अपनी आत्मकथा में यह बात कही ज़रूर है, लेकिन इसी के आसपास हमें यह भी याद रखना चाहिये कि 'मेरी उमर बढ़ रही है' यह सहास्य विलाप

करते-करते भी इस कवि को आज यह जानना होता है कि 'जो लिखता है वह मैं नहीं / जो लिखता है वह मैं नहीं।' कुछ दिनों पहले बुद्धदेव बसु ने ऐसा कहा था—जो बुद्धदेव बसु बहुत दिनों पहले से मामूली रूप से अपने व्यक्तिगत 'मैं' पर निर्भर होना चाह रहे थे 'यह जिसे मैं कहता हूँ 'मैं' / कौन है वह ? वह रोज़ विदा कहकर, स्वागत करता है।' इस नित्य-विदा और नित्य-स्वागत के बीच में एक कवि आकार लेता रहता है। तब उनका व्यक्ति-विवरण भी धीरे-धीरे तिर्यक होने लगता है, और इसीलिये अलोकरंजन अपनी आत्मकथा में लिखते हैं : 'आत्म-विवरणिका या फिर आदर्श वर्णन के पथ पर न जाकर मैंने पाठकों के साथ तिर्यक ही सही, लेकिन निविड़ आत्मीयता की कामना की है।'

यानी फिर से तिर्यक सम्बन्धों का आभास मिल रहा है। एक दिन कविता से माँग की गयी थी कि वह सभ्यता का चेहरा बदल देगी, कवि की ज़िम्मेदारी मानो सन्त की है, नेता की है। लेकिन आज ज़िम्मेदारी के उस ऊँचे मंच पर वे नहीं हैं। आज वे सबके साथ रास्ते पर चलेंगे, सहज रूप से सबसे निगाहें मिलाएँगे, सबकी आकांक्षा या दीनता के समान रूप से भागीदार हैं वे—लेकिन इसी के साथ उनकी कविता उनके व्यक्तित्व को निर्मित करने का आयोजन मात्र होगी, एक कविता से दूसरी कविता में जाना उनके लिये एक मैं से दूसरे मैं तक पहुँचने-जैसा ही तात्पर्यमय होगा। आज उस 'मेरेपन' के निर्माण में वे किसी भी चीज़ से मुँह फेरकर नहीं रह सकते, उन्हें सब कुछ को साथ लेकर चलना पड़ता है, सब कुछ पर उनकी ममता है, जैसा कि शक्ति ने लिखा है :

> जाते-जाते पीछे मुड़-मुड़कर देखता हूँ
> और तभी चाबुक तभी छोड़कर चले जाना सब कुछ
> शायद तुम फिर कभी लौटकर नहीं आओगे
> —सिर्फ़ चले जाना
> यात्री हो तुम, पथ-कुपथ सभी में तुम्हें मोह रहेगा
> यही तो चाहिए, विचार विश्लेषण तुम्हें नहीं
> तुम्हें नहीं विघ्नबाधा, आकर्षण-विकर्षण, सर्वजनीन नशे की तलब, राधेश्याम
> यात्री हो तुम—पथ-कुपथ सभी में तुम्हें मोह रहेगा
> यही तो चाहिए।

(१९७४)

विशेषणहीन कविता[१]

स्मरण-कमेटी के आयोजनकर्ताओं ने मुझे चर्चा का कोई विषय तय करके नहीं दिया। फलतः एक आज़ादी थी, हालाँकि इस तरह की आज़ादी हर वक़्त बहुत सुविधाजनक नहीं होती। कई दिनों से सोचना पड़ रहा था कि क्या कहूँ, किस विषय पर बोलूँ। इसी दौरान कल सुबह एक बहुत ही युवा कवि के साथ बातचीत करते हुए एक विचार मन में आया। उसी को साझा कर रहा हूँ।

छोटी उम्र के उस कवि ने अचानक कहा था कि कुछ दिनों से वह जाने कैसा दिग्भ्रमित-सा महसूस कर रहा है। कुछ ही दिन हुए उसने लिखना शुरू किया था और कॉलेज स्ट्रीट अंचल में अड्डेबाज़ी कर रहा था। उन सब अड्डों में स्वभावतः तरह-तरह की चर्चाएँ हो रही थीं। दो-चार दिन पहले वहाँ उसने यह बात सुनी कि जीवनानन्द दास के बाद अब केवल एक ही कवि बचे हैं। और उसने उस कवि के रूप में, हाल ही में लिखने की शुरुआत करने वाले एक बहुत ही साम्प्रतिक तरुण का नाम वहाँ सुना। जीवनानन्द के बाद उसका वह दोस्त? उसे यह बात पहेली-जैसी लग रही थी। यह कैसे सम्भव है भला? तो क्या फिर अन्य सारे कवियों को आज ख़ारिज करना पड़ेगा? यह बात सुनते-सुनते मुझे याद आया कि उसी जगह पर बैठकर और एक तरुण कवि ने कुछ ही दिनों पहले लगभग यही बात कही थी, हालाँकि वह किसी और व्यक्ति के प्रसंग में थी। मधुसूदन के बाद जीवनानन्द, जीवनानन्द के बाद कोई और, और उनके बाद वे अब कविता लिख रहे हैं। कहने के इस ढंग से लगता है मानो पुरानों को हम पूरी तरह ख़ारिज कर देना चाहते हैं।

१. मौखिक भाषण की अनुलिपि।

और जो पुराने लोग हैं, वे भी एक उम्र में आकर कहना शुरू कर देते हैं (उम्र की वजह से शायद ऐसा होता है) कि बच्चे लोग कुछ भी नहीं लिख पा रहे हैं। तब एक ख़ासी गड़बड़ी शुरू हो जाती है। छोटे कहते हैं कि बड़े कुछ भी नहीं लिख पाते, बड़े कहते हैं कि छोटे कुछ भी नहीं लिख पाते। हाल ही में जिन्होंने लिखना शुरू किया है, वे लोग तब थोड़े संशय में पड़ जाते हैं। तो फिर कविता असल में है क्या चीज़, यह किस तरह लिखी जानी चाहिए, संशय इन्हीं सब बातों को लेकर है।

उस तरुण मित्र से मैंने कहा, इसमें डरने-जैसा कुछ भी नहीं है। यह ऐसी कोई नयी बात नहीं है, ऐसा हमेशा से होता आ रहा है, हर देश में ऐसा ही होता है। बड़े लोग कहते हैं कि छोटे कुछ नहीं कर सके; और तरुण लोग कहते हैं, 'बड़ों की हालत देखो!' जो लोग सोचते हैं कि यह केवल इसी पल का एक दुर्लक्षण है, उन्हें याद दिलाने की इच्छा होती है कि आज से ठीक पैंतीस वर्ष पहले बुद्धदेव बसु ने उन दिनों के तरुणों के विषय में कहा था कि इनमें से प्राय: किसी के भी छन्द ठीक नहीं हैं, दो-एक को छोड़कर कोई भी छन्द में नहीं लिख पाता। इन लोगों की रचनाएँ कई बार समझ में भी नहीं आतीं, इसके अलावा इनकी रचनाएँ थोड़ी अश्लील भी हैं। ये आरोप बुद्धदेव बसु ने लगाये थे, और उस समय के तरुणों—जिन्होंने पहले कहना शुरू कर दिया था कि जीवनानन्द के अलावा पुरानों में कोई कवि ही नहीं है—सबने मिलकर कहा था : आइए, हमारी कविताएँ सुनिए, हममें कहाँ कमी है ज़रा स्पष्ट रूप से बताइए। तब एक सभा बुलाई गयी थी, यहाँ कुछ लोग अब भी होंगे जो उस सभा में हाज़िर हुए थे, जिस सभा में बड़ों को जेहाद की भंगिमा में कविताएँ सुनाई जा रही थीं। और पैंतीस साल पहले इन्हीं बुद्धदेव बसु—जैसे कवियों को औरों ने कहा था कि उनकी कविता अश्लील और दुर्बोध्य है, रवीन्द्रनाथ ने कहा था, और तरुणों ने कहा था कि रवीन्द्रयुग का पूरी तरह से अवसान हो गया है। सन् १९२८ में 'विचित्रा' में उस दिन एक सभा हुई थी, जहाँ तरुणों को सामने बिठाकर रवीन्द्रनाथ ने समझाने की कोशिश की थी कि उन्हें कहाँ पर आपत्ति है, किसे वे साहित्य का आदर्श समझते हैं। और इससे भी चालीस साल पहले, वही 'तीव्र और कोमल' के प्रकाशन के समय से, रवीन्द्रनाथ को भी तो यही अभियोग धारावाहिक रूप से सुनने पड़े थे। कालीप्रसन्न काव्यविशारद या फिर सुरेशचन्द्र समाजपति या और बाद में

द्विजेंद्रलाल राय ने रवीन्द्रनाथ के ख़िलाफ़ यही आरोप तो लगाये थे। १९२८ में रवीन्द्रनाथ ने जो आरोप लगाये थे, उसके पन्द्रह साल पहले भी तो रवीन्द्रनाथ को ही यही सारे आरोप झेलने पड़े थे। यानी यह बहुत दिनों का इतिहास है कि एक समय में पहुँचकर बड़े लोग फिर नयी कविता को पकड़ नहीं पाते, क्योंकि कविता ऐसे कुछ अपरिचित मोड़ों पर मुड़ जाती है कि वहाँ पर पुराना अभ्यस्त मन पहुँच नहीं पाता। और तब ज्येष्ठ और कनिष्ठ का एक विरोध उत्पन्न होता है, परस्पर अवज्ञा की एक भंगिमा जन्म लेती है। मैं भंगिमा ही कह रहा हूँ, मुझे नहीं लगता कि वह सचमुच की अवज्ञा ही होती है। कविता लिखने के निजी दबाव में, अपना रास्ता साफ़ करने की गरज से, थोड़ी उग्रता के साथ कहना ही पड़ता है कि पहले कुछ भी नहीं लिखा गया।

यानी आज के दिन हमें यह समझना होगा कि अगर हम पुराने दिनों की ओर देखें तो पायेंगे कि इस समय का समतुल्य इतिहास बहुत दिनों का है। समतुल्य, लेकिन शायद पूरी तरह सुसंगतिपूर्ण नहीं। एक प्रभेद है, और यह प्रभेद उग्रता का है। ठीक जिस भंगिमा के साथ रवीन्द्रनाथ ने बुद्धदेव से कहा था और बुद्धदेव ने तरुणों से, आज हो सकता है कि भंगिमा वैसी नहीं रही। जिस भंगिमा में अजित दत्त महाशय ने सन १९२७ में 'विस्मरणी' के प्रकाशित होने के बाद लिखा था कि इस बार बिना किसी संशय के कहा जा सकता है कि बाङ्ला साहित्य से रवीन्द्रनाथ का समय अब ख़त्म हो गया है, अब भी इसी भाषा में बात कही जाती है, ऐसा नहीं है। इन दिनों बातों की धार बहुत तेज़ हो गयी है, दोनों ही पक्षों में ग़ुस्सा बढ़ गया है, और इसके बढ़ जाने की वजहें हमारे आसपास के यथार्थ में हैं।

वस्तुतः, पिछले पच्चीस वर्षों से, या इससे थोड़ा अधिक भी हो सकता है, हम लोग अपने चारों ओर मीडिया का उफन आया जो चेहरा देख रहे हैं, रेडियो, टेलीविज़न और ढेर सारे अख़बारों का जो प्रकाशन–उल्लास है, हमारे मन पर इन सबका एक प्रभाव अवश्य पड़ा है। रचनाओं के मुक़ाबले अख़बारों में चित्र अधिक छपने लगे हैं, विज्ञापनों से सब कुछ भर गया है। स्वभावतः चारों ओर ऐसा प्रचार होने लगा है कि कौन–सी चीज़ सचमुच हमारे लिये प्राप्ति है और कौन–सी नहीं, बहुत–से लोग इसे समझ नहीं पाते। बहुत–से लोग धीरज खो बैठते हैं, ठीक तरह से सोचने का

धीरज, या कविता लिखने की दुनिया ठीक कहाँ पर है इसे समझ लेने का धीरज। तब बहुत-से लोग उतावले हो जाते हैं, बड़े-छोटे सभी, तब एक उद्भ्रान्त दौड़ और ग़लत सामाजिक दबाव पैदा होता है। इस सामाजिक दबाव के बीच में जिस इतिहास की मैं बात कर रहा था—वह इतिहास मानो एक अतिरिक्त उग्रता लेकर ही आता है।

लेकिन इसमें मुझे बहुत डरने की कोई वजहें नज़र नहीं आतीं। सिर्फ़ इतना लगता है कि यह सामाजिक दशा इस क्षण जबकि समूल नहीं बदलने वाली, तब उसका प्रतिरोध तैयार करने के लिये ठीक-ठीक धीरज की दरकार होगी। एक दिन निश्चय ही ये हालात बदलेंगे, हम सब मिलकर कम-अज़-कम कोशिश तो यही करेंगे, लेकिन इस क्षण यह आपके-मेरे अकेले के हाथ में नहीं है। उस समय के विषय में हमारा सोचना ज़रूरी है, ऐसा भी कुछ है जो कि इन सारे परिवेशों का सहारा लेकर हमारे चारों ओर नयी-नयी समस्याएँ उत्पन्न कर रहा है, और भी नए-नये पिंजरे तैयार कर रहा है? अगर तैयार कर रहा है तो फिर हम सभी को निश्चित रूप से और थोड़ा सतर्क रहना होगा। पिछले तीस वर्षों से बाङ्ला में जो कविताएँ लिखी जा रही हैं, आज इस क्षण तक, उन कविताओं में जो वैचित्र्य और प्रगाढ़ता है, वह अभिभूत कर देने लायक़ ही है। कम उम्र के बहुत-से रचनाकारों की रचनाओं की परिपक्वता या नये दिग्दर्शन बीच-बीच में हमें चौंका देते हैं। इसलिये इसे लेकर विलाप करने की कोई वजह नहीं है कि हमारी कविता कुछ भी नहीं है। लेकिन साथ-ही-साथ यह भी सही है कि अच्छे लगने के बहुत-से टुकड़े क्षणों को छोड़कर सब कुछ को मिलाकर किसी एक महिमाबिन्दु को हम कम ही छू पा रहे हैं, कहीं पर मानो एक रास्ता रुद्ध हो गया है। हो सकता है बहुत तरह की बाधाएँ हमारे चारों ओर हों, जिनके बारे में हम यदि थोड़े और सतर्क हो जायें तो हमारे परवर्ती भी इस तरह की ग़लतियाँ नहीं करेंगे। सच्चे कवि किसी तरह के पिंजरे को स्वीकार करना नहीं चाहेंगे, उनसे ऐसी ही उम्मीद की जाती है। लेकिन अगोचर में क्या फिर से हम नये-नये कई पिंजरे तैयार नहीं कर रहे हैं? हमारी कई तरह की स्थायी विपन्नताएँ तो हैं ही, उनके अलावा भी, महसूस होता है कि बहुत दिनों से हम लोग कुछ और बाधाएँ तैयार कर रहे हैं, तत्परता से जिन्हें तोड़ा जा सकता है। इसी तरह की बाधाओं वाले तीन पिंजरों की बात मैं आज करना चाहता हूँ। उनमें से एक

है देश का पिंजरा, एक काल का और एक नाम का।

देश शब्द से मैं एक स्थानीय वृत्त की बात सोच रहा हूँ। एक जगह पर किसी एक भाषा में कविता लिखी जा रही है, उस निजी परिवेश भर से कविता को उसकी पूरी रसद प्राप्त नहीं होती। मन थोड़ा विस्तार चाहता है, अपनी छोटी हदों से पार का विस्तार। काफ़ी दिनों से ऐसा महसूस हो रहा है कि बाङ्ला कविता के आन्दोलन, उसकी चिन्ताएँ, विचार, आदर्श बहुत अधिक कॉलेज स्ट्रीट केन्द्रित हो गये हैं। मैं यह बात इस अर्थ में नहीं कह रहा कि कॉलेज स्ट्रीट या कोलकाता का सिर्फ़ भूगोल ही कविता में प्रयुक्त होता है। उस अर्थ में बल्कि पिछले पन्द्रह वर्षों में भूगोल का दायरा और भी बढ़ा है, बांग्लादेश के तमाम अंचलों में—पुरुलिया, मिदनापुर, जलपाईगुड़ी, बहरमपुर के तमाम अंचलों में बैठकर—तमाम कवि कविताएँ लिख रहे हैं, और उन तमाम कविताओं में उनकी स्थानीय उपलब्धियाँ, उनके परिवेश के स्वाद-गंध, काफ़ी हद तक उनकी नयी रचनाओं में नज़र आ रहे हैं। तो इस अर्थ में हाल की कविताचर्चा में एक वैचित्र्य ही दिखायी देगा। लेकिन मैं कह रहा हूँ, रवीन्द्रनाथ के बाद जिन लोगों ने दो विश्वयुद्धों के बीच के समय में कविताएँ लिखी थीं, उन दिनों वे लोग कविताओं में कूपमण्डूक संकीर्णता को तोड़कर एक वैश्विक संचार लाये थे। इनमें से ज़्यादातर लोग पश्चिमी जगत को अच्छी तरह से जानते थे, और उन सारे देशों के काव्य-आन्दोलनों की उन्हें ख़ासी जानकारी थी। केवल काव्य-आन्दोलन नहीं, कहा जा सकता है कि समूचे संस्कृति-जगत के साथ ही उनका परिचय था, उनकी कविताओं में इन सबका बार-बार उपयोग हमने देखा है। लेकिन धीरे-धीरे अब वह कम हो आया है। पश्चिम की ये निशानियाँ अब कम होती जा रही हैं, इसे अच्छा लक्षण ही मानना चाहिए। विष्णु डे की कविता में एक पंक्ति थी : 'तुम नहीं हो अंग्रेज़ फ़्रांसीसी / पाश्चात्य में नहीं मिल पायेगा नाम धाम।' पश्चिमी जगत के जीवनवृत्त में हमारी मुक्ति नहीं है, यह बोध धीरे-धीरे हमारी कविताओं की दुनिया में भी आ रहा है, ऐसा लगता है कि आज की कविताओं में पश्चिममुखिता काफ़ी कम हो गयी है। लेकिन उसके कम होते-होते हम जहाँ आकर खड़े हो रहे हैं,वहाँ पर वह एक आंचलिक वृत्त का निर्माण करने लगा है। पुराने उस परिवेश से मुक्त होकर आज के कवियों के विचारों, भावनाओं और चर्चाओं में हमारे सामने यदि एक

भारतीय जगत या तीसरी दुनिया की किसी समग्रता का निर्माण हो पाता तो वह एक स्वास्थ्यप्रद हवा का संचार कर सकता था।

लेकिन वैसा कोई भारत हमारे सामने है नहीं। साधारणतः मैं केवल देश की बात नहीं कर रहा हूँ। मैं कह रहा हूँ कि जो कविताएँ लिखता है, वह तो आज इस क्षण में समूचे भारत का होकर खड़ा है, कम-अज़-कम उसे रहना चाहिए, इसे हम उतना याद नहीं रखते। हमारा परिवेश कितना व्यापक, जटिल और तरंगमय है, उस विषय में हमारी चेतना, हमारा आग्रह शोचनीय रूप से कम ही है। बहुत दिनों तक हम इस एक उन्नासिक धारणा को पालते रहे कि बाङ्ला में जो कुछ लिखा जा रहा है वह इतना उच्चस्तरीय है, इतना प्रतिष्ठित है कि देश के अन्य हिस्सों के बारे में हम न भी जानें तो काम चल जायेगा, हमें तो केवल बाहर की दुनिया के बारे में पता होना चाहिए। हो सकता है किसी समय यह सच रहा हो, इतिहास के किसी पर्व में। आज अब वह सच नहीं रहा, यह बोध हम लोगों में अभी ठीक तरह से नहीं आया है। इन दिनों महाराष्ट्र या गुजरात में, या फिर पास के ही असम या उड़ीसा में जिस तरह की कविताएँ लिखी जा रही हैं, वे हममें आग्रह जगा सकती हैं, हमारे मन को उकसा सकती हैं, यह बोध हममें नहीं है। इस बहिर्मंडल के साथ यदि हमारा एक मानसिक जुड़ाव बना रहे, तो फिर दृष्टि को बहुत संकीर्ण करके स्वयं में छोटे और खोखले द्वन्द्व लेकर हमारे मत्त रहने का अवकाश कम हो जायेगा। बाहर के अन्य अंचलों में, अर्थात् यह जो मैंने महाराष्ट्र या गुजरात की बात कही, या किसी और प्रदेश में, उन सब जगहों के सूरतेहाल ऐसे नहीं हैं। उन जगहों पर बाङ्ला कविता के बारे में लोगों को काफ़ी जानकारी है। वे जानते हैं कि यहाँ क्या लिखा जा रहा है।

कोई यह भी सोच सकता है कि ऐसा तो होगा ही। हम जिस तरह अपने से अधिक उन्नत किसी दिशा में निगाहें गड़ाये रहते हैं, पश्चिम की ओर, ठीक इसी तरह वे भी बाङ्ला की ओर देखते रहते हैं, क्योंकि बाङ्ला कविता का मान बहुत ऊँचा है। लेकिन नहीं, ठीक उस अर्थ में नहीं। उन तमाम अंचलों में, मान लीजिए, महाराष्ट्र के एक कवि या कविता के आम हलक़ों में वे एक ही साथ बंगाल, असम, उड़ीसा के बारे में जानना चाहते हैं, सारे ही अंचलों के हाल जानना चाहते हैं। तो हम लोग भी क्यों नहीं जानना चाहेंगे? अभी कुछ दिनों पहले सम्बलपुर से एक पत्रिका आई,

जिसमें पंजाबी, सिंधी, उड़िया, हिन्दी और उर्दू के कवियों की कविताएँ हैं। दिल्ली से भी इस तरह की पत्रिका निकलती है, भोपाल से निकलती है, बॉम्बे, बैंगलोर और त्रिवेन्द्रम से निकलती है।[२] कई जगहों से इस तरह की पत्रिकाएँ निकल रही हैं जहाँ एकसाथ हम समूची भारतीय कविता का स्पर्श कर सकते हैं। बहुत दिन बीत जाने के बावजूद हम लोग अभी तक इस बंगाल में ऐसा कोई केन्द्र नहीं बना सके, जहाँ हम समूची भारतीय कविता को छू सकें, जहाँ ऐसा एक मंच तैयार किया जा सके। इसी के अभाव में ख़ुद को हटाते-हटाते, विच्छिन्न करते-करते, टुकड़ों को और छोटा करते-करते मानो नितान्त कॉलेज स्ट्रीट की एक बोतल तैयार हो गई है, और हमने उसमें ख़ुद को भर लिया है। इस छोटी-सी बोतल को यदि तोड़कर बाहर निकल सकें तो मुझे लगता है कि कविता में थोड़ी और श्वास-प्रश्वास बह सकेगी।

एक बात निश्चय ही स्पष्ट तौर पर कह देनी चाहिये कि तोड़कर बाहर निकलने के प्रसंग में मैं किसी प्रभाव को आत्मसात करने की बात नहीं सोच रहा हूँ। नहीं, ऐसा नहीं है। ऐसा नहीं है कि अन्य अंचलों की कविताओं का प्रभाव ग्रहण कर हम किसी नयी राह की तलाश में निकलेंगे। मैं सिर्फ़ इतना कह रहा हूँ कि हमारे चारों ओर कुछ घटित हो रहा है, इसका बोध मात्र हमें संजीवित कर सकता है, यह हमारे मन को एक समग्रता के बोध के साथ जोड़ सकता है। महाराष्ट्र में दलित साहित्य का जो आन्दोलन चल रहा है, या फिर आंध्र में जो राजनैतिक कविता लिखी जा रही है, यदि उन सबके साथ प्रत्यक्ष परिचय हो तो फिर हमारे मन में जुड़ाव का एक ताप तैयार हो सकता है। क्षोभ में, राग-विराग में हम तमाम लोग सोच रहे हैं कि यहाँ हमारे व्यक्तिगत कष्टों और अकेलेपन का कोई अन्त नहीं है, मेरे-जैसा कोई और वंचित नहीं है। यह क्षयकारी आत्मकेन्द्रिकता—केवल स्वयं को लेकर व्यस्त रहने का यह विलास—हो सकता है तब कुछ कम हो जाय।

जिस दूसरे विषय पर मैं बोलना चाहता हूँ वह है काल द्वारा तैयार कर लिया गया एक पिंजरा। हालाँकि यह बहुत पुराना नहीं है, पिछले पच्चीस-तीस साल केवल। कवियों का परिचय देते हुए, कविता का परिचय देते हुए, हम एक कमाल के विशेषण का सहारा लिया करते हैं, उसे हम किसी

२. अभी हाल के दिनों में ही कोलकाता से भी इस तरह की पत्रिका निकलने लगी है।

दशक के अन्तर्गत चिह्नित करने लगते हैं। अब, इतिहास के वर्णन के लिये, उसे समझाने के लिये, कई बार किसी एक कालखण्ड को चिह्नित करने की ज़रूरत पड़ ही सकती है, यह कहा ही जा सकता है कि यह अमुक दशक की घटना है। लेकिन कोई दशक क्या किसी कवि का विशेषण भी हो सकता है? नहीं, कवि का कोई दशक नहीं होता। पुराने दिनों की बात सोचकर देखिए। सन् १८६१ में 'मेघनादवध काव्य' प्रकाशित हुआ था, इस तथ्य को कभी भी जानने की ज़रूरत हो सकती है। जानने की ज़रूरत हो ही सकती है कि 'अवकाशरंजिनी' का प्रकाशन सन १८७१ में हुआ था और 'संध्यासंगीत' का १८८२ में। और इन समस्त संग्रहों के माध्यम से मधुसूदन, नवीनचन्द्र और रवीन्द्रनाथ ने अपने प्रबल आविर्भाव की सूचना दी थी। लेकिन इस वजह से तो उस शताब्दी में कभी भी मधुसूदन को साठ के दशक के कवि या नवीनचन्द्र को सत्तर के दशक के और रवीन्द्रनाथ को अस्सी के दशक के कवि कहने की ज़रूरत नहीं पड़ी। आज अचानक इस तरह के विवरण की ज़रूरत क्यों पड़ रही है? इस शताब्दी के शुरुआती दौर के किसी भी कवि को बीस के कवि या दस के कवि नहीं कहा गया, इस काण्ड की शुरुआत उन्नीस सौ तीस के आसपास हुई थी। शुरुआत हुई थी कहना अनुचित होगा, क्योंकि इस घटना को उस दौर के कवियों ने अंजाम नहीं दिया था, इसे अंजाम दिया था परवर्ती लेखकों ने। क्यों? मुझे लगता है यहाँ पर आत्मरक्षा का एक प्रच्छन्न इतिहास रहा है।

नये आन्दोलन के सूचक के रूप में रवीन्द्रनाथ के बाद की कविता को चिह्नित करने के लिये एक विशेषण की ज़रूरत महसूस हुई थी। वह विशेषण शुरुआती दिनों में था 'अति-आधुनिक', अच्छे एवं बुरे दोनों ही अर्थों में कहा जाता था अति-आधुनिक कविता। थोड़े ही दिनों में यह 'अति' झर गया और सिर्फ़ आधुनिक कविता रह गया। तमाम बाधाओं को पार कर यह आधुनिक कविता जब थोड़ी प्रतिष्ठित हुई, जब उसकी धारावाहिकता चलने लगी, तब आगामी पीढ़ियों ने एक अंश से दूसरे अंश को अलग करके ख़ुद को अभिव्यक्त करने की कोशिश की, स्वतन्त्र आत्मप्रक्षेपण की गरज से यह कहा जाने लगा कि यह अमुक दशक की कविता है, यह तीस की, चालीस की, पचास की। मैं फिर से कह रहा हूँ कि जो लोग इतिहास लिखेंगे, उन्हें सम्भवतः इन सब शब्दों की ज़रूरत

पड़े। लेकिन कवि या फिर कविता की चेतना में ये सारे शब्द निरर्थक हैं।

निरर्थक हैं, लेकिन इस मामले को इतना बढ़ाने–चढ़ाने की क्या ज़रूरत है? इस प्रकार के विवरणों से क्या नुक़सान हुआ है? लगता है, कहीं पर कोई नुक़सान अवश्य होता रहा है। कई बार सम्भव है कि हमारा यह एक कवच तैयार हो जाता है कि मैं एक दशक–समूह में अपने अस्तित्व की सुरक्षा की तलाश करने लगता हूँ। यह जो एक छोटी जगह पर मैं तृप्त होने की तैयारी कर रहा हूँ, यह ग्लानि का लक्षण है। छोटे–से क्षीण गोत्र–भाग में स्वयं को बचा लेने की यह एक प्राणान्तक कोशिश है, यह स्वयं को छोटा कर लेने का रास्ता है। वहाँ उस दुस्साहस का अभाव है, जिस समुचित दुस्साहस के साथ कवि कहना चाहता है, कह सकता है : 'मैं प्रत्येक समय का कवि हूँ, किसी दशक में इतनी क़ूवत नहीं कि मुझे बाँध ले।' इसे यदि मैं अहंभाव कहूँ तो कवि के योग्य ही है यह अहंभाव।

किसी दशक की किसी विशिष्ट निशानी के माध्यम से क्या सचमुच उस दशक के सभी कवियों को समझा जा सकता है? यह कैसे सम्भव है? तीस के दशक के विष्णु डे या बुद्धदेव बसु, इन दोनों की कविताओं और काव्यतत्त्व की दूरी की कोई परिसीमा नहीं है। तीस के कवि, इस नाम के पुलिंदे के ज़रिये इन दोनों को एकसाथ कैसे समझना सम्भव होगा? आलोक सरकार या शक्ति चट्टोपाध्याय को पचास के दशक के कवि कहें तो उन्हें हम कितना समझ सकेंगे? हम उन्हें नहीं समझ सकते, इसलिये यदि हम दशकों में बाँटकर बात करने की इस आदत से मुक्त हो सकें तो, हो सकता है हम फिर से खुली हवा की ओर बढ़ सकें। व्यक्तिगत रूप से किसी कवि के इतिहास में विकास का एक दशकभाग ज़रूर रहता है। जिस कवि के जन्मदिन के मौक़े पर आज हम लोग यह सब कह रहे हैं, उन्हीं वीरेन्द्र चट्टोपाध्याय ने चालीस के दिनों में जो कुछ लिखा था, साठ में वैसा नहीं लिखा, सत्तर में फिर से उनमें काफ़ी बदलाव दिखायी दिए। इन सारों के इतिहास को पुंजीभूत करके ही उनके कवि की निर्मिति हुई है, वे किसी दशक में आबद्ध कवि नहीं हैं।

और तीसरी बात है नाम का पिंजरा। यह बात मैं ठीक नाम और ख्याति के प्रचलित अर्थ में नहीं कह रहा हूँ। मैं यह बात कविता को एक तात्त्विक विशेषण देकर चिह्नित करने की प्रवणता के सिलसिले में कह रहा हूँ। मैं कहना चाहता हूँ कि कविता विशेष्य होती है, उसका यह विशेष्य–स्वभाव

किसी विशेषण की माँग नहीं करता, कभी भी नहीं। लेकिन हम इसे मानना नहीं चाहते, उसे तो बस किसी–न–किसी आन्दोलन के नाम से चिह्नित करना चाहते हैं, फिर उस चिह्न को पकड़कर कोई–कोई मन सृजनकर्म करना चाहता है। और इस तरह फिर से छोटे–छोटे समूह तैयार होने लगते हैं। यह अवश्य ही कोई आज का मामला नहीं है, यह पूरी तरह से चिरकालीन इतिहास है। क्लासिक, रोमांटिक, रियलिस्टिक—हमें बहुत दिनों से ये सारे नाम सीखने पड़े हैं, लेकिन इन सारे नामों से कितनी जगह को बाँधा जा सकता है? सिम्बॉलिज़्म, इमेजिज़्म, फ़्यूचरिज़्म, दादाइज़्म, सुर्रियलिज़्म—आधुनिक साहित्य–आन्दोलन के इतिहास में अनेक प्रकार के इज़्म गढ़े गये हैं। लेकिन इन इज़्मों की आकृति–प्रकृति को यदि हम थोड़ा ध्यान से देखें, यदि हम उन कवियों पर थोड़ा ग़ौर करें, जिन्होंने ये तमाम मत या मतियों का निर्माण किया था, और जो लोग कुछ दिनों तक उनका अनुसरण करते हुए रचनाएँ लिखते रहे, तो फिर ज़्यादातर मौक़ों पर हम पायेंगे कि उन्हीं इमेजों को तोड़ते हुए वे लोग धीरे–धीरे बाहर निकल गये। अब इमेजिज़्म को ही लीजिए। एमी लोएल, एज़रा पाउण्ड, इन लोगों ने इमेज आधारित एक आन्दोलन की शुरुआत की थी, लेकिन कुछ ही वर्षों के भीतर एज़रा पाउण्ड ख़ुद ही उस शब्द का मज़ाक़ उड़ाने लगे। एमी लोएल के नाम का स्पर्श करते हुए वे इसे एमिजिज़्म कहने लगे। ऐसा ही अपेक्षित था।

'जीवनानन्द दास की श्रेष्ठ कविताएँ' की भूमिका की वे कुछ पंक्तियाँ हम सभी को याद हैं, जिस भूमिका में जीवनानन्द ने लिखा था कि उनकी कविता के विषय में कितनी भिन्न–भिन्न तरह की अभिधाओं का उपयोग किया गया था। उन्हें कभी इतिहासचेतना के कवि तो कभी अवचेतना के कवि कहा गया, कभी उन्हें प्रतीकात्मक तो कभी सुर्रियलिस्ट माना गया। उन्होंने कहा था कि उनकी कविताओं के किसी–किसी अंश और अध्याय के प्रसंग में ये कुछ नाम प्रयोजनीय हो सकते हैं, लेकिन ये कोई भी नाम उनकी समग्र कविताओं का परिचय नहीं दे सकते। केवल जीवनानन्द के मामले में नहीं, मुझे नहीं लगता कि किसी भी कवि के लिये कोई तत्त्व हर तरह से प्रयोज्य हो सकता है, वे बीच–बीच में सारे तत्त्वों को तोड़कर, तत्त्व के उस पिंजरे को तोड़कर बाहर निकल जाते हैं। यही अपेक्षित है। हम नहीं चाहते कि नयी–नयी निशानियों से हमारी पहचान बने। क्योंकि,

पहले से ही किसी तत्त्व को सुनिश्चित कर कवि अपनी कविताएँ नहीं लिखता। कवि अपनी कविताओं को लिखते हुए ही आगे बढ़ता रहता है, हो सकता है ऐसा करते हुए उसका कोई तत्त्व भी तैयार हो जाता हो, ऐसा हो सकता है, वह तत्त्व उसके पीछे–पीछे चलता रहता है।[३] वे तत्त्व को सामने रखकर कविता लिखेंगे, ऐसा तो तय नहीं हुआ है। उनकी कविताओं में से एक जटिल शिल्पतत्त्व कोई खोज निकाले, कभी ऐसा हो भी सकता

---

३. कविता–लेखन के कोई पूर्वनिर्धारित नियम नहीं हैं, मायकोवस्की ने ख़ासा ज़ोर देकर ही यह बात कहने की कोशिश की थी। उन्होंने तत्त्व की नहीं, नियम की बात कही थी। उन्होंने कहा था कि किसी को केवल इस वजह से कवि कहा जाता है कि वे ख़ुद ही अपनी कविता के नियम तैयार कर लेते हैं। जो लोग कविता के नियम या तत्त्व बनाते हैं, वे किस चीज़ को आधार बनाकर ये नियम बनाते हैं? इतने दिनों तक जो कुछ लिखा गया, वही तो उनका अवलम्बन है? लेकिन इतने दिनों तक जो कुछ लिखा गया, इसके बाद भी जो कुछ लिखा जायेगा सिर्फ़ उतने को ही, सिर्फ़ उसी तरह से कोई नया कवि कैसे मान लेगा? इसीलिये नियमों को तोड़ना ही कवि का नियम है। उसी के ज़रिये किसी नये कवि को पहचान लेना होता है।

पहचानने के इस उपक्रम में कई बार समालोचक एक संकीर्ण परिमाप तैयार करते हैं, इसका भी डर रहता है। निकोलस ग्यीयेन की कविता के विषय में अर्जेंटीना के एक विचारक एजेकियेल मार्तिनेथ एस्त्रादा ने लिखा था : 'All his work is a battle against oppression, against the privileges and rivalries that separate human beings of whatever condition.' उनका यह परिचय बिलकुल सही है। लेकिन इस परिचय को सर्वात्मक मानकर हम यदि उनकी कविताओं में एक ही शैली की विद्रोही रचनाओं की तालिका ढूँढ़ने लगें, तो फिर उस सीमारेखा में इस कवि के विस्तार को हम नहीं पकड़ सकेंगे, हम नहीं समझ सकेंगे कि किस तरह ये कवि ही अनायास लिख पाते हैं :

कवि एक दिन सुरों का शिल्पी था
ऑर्केस्ट्रा के छन्द पर नृत्यरत
वह इशारे से खींच लाता था
बाँसुरी की लम्बी साँसें,
बेदर्द वायलिन,
नानाजी की तरह खनखनाते झाँझ,
यहाँ तक कि एक उद्धत जयढाक।
झनकार के सुरूर में
एक दिन डूबा रहेगा कवि।
और आज कवि अपने ही भीतर लौटकर
वहाँ अपनी गहराई में ख़ुद का ही ऑर्केस्ट्रा बजाता है।

है। यह समालोचक की चिन्ता का विषय है, उसकी ज़िम्मेदारी है। लेकिन कवि के लिये यह कोई समस्या नहीं है। इसलिये, 'मैं किस तरह लिखूँगा, क्या लिखूँगा, किसे लिखूँगा', कवि के पास इन सारे सवालों का एक ही जवाब है कि 'मैं जो भी लिखूँगा, वही कविता होगी। कविता का कोई पूर्वसूत्र नहीं हो सकता।'

इसका मतलब यह नहीं है कि मैं किसी मानसिक अराजकता की बात कर रहा हूँ। यह किसी अराजकता की बात नहीं है, यह पूर्वनिर्दिष्ट कुछ ज़ंजीरों को तोड़ डालने की बात है। कवि और उनकी कविता के पास एक ही तत्त्व होता है, वह है उनके जीवित रहने का तत्त्व। वे जीवित हैं, वे हर प्रकार से जीवित रहना चाहते हैं, वे जीवन से प्यार करते हैं। जो कुछ भी उस जीवन के पथ पर, जीवन की स्वस्थता के पथ पर बाधा बनकर खड़ा हो जाता है, वे उन सभी को तोड़ डालना चाहते हैं। चेतन में, अधिचेतन, अवचेतन, प्रकृति, प्रेम, इतिहास, दर्शन, व्यक्ति, समाज में घुल-मिलकर ही वे पूर्णांग रूप से जीवित रहते हैं। यह जीवित रहना ही उनका कविता-जीवन है।[४] इस जीवनयापन को लेकर एक विशेष सोच उनकी होगी ही और धीरे-धीरे वह आकार भी लेती रहेगी, कविता उनके उस जीवन की अभिव्यक्ति है। हर व्यक्ति शतमुखी होता है, वह ख़ुद को अभिव्यक्त करना चाहता है; वह जिस तरह से जीवित है, जिस तरह वह जीवित रहना चाहता है, उसी को वह कहना चाहता है, वह उसे अपनी भाषा में कहना चाहता है। जो व्यक्ति प्यार करता है, उस-जैसे किसी भी व्यक्ति के अपने जीवित रहने का यह ढंग यदि उसकी अपनी भाषा में रूपाकार धारण कर सके, तो वही उसकी कविता होती है। वह कविता किसे अच्छी लगेगी, उसका हिसाब लगाने की ज़रूरत नहीं है, हिसाब का कोई मौक़ा भी नहीं है। जीवन में जिस तरह यह हो सकता है कि किसी-किसी को कोई ख़ास तरह का व्यक्ति पसन्द आता है, किसी को किसी और तरह का, ठीक वैसे

४. अर्नेस्ट फ़िशर ने इसी अर्थ में लिखा था कि हमारे जीवन के 'every effort to present reality without prejudice – that is to say, with all sincerity – helps us all to advance'. विदाउट प्रेजुडिज़ यह जो आगे बढ़ते जाना है, इसका कोई अन्त नहीं, किसी एक दिन हम कोई परम और पराकाष्ठा को पा जायेंगे, ऐसा सोचने की कोई वजह नहीं है। एक परिणति से फिर कोई नया रास्ता दिखायी देने लगता है, केवल उस जाने की तसवीर के बारे में सोचते रहने से किसी भी तत्त्वनिशान को ही नित्यस्थिर निर्देश मानने का कारण नहीं होता।

ही कोई किसी ख़ास तरह की कविता को पसन्द करता है, दूसरे किसी और ढंग की कविता को चाहते हैं। लेकिन किसे पसन्द आयेगी यह सब सोचकर तो कोई कविता नहीं लिख सकता। कवि इतना भर कर सकते हैं कि वे सचमुच जो कुछ सोच रहे हैं, वे जो कुछ सच में करना चाहते हैं, उतने भर को यथासाध्य कह दें, और वही सत्य उनका क्रमशः जन्म ले रहे एक काव्यतत्त्व का निर्माण करता है।

जिस कवि के जन्मदिवस पर आज हम लोग यहाँ उपस्थित हुए हैं, उस कवि के भी कोई अग्रिम तत्त्व रहे होंगे मुझे ऐसा नहीं लगता, उन्होंने भी अपने जीवनयापन की ही कविता लिखी है। इसलिये उनकी कविताओं में विषाद की अनेक बातें भी आ जाती हैं, यहाँ तक कि कभी–कभी निराशा की बातें भी। लेकिन इस वजह से डरने का कोई कारण उन्हें नहीं दिखायी दिया। मनुष्य के साथ तो ऐसा होता ही रहता है। जो व्यक्ति सपनों के साथ जीवित रहना चाहता है, उसी के साथ रहती है उसके जीवित रहने की आकांक्षा, तीव्रता, विक्षोभ और विद्रोह भी। इस समग्रता की तसवीर से हम याद रख सकते हैं कि हर तरह के पिंजरों को तोड़कर जब वे अपने सच्चे अस्तित्व को अपनी ही भाषा में अभिव्यक्त करते चलते हैं, जिसमें समूचा जगत–जीवन हमें दिखायी देता है, तब वह एक और ही किसी नये सादृश्य की सृष्टि करता है। उनकी कविता तब एक बार फिर से प्रमाणित करती है कि कविता का शायद कोई सिद्धान्त हो सकता है, लेकिन सिद्धान्त से कविताएँ नहीं लिखी जातीं।

(२ सितम्बर, १९८८)

हमारा कविता-पाठ

लगभग पच्चीस साल पहले, इस ज़माने के एक बड़े अमरीकन कवि एलेन गिन्सबर्ग कोलकाता आये थे। उन दिनों के कुछेक युवा कवियों के साथ संक्षिप्त-सी एक बैठक में उन्होंने सबसे पहले सवाल किया था : 'कल रात सोने से पहले तुम लोगों ने किसकी कविता पढ़ी थी?'

उस सवाल का क्या जवाब दिया गया था, वह यहाँ उतना ज़रूरी विषय नहीं है। यहाँ ध्यान देने लायक़ बात है कि सवाल के अन्तर्गत यह प्रत्याशा कि काव्य-प्रेमी हर दिन कोई-न-कोई कविता पढ़ेंगे ही। इस प्रत्याशा में निश्चय ही अतिशयता है। नियमित दैनन्दिन मन्त्रपाठ की तरह नियम से कोई कविता का पाठ करेगा, इस तरह की माँग की कोई ज़रूरत नहीं है। लेकिन इस जिज्ञासा के सूत्र को पकड़ कर हम तमाम लोग ख़ुद के सामने ही यह सवाल खड़ा कर सकते हैं : 'पिछले एक महीने में क्या मैंने किसी की कविताएँ पढ़ी हैं? किसकी कविताएँ? कौन-सी कविताएँ? यदि एक महीने में नहीं पढ़ी हों तो पिछले तीन महीनों में? एक साल में?' इस सवाल को बढ़ा-बढ़ा कर यहाँ तक ले जाया जा सकता है : 'क्या कभी भी मुझमें कविता पढ़ने की चाहत थी? पढ़ना चाहता हूँ?'

पहले सभी सोचेंगे कि इसका जवाब इतना ही स्वत:सिद्ध है कि इसे कहने की ज़रूरत ही नहीं है। कौन है जो कविता नहीं पढ़ना चाहता! कौन है जो कविता नहीं पढ़ता। हमें पहले-पहल ऐसा ही लगेगा। लेकिन थोड़ा आत्मविश्लेषण की ओर क़दम बढ़ायेंगे तो हो सकता हम देखें कि यह बात उतनी स्पष्ट नहीं है। हम जो ख़ुद को साधारण पाठक मानते हैं, उनमें से अधिकतर के अनुभवों पर अगर हम विचार करें तो सम्भव है कि हमें

भिन्न-भिन्न सच्चाइयों से रूबरू होना पड़े।

कहानी-उपन्यास पढ़ते हैं, तथ्याश्रयी या तत्त्वाश्रयी गद्यरचनाएँ भी पढ़ते हैं, ऐसे पाठक कविताओं की किताब छुये बिना कई-कई साल बिता सकते हैं। उन्होंने कविताएँ कभी नहीं पढ़ीं, निश्चय ही ऐसा नहीं है। स्कूल-कॉलेज के पाठ्यक्रम में सम्भवत: बाध्य होकर उन्हें कुछ कविताएँ पढ़नी ही पड़ी थीं। उन्होंने कभी कविताएँ नहीं सुनीं, ऐसा भी नहीं है, तमाम सभाओं, अनुष्ठानों में मेघगर्जन-सदृश पाठ के माध्यम से वे कई कविताएँ सुन चुके हैं। लेकिन उस बाध्यता या आकस्मिकता से बाहर, नितान्त स्वयं के आग्रह पर अपनी ख़ुशी से कोई किताब खोलकर अकेले में कविता पढ़ने बैठे हैं, हममें से कितनों के ऐसे अनुभव हैं? हमारी दादी-नानियों का एक समय था, जब वे फ़ुर्सत के समय कृत्तिवास या काशीराम दास खोलकर, या फिर कोई मंगलकाव्य अथवा चैतन्य की जीवनी लेकर बैठ जाती थीं। ध्यान देने योग्य है कि वे सब भी कविता नहीं थीं, वे छन्दोबद्ध कहानियाँ भर थीं। इसीलिये आज बड़े ही सहज रूप से कथा-उपन्यास अपनी जगह बना पाते हैं, साधारण लोग छन्द से बहुत दूर सरक जाते हैं। पहले-पहल इसे मान लेने में थोड़ी असुविधा भले ही हो लेकिन यह बात सच है कि आमतौर पर हम लोग कविताविमुख ही हैं।

कविताविमुख? रवीन्द्रनाथ के देश में? हम लोग क्या अविराम रवीन्द्रनाथ को नहीं पढ़ रहे हैं? सम्भव है कि सच्चे अर्थों में वह भी नहीं पढ़ रहे हैं। हम रवीन्द्रनाथ के गीत सुनते हैं, हम उनकी नृत्य-नाटिकाएँ देखते हैं, उनकी कुछ-कुछ कहानियाँ या दो-चार उपन्यास भी पढ़ते हैं। और कविता? कविता भी कुछ तो पढ़ते ही हैं (या फिर बहुत दिनों पहले पढ़ी थीं), लेकिन कौन-सी थीं वे कविताएँ? 'वीरपुरुष' या 'लुकाछिपी'-जैसी बच्चों को बहलाने वाली कुछेक कविताएँ, 'क्या थोड़े-से में ख़ुश हो जायेंगे दामोदर सेठ'-जैसी हलकी तुकबन्दियाँ, 'कथा और कहानी' की इतिहास आधारित कविताएँ या फिर थोड़े और आगे बढ़कर 'इस बार लौटा लो मुझे', 'शाहजहाँ', 'पृथ्वी', 'अफ़्रीका', 'वे काम करते हैं', 'साधारण लड़की' या फिर 'कैमेलिया'-जैसी आवृत्तिधन्य कुछेक रचनाएँ—यह है हमारा रवीन्द्रकाव्य के पठन का इतिवृत्त। यह तालिका निश्चित रूप से थोड़ी और बढ़ाई जा सकती है, विशेष रूप से आजकल आवृत्ति-कला

के व्यापक प्रचार के फलस्वरूप रवीन्द्रनाथ के कुछ और भी नये संग्रहों को शामिल करने की ज़रूरत महसूस हो रही है। लेकिन उस तालिका को ध्यान से देखने पर हमें समझ में आ जायेगा कि कविता में भी मुख्य रूप से हमारा झुकाव उसी तरफ़ है जहाँ कुछ कहानी वग़ैरह है, किसी चीज़ का वर्णन है, या जो थोड़ी वाग्मी टाइप की हो। अर्थात, हमारी कविताविमुखता तब थोड़ी-बहुत कम हो जाती है, जब हमें कोई छन्दोबद्ध कहानी या कोई छन्दोबद्ध वर्णन या छन्दोबद्ध कोई घोषणा मिल जाती है।

लेकिन जो लोग कवि हैं, वे तो ख़ुद को केवल ऐसी किसी कहानी, किसी वर्णन या फिर किसी घोषणा में निबद्ध नहीं रख सकते। 'कौन कवि है—यह कौन कहेगा मुझसे'—एकदिन मधुसूदन ने यह सवाल उठाया था। 'शबद को ब्याहते हैं जो शबद से' इसके पद्यकार को उन्होंने कवि नहीं कहा था, 'कल्पनासुन्दरी / जिसके मनकमल में बिछाती है आसन' इन्हीं को उन्होंने कवि के रूप में स्वीकार करना चाहा था। यही कल्पना समस्त जगतजीवन को घेरे रहती है। इसकी ही आभा में से कवि को हमारे परिचित दैनन्दिन जीवन की परिधि पर एक अपरिचय की द्युति मिल जाती है, हमारे चारों ओर के परिवेष्टन में ही वे तमाम साधना-वेदना की तरंगों को छू पाते हैं। उसी अस्फुट को स्फुटतर कर लेना, उसी अव्यक्त को व्यक्त करते चलने में कवि की जो अनथक दु:साहसिक यात्रा है, वहीं पर उसकी कविता का मर्ममूल है। जो बड़े कलाकार हैं—फिर भले वे चित्रकार ही हों, सुरकार हों, शब्दों के शिल्पी हों—वे जो स्वयं को अपने कलारूप में अभिव्यक्त करना चाहते हैं, और यह एक सपने के आवेश की वजह से ही होता है। यह जो उनका जीवन है, आकस्मिक जन्म और आकस्मिक मृत्यु के बीचोंबीच यह जो उसके जीवित रहने के अनुभव हैं, इन सबका क्या कोई तात्पर्य है? अपने आसपास के समाज के लोगों के साथ, चारों ओर की प्रकृति के विस्तार के साथ या फिर महासृष्टि के इस घूर्ण्यमान वलय के साथ उसका कहाँ जुड़ाव है, उसका क्या सम्पर्क है? यह समाज, यह प्रकृति, यह सृष्टि कहाँ जा रही है, किस राह पर, किस परिणाम की ओर? कहीं पर कोई परिणाम है क्या? इन सारे सवालों को भीतर-ही-भीतर प्रच्छन्न रखकर कवि हर क्षण को व्यतीत करने की एक रूपरेखा तैयार करता चलता है, और उसके तैयार हो जाने के बाद हम देखते हैं कि उस रूपरेखा में हमारे

ही अनुभवों, हमारी कितनी ही वेदनाओं की प्रत्यक्षता गुँथी हुई है। तब हम समझ पाते हैं कि कविता केवल छन्दों की नक़्क़ाशी नहीं है, कविता केवल शब्दों का सुविन्यास नहीं है, कविता केवल प्रतिश्रुति या परिकल्पना की घोषणामात्र नहीं है, भले ही ये सारे ही कभी-कभी कविता के बाह्य अवयवों को थामे रहते हैं। कविता वह है, जिसमें से होते हुए हम अपने जीवित रहने को गहनतम और व्यापकतम रूप से स्पर्श कर सकते हैं। कविता वह है, जो हमारी अधिचेतना और अवचेतना के साथ हमारे समय की चेतना को जोड़ देती है। कविता वह है, जो हमारे अतीत और भविष्य को वर्तमान के एक बिन्दु पर लाकर बाँधती है। कविता पढ़ने वालों को इसी विश्वास और इसी आग्रह के साथ आगे बढ़ना होता है।

लेकिन यहीं पर संकट आता है। निश्चय ही समाजगत एवं परिवेशगत तमाम प्रतिबन्धकों की वजह से ही यह घटित होता है कि हम अधिकांश लोग केवल ऊपरी सतह पर भासमान एक जीवन का स्पर्श किए रहते हैं, शारीरिक कष्टों और दैनिक जीवनयापन को ही जीवित रहने का चरम अवस्थान मानकर निश्चिन्त रहते हैं। दोनों ओर गरजता यह प्रबल प्रवहमान संसार हमें इतना आच्छन्न किये रहता है कि किसी एक जीवन-प्रश्न की ओर जाने का न तो हमारे पास समय रहता है और न ही हमें इसकी गरज होती है। गरज नहीं होती, इसलिये उस कला के प्रति हमारा आग्रह या हमारी अभिमुखिता कम होती है, इसी वजह से सच्ची कविता से अधिकांश समय हम मुँह फेरे रहते हैं। बोध के जिस तन्त्र पर कविता को आघात करना होता है, उसे हम इतना अचेतन बनाये रखते हैं, अधिकांश समय हमारे सवाल, हमारी उत्सुकता, हमारी आकांक्षा और कल्पनाएँ इतनी क्षीण होती हैं कि मानो कला के जगत से हम यक्ष की तरह निर्वासित कर दिये गये हों। और इस निर्वासन में से, अचानक कोई बोधमय कविता पढ़नी हो तो आदत न होने के दबाव की वजह से हमें वह दुर्बोध्य मालूम होती है, जिस दुर्बोध्यता की वजह से अपने समय में रवीन्द्रनाथ को अभियुक्त ठहराया गया था, जिस दुर्बोध्यता की वजह से एक दिन धिक्कृत हुए थे जीवनानन्द। कम-अज़-कम इन सारे क्षेत्रों में हमने जिसे दुर्बोध्य समझा है, वह दरअसल हमारे बोध को जाग्रत कर पाने में हमारी असफलता है, हमारी प्रवणता प्रश्नशून्य रूप से जीवनयापन करने की है। इससे बाहर आकर यदि खड़े हो सकें तो हो सकता है एक दिन हमारे सामने कला का

एक अनूठा रंगमहल खुल जाय, जहाँ पहुँचने के बाद गिन्सबर्ग के उस सवाल का एक त्वरित जवाब देना सम्भव हो सके कि 'कल रात को सोने से पहले तुम्हारी किसकी कविता पढ़ने की इच्छा हुई थी?' क्योंकि, कविता तब हमारे दिनयापन का ही एक और प्रगाढ़ तरीक़ा बन जायेगी।

(१९८६)

कवि का वर्म

कभी किसी एक नये व्यक्ति के साथ परिचय होता है, फिर चाहे वह पुरुष हो या स्त्री, उसके साथ बातचीत करता हूँ, उसकी बात सुनता हूँ। उसकी बातचीत के लहज़े को ग़ौर से देखता हूँ, बातचीत में ख़ुद को प्रकट कर देने या प्रच्छन्न रखने की प्रकृति, उसकी आँखों, चेहरे, हाथों की विभिन्न मुद्रा-भंगिमाएँ, एक तरह से उससे परिचय-सा हो जाता है। यदि ऐसा होता है कि उसके व्यक्तित्व की अभिव्यक्ति का यह चरित्र औसत दर्ज़े का है, तो फिर हो सकता है कि दूसरे दिन या तीसरे दिन भी उसे याद करने की कोशिश करनी पड़े। लेकिन कुछ लोग ऐसे भी होते हैं जो मन में एक चौंकाने वाली लहर उठा देते हैं, उन्हें भूलना बहुत मुश्किल हो जाता है। मन-ही-मन मानो हम इन्तज़ार में ही रहते हैं कि काश उससे एक बार फिर मुलाक़ात हो जाय, कुछ और बातचीत हो सके। उसका स्वभाव मेरे स्वभाव-जैसा ही होना चाहिए, ऐसा नहीं है, बल्कि वह विपरीत स्वभाव, विषम स्वभाव का हो तो शायद बेहतर, इससे हो सकता है जीवन की विचित्रता के विषय में कुछ और पता चले। मुलाक़ात होती भी है, किसी-किसी के साथ दिन-ब-दिन निकटता बढ़ने लगती है, यहाँ तक कि मित्रता भी। अपने निकट के लोगों, अपने मित्रों को फिर से देखना किसे अच्छा नहीं लगता! प्रतीक्षा करता रहता हूँ कि वह या फिर वे लोग फिर कब आयेंगे।

वे यदि आ जायें तो क्या मैं चौंक उठूँगा ? निश्चित रूप से ऐसा नहीं होगा। पहले दिन की मुलाक़ात में या कि शुरुआती मुलाक़ातों में जो आविष्कार की उत्तेजना, जो आसक्ति या आनन्द की तीव्रता महसूस होती थी, वही अनुभव क्या फिर से उसी तरह लौट आयेगा ? नहीं, निश्चित रूप से नहीं। क्योंकि अब तो उसे मन ने काफ़ी हद तक पहचान लिया है। नये दिनों के

नये परिवेश में वह नये ढंग से कुछ कहे शायद, लेकिन उसका चरित्र तो पूरी तरह से इतना नहीं बदला होगा कि मैं बार-बार चौंक जाऊँ और सोचूँ 'अरे बाप रे, कौन हैं ये?' ऐसा नहीं है कि किसी के चरित्र में कभी भी ऐसा बदलाव नहीं आता, किसी आकस्मिक अपघात या फिर किसी आमूल आलोड़न के अनुभवों के कारण किसी का व्यक्तित्व कभी इस हद तक बदल सकता है कि वह हमारे पुराने परिचय के बाहर चला जाय—लेकिन ऐसा नहीं है कि हर रोज़ ही हम वैसे किसी नये व्यक्ति को देखने की प्रत्याशा में बैठे रहते हैं। पुराने लोगों में हम इतने दिनों से परिचित उस पुराने व्यक्ति को ही फिर से देखना चाहते हैं। पुराने व्यक्ति को; लेकिन इस वजह से उसके किसी निर्जीव निर्मोक को नहीं। बहुत दिनों के बाद उसे देखकर उसकी किसी नितान्त अजानी नयी चीज़ से हम चौंक उठते हैं ऐसा भले ही न हो, लेकिन हमें यह देखकर अच्छा लगता है कि अब भी उसका वह मन, उसके तौर-तरीक़े, सतेज और सचल हैं, जिन्होंने हमें एक दिन प्रसन्न किया था, हमें उन्मुख किया था।

इन्हीं सबके बीच नये-नये लोग आते रहते हैं, नये-नये परिचय घटित होते हैं। धारावाहिकता में से होते हुए वे लोग भी हमारे इस प्रसारित जगत में रहते-रहते एक दिन अभ्यस्त हो जाते हैं, हमारे अनुभवों की सीमा बढ़ जाती है। जीवनयापन इसी तरह होता रहता है।

दो

यह बात क्यों उठी, बताता हूँ। कुछेक साल पहले 'माँझी' पत्रिका के एक वार्षिकांक के छपने के कुछ दिनों बाद, मेरे मित्र ज्योतिर्मय दत्त के यहाँ से अचानक एक छोटी-सी चिट्ठी आई। ख़ासे उद्वेग के साथ वे जानना चाहते थे कि 'माँझी' में प्रकाशित कविताओं के प्रसंग में उनकी एक समालोचना पढ़कर मैं बहुत आहत हुआ या नहीं। स्वच्छ और स्फूर्त मिज़ाज के साथ उन्होंने यह समालोचना लिखी थी (जिस तरह ज्योति ने लिखा था) और वहाँ उन्होंने अपने समकालीन मित्रों के बारे में कुछ हलका मन्तव्य प्रकट किया था। वे जब अस्पताल में विनय को देखने गए तो अपने आसपास की तमाम बातों को सुनकर उन्हें अचानक लगा था कि हो सकता है लोगों के समझने में कोई गड़बड़ी हो जाय, मित्रतावश ही मित्रों के विषय में कही गयी उन बेबाक बातों की हो सकता है कोई तोड़-

मरोड़ कर व्याख्या करे। इसीलिये व्याकुलता से भरी वह चिट्ठी भेजी गयी थी।

उस प्रबन्ध में ज्योति ने क्या लिखा था? सिर्फ़ इतना ही कि उनके समकालीन कवियों की रचनाओं में वैसी कोई चमक नहीं दिखायी देती, लम्बे समय से वे लोग नितान्त ही परिचित हो गये हैं, वे उसी अभ्यस्त भाषा में अभ्यस्त कविताएँ लिख रहे हैं। 'माँझी' का वह संकलन बल्कि युवा कवियों की कविताओं से ही जगमगा रहा है।

चिट्ठी के प्राप्त होने के काफ़ी दिनों बाद मुझे उस लेख को पढ़ने का मौक़ा मिला। लेख को पढ़ने के बाद मैं विस्मित होकर सोचता रहा, सिर्फ़ इस वजह से? केवल इस कारण ज्योति को इतना उद्वेग भुगतना पड़ा? इस तरह का एक विशुद्ध सत्य कहने के लिये? हम जो लोग बहुत दिनों से लिख रहे हैं और जिन सब मित्रों ने हमारी थोड़ी-बहुत रचनाओं को पढ़ा है, उनमें बहुत दिन हुए एक पारस्परिक समझबूझ का सम्बन्ध निर्मित हो चुका है, वे हमारी आवाज़ पहचानने लगे हैं, स्वरों की भंगिमाएँ, वे हमारे चालचलन के श्वास-प्रश्वास को पहचानने लगे हैं। ऐसा तो होना ही था। लेकिन मुझे बहुत-से लोग पहचानने लगे हैं इसलिये जिस तरह मैं अचानक जीवन को छोड़कर नहीं जा सकता, वैसे ही मेरी रचनाओं से बहुत-से लोग परिचित हो चुके हैं इसलिये उन रचनाओं से भी मैं अचानक हट नहीं सकता, क्योंकि लिखना ही तो मेरा जीवन है, मेरी साँसें हैं! एक कवि ऐसा ही सोचता है? उसकी कविता उसकी ही बात होती है। उस बात से पहली बार परिचित होने पर किसी पाठक के मन को उजास और स्वतन्त्रता की जो उत्तेजना स्पर्श करती है, दिन-ब-दिन परिचय की घनिष्ठता से एक दिन वह खो जाती है, फिर इसके बाद लगता है : यह तो सब वही एक-जैसा ही है, जिस तरह एक ही जैसे मित्रों को हम हर दिन अपने चारों ओर देखते रहते हैं। और तब, नये परिचित व्यक्तियों की तरह ही नयी देखी कविताएँ भी एक सर्वथा भिन्न उद्भास से हमारे मन को भर देती हैं, यही तो स्वाभाविक और प्रत्याशित है! अपने प्रबन्ध में ज्योति ने सिर्फ़ इतना ही तो लिखा था। इसलिये उनकी उस समालोचना में जो था, वह कोई अहैतुक आक्रमण नहीं था, एक यथार्थ विवरण भर था।

तीन

लेकिन उस लेख को पढ़ते-पढ़ते मुझे और एक बात महसूस हो रही थी। अगर विशुद्ध विवरण न होकर वह लेख आक्रमण ही होता तो? यदि वे या फिर कोई और लिखते कि ये सारी कविताएँ छपने के हिसाब से पूरी तरह अयोग्य हैं और समय का भी नितान्त अपव्यय है, तो भी क्या मेरे नाराज़ होने, उत्तेजित होने का कोई संगत कारण होता? पृथ्वी पर जन्म लेने के बाद व्यक्ति रूप में सभी मुझे पसन्द करेंगे, ऐसा तो तय नहीं हुआ है। बहुत-से लोग समझने में ग़लती करेंगे, बहुत-से लोग ठीक समझकर ही अपने भिन्न रुचिगत कारणों से मुझसे बचकर निकल जायेंगे, बहुत-से लोग प्रत्यक्ष-उपेक्षा मेरे मुँह पर फेंक कर मारेंगे, चरम कृतघ्नता की झलक दिखला कर चले जायेंगे बहुत-से लोग, यह सब तो होता ही रहता है। वैसे ही, जो बात मैं अपनी रचना में कहना चाहता हूँ, और जिस तरह से कहना चाहता हूँ, वह भी बहुत लोगों का प्रत्याख्यान या उपहास या उपेक्षा का शिकार होगी, रचना-जीवन की शुरुआत से ही एक लेखक को यह सब कुछ समझ लेना होता है। ऐसे किसी व्यक्तिगत या रचनागत उपहास या उपेक्षा से किसी के मन में ज़रा-सी भी खरोंच नहीं लगेगी, निश्चय ही मैं ऐसा नहीं सोचूँगा। लेकिन साथ-ही-साथ क्या मैं यह नहीं सोचूँगा कि सिर्फ़ इसके लिये बहुत अधिक आलोड़ित हो उठना एक प्रकार की आत्म-अवमानना है? क्या इतनी-सी विनम्रता भी नहीं रहेगी कि दूसरों को उनके हिसाब से कह लेने दो, मैं सिर्फ़ मेरे ढंग से कहूँगा, जितना मैं कह सकता हूँ? मैं क्या नहीं जानूँगा कि विनम्रता में भी एक सामर्थ्य हो सकता है, आत्मविश्वास का यह सम्भावनापूर्ण बीज उसमें हो सकता है, विपुल घोषणा की जा सकती है कि : 'देखो, यह मैं हूँ। सिर्फ़ इतना-सा, इससे अधिक नहीं, इससे कम भी नहीं। और इसके बाद कौन क्या सोचता है, उसकी ज़िम्मेदारी सिर्फ़ उसी की है। और उस सोचने से मेरे अपनेपन को कोई नुक़सान नहीं होने वाला।' विनम्रता की गर्व भरी यह घोषणा ही किसी भी कवि का वर्म है। कवि के साथ यदि यह वर्म रहता है, कोई भी समालोचना उसकी धज्जियाँ नहीं उड़ा सकती, कोई भी उपेक्षा उसे उन्मूलित नहीं कर सकती। तब प्रत्येक कवि स्वतन्त्र होते हुए भी सब लोग मिलकर एक आनन्दमय दल का गठन कर लेते हैं, एक-दूसरे की ममता से सराबोर, विविधताओं से भरपूर एक उद्दीपक जीवनसंघ।

नये और पुराने, चौंकाने वाले और अभ्यस्त ऐसे ही एक-एक संघ-परिचय को 'माँझी' के वार्षिकांक-जैसे ये सारे संकलन सँजोये रखना चाहते हैं, कम-अज़-कम सँजोये रखने का सपना तो देखते हैं!

(१९८७)

तरुण कवि का दुःसाहस

ठीक चालीस साल पहले, 'कृत्तिवास' पत्रिका के सातवें अंक में 'तरुण कवि को चिट्ठी' शीर्षक से एक अनूदित गद्य प्रकाशित हुआ था, रिल्के की 'लेटर्स टू ए यंग पोएट' पुस्तक से लेकर प्रकाशित हुए थे ये थोड़े-से अनुवाद। अपनी कुछ रचनाएँ रिल्के को भेजकर कवियशःप्रार्थी एक तरुण ने उन रचनाओं के विषय में अग्रज और अग्रगण्य कवि का मत जानना चाहा था, उनकी राय जाननी चाही थी। किसी तरुण के लिये अग्रज से ऐसी राय लेना क्या अनिवार्य है? हमारे-जैसे उस ज़माने के तरुणों में से किसी-किसी के मन में इस सवाल के उठने के साथ-ही-साथ परम आश्वासन देते उस दिन हमें उस लेख में रिल्के के ये सम्भ्रान्त विचार मिल गये थे : 'आपने जब मुझे उपदेश देने का अधिकार दिया है, तो मैं कहना चाहता हूँ कि आपको उपदेश देने लायक़ कोई नहीं है और कोई आपकी मदद भी नहीं कर सकता।' उस दिन लगा था कि सम्भावनाशील और उभर रहे किसी कवि के लिये इससे बड़ा और कोई परामर्श नहीं हो सकता।

क्योंकि, कोई कवि यदि किसी तरुण को राय देता है, तो फिर उसके लिये अपने बोध, बोधि, लक्ष्य, अनुभव या अभिप्राय की सीमा में रहते हुए उस राय को तैयार करना अनिवार्य हो जाता है, फिर कितनी ही व्यापक या विस्तारित क्यों न हो वह सीमा। कविता क्या है और क्या नहीं है, इसे लेकर चारों ओर कितने ही तो मत हैं, और इसे लेकर सारे ही कवि अपने हिसाब से एक धारणा बना ही लेते हैं। कोई उसे ज़ाहिर कर देता है तो कोई नहीं भी करता है। कविता यदि समान रूप से सभी तक न पहुँच पाए, तो फिर लिखने का क्या मतलब रहा? हो सकता है कोई ऐसा सोचता हो। दूसरा कोई सोचता है कि कविता कभी भी सभी तक नहीं पहुँच सकती, असम्भव

है ऐसा। सारा कुछ यदि समझ में आ ही जाय, तो फिर उसे कविता में कहने की ज़रूरत ही क्या है? ऐसा वे सोचते हैं। दूसरे व्यक्ति शायद यह सोचते हों कि प्रांजल स्वच्छता में यदि सब कुछ न समझ में आये तो फिर लिखने का कोई अर्थ ही नहीं।

कोई तरुण यदि राय माँगता है, तो अग्रज लोग उनके मन में अपनी इन धारणाओं को बो देना चाहते हैं, वे कभी नम्र स्वर में तो कभी दृढ़ता के साथ कह देना चाहते हैं। वे अपने उत्तराधिकारियों को कविता की एक रूपरेखा बनाकर दे देना चाहते हैं। और फिर इस तरह छोटे-छोटे कुछ वृत्त, कुछ स्कूल निर्मित हो जाते हैं। और तब उन तमाम वृत्तों में कई तरह के संघर्ष जन्म लेने लगते हैं।

लेकिन जो सच्चे उत्तराधिकारी होते हैं, उनमें तो वृत्तों को तोड़ने के आग्रह की दरकार होती है। उन्हें तो इन वृत्तों और स्कूलों से बाहर अपने किसी निजी पथ की ज़रूरत होती है। जो कुछ लिखा जा चुका, जो कुछ देखा जा चुका वे उन सबसे बाहर चले जाना चाहते हैं। उन्हें तो अपने अद्वितीय स्वर और अपने अद्वितीय घर की तलाश रहती है। पूर्वज लोग उनकी सिर्फ़ इतनी मदद कर सकते हैं, वे सिर्फ़ इतना भर कह सकते हैं—'देखो, यह मेरा पथ है; मेरी उपेक्षा करके, मुझे अग्राह्य करके तुम किसी और दिशा में चले जाओ। समान्तराल जाते-जाते दूरवर्ती समता में तुम्हारे साथ फिर कभी मेरी मुलाक़ात होगी।' इसके अलावा जैसा कि रिल्के ने कहा है, 'आपको उपदेश देने लायक़ कोई नहीं है और कोई आपकी मदद भी नहीं कर सकता।'

स्वयं के ही अजाने में स्वयं की ओर खींच लेने की प्रवणता किस तरह कवियों के मन में काम करती है, रिल्के के उस प्रसिद्ध पत्रगुच्छ में इसी का एक अनूठा उदाहरण हमें मिलता है। कोई मदद नहीं कर सकता, यह बात बताने के बाद भी क्या एक तरह की मदद का आयोजन नहीं किया था रिल्के ने?

'कृत्तिवास' में प्रकाशित हुए उस अनुवाद के दूसरे अनुच्छेद तक पहुँचते ही मन में यह प्रश्न भी उठा था। जब तक रिल्के कह रहे थे, 'रात के निर्जनतम प्रहर में ख़ुद से सवाल कीजिए, मेरा लिखना क्या इतना ही ज़रूरी है, निश्चित जवाब के लिये अपनी गहराई में चले जाइए', तब तक समझ में आ रहा

था कि वे तरुण कवि को आत्मनिर्भर होने का ही कोई पथ दिखला रहे थे। लेकिन दूसरे अनुच्छेद की शुरुआत में जब वे कह बैठते हैं 'प्रेम की कविता मत लिखियेगा' या फिर 'पहले उन सब आंगिकों का परिहार करें जो अत्यन्त परिचित और साधारण हैं' तब, ऐसा लगता है कि ये कवि ख़ुद अपने ही साथ विश्वासघात कर बैठे हैं। उपदेश न देने की बात करके अन्त में क्या उन्होंने एक चरम उपदेश नहीं देना चाहा? वह उपदेश क्या किसी को दिया जा सकता है, देना संगत है? जीवन के किसी भी स्तर पर क्या किसी से कहा जा सकता है कि 'आप प्रेम की कविता मत लिखना' बल्कि 'प्रकृति की ओर आइए' (यह अन्तिम अंश हालाँकि 'कृत्तिवास' वाले अनुवाद में नहीं था)? यही क्या वह सुगम्भीर परामर्श नहीं है, जिसके खिंचाव से एक अग्रज अपने अनुज को अपने ही वलय में ले आना चाहते हैं? यहीं पर, इस निर्देश के साथ-ही-साथ रिल्के स्वयं प्रकट हो जाते हैं, उभर आता है उनकी कविताओं का इतिहास, उनका चरित्र। उभर आती है यह ख़बर कि तरुण कवि को यह चिट्ठी लिखने के दौरान ही उनकी पुस्तक 'बुक ऑव आवर्स' का तीसरा और अन्तिम खण्ड प्रकाशित हो रहा था, जिस पुस्तक के प्रकाशित होने से पहले उन्होंने अपनी प्रेमिका लू को केन्द्र में रखकर लिखी कविताओं को नष्ट कर दिया था, या फिर उन्होंने एक-दो रचनाओं को ईश्वरीय उपलब्धि के उपमान के हिसाब से रख छोड़ा था :

बुझा दो आँखें; फिर भी मेरा दृश्य तुम हो;
कान बन्द कर दो, फिर भी सुन पाता हूँ तुम्हें;
और जो पैर न हों, फिर भी मैं जा रहा हूँ तुम्हारी ही ओर;
बिना जीभ के भी अविराम पुकार रहा हूँ तुम्हें।

तोड़ दो न ये भुजाएँ मैं पसार दूँगा यह हृदय,
हाथों की ही तरह वह तुम्हें फिर खींचेगा अपनी ओर;
थम जाये हृदय, सोच में जाग उठेंगे स्पन्दन;
और जो जला डालो मस्तिष्क,
तो हमेशा के लिये अपने ख़ून में ही धारूँगा तुम्हें।

(बुद्धदेव बसु के बाङ्ला अनुवाद का हिन्दी अनुवाद)

लू के लिये रचित यह कविता निवेदित हुई थी ईश्वर के लिए, एक से दूसरे

आधार पर पहुँचने का यह इतिहास महत् हो सकता है। लेकिन उस महत् होने को कृतज्ञतापूर्वक स्वीकार करके भी किसी और व्यक्ति को क्यों उसी महिमा का अनुगामी होना होगा भला? क्योंकर कोई तरुण अपने निजी प्रेम की आलोड़नमयी उपलब्धि की बात नहीं लिखेगा, जिस उपलब्धि से उसे लगता है कि उसी पल उसका जन्म हुआ था, इससे पहले वह कहीं नहीं था? रिल्के ने सोचा था 'तरुण लोग, जो कि सभी कार्यों को अभी सीख रहे हैं, वे नहीं समझ सकते कि प्रेम क्या है। उन्हें वह भी सीखना पड़ेगा। उन्हें अपनी सम्पूर्ण सत्ता से, अपने तीव्र, निर्जन, स्पन्दित हृदय की समस्त शक्तियों को एकत्र कर प्रेम की शिक्षा ग्रहण करनी पड़ेगी।' लेकिन तीव्र, निर्जन, स्पन्दित हृदय में से जाग उठी समस्त सत्ता की क्या कोई निर्धारित उम्र होती है? हम क्या यह कह सकते हैं कि वह तरुणों के लिये अधिगम्य नहीं है?

मेरी यदि इच्छा होती है तो मैं प्रेम की ही बात करता हूँ, मेरी अगर इच्छा होती है तो मैं प्रकृति की ओर ही जाता हूँ; और यदि इच्छा होती है तो सहज बातें करता हूँ, मेरी अगर इच्छा होती है तो मैं दुरूहता में जाता हूँ; यदि मेरी इच्छा होती है तो अलंकारों में कहता हूँ, मेरी इच्छा होती है तो मैं निराभरण हो जाता हूँ; इच्छा होती है तो मैं छन्दों के माध्यम से बोलता हूँ, मेरी यदि इच्छा होती है तो छन्द को छोड़ देता हूँ; मेरे लिये किसी ने कोई रास्ता तय नहीं कर रखा है, मुझे भी अपने रास्ते में किसी की दरकार नहीं है।

एक तरुण कवि, सुविनीत दुःसाहस लिये, मन-ही-मन सिर्फ़ यही बातें सोच सकता है। इसके अलावा उसके लिये कहीं पर भी कोई और राय नहीं है, और हो भी नहीं सकती।

(१९९६)

आत्मतृप्ति के बाहर

लगभग तीस वर्ष पहले जब 'कृत्तिवास' के प्रकाशन का शुरुआती दौर था, तब उसके हर अंक में दो-एक विचारोत्तेजक गद्य भी हुआ करते थे। तरुणों की कविताओं के आसपास ही नये समय की कविता की समस्याओं को लेकर तब बड़े लोग लिखा करते थे, कभी समर सेन तो कभी ज्योतिरिन्द्र मैत्रा और कभी-कभी शान्तिनिकेतन से सुनीलचन्द्र सरकार। कवियों या पाठकों ने उन छोटी-छोटी रचनाओं को कितने मनोयोग से देखा था, आज यह कहना मुश्किल है। लेकिन उन दिनों की उन रचनाओं में एक गूढ़ समानता हुआ करती थी, एक ऐसा प्रत्यक्षीकरण था जिसे तत्कालीन इतिहास के नज़रिये से अत्यन्त आशयपूर्ण माना जा सकता है।

वह समानता यहाँ पर थी कि आधुनिक कविता-आन्दोलन के लगभग पच्चीस वर्ष बीत जाने के बाद ये सभी तब एक दिशा परिवर्तन की ओर इशारे कर रहे थे, एक मुक्ति की, एक छोटे-से समूह से एक बड़े समाज की ओर मुक्ति। समर सेन सोच रहे थे कि उस समय कविता की भाषा काफ़ी हद तक सहज होती जा रही है, 'जो लोग पहले आवेग को ही घिस-माँज कर पंक्तियाँ बनाते थे, उनका भी अधिक कहने का आग्रह साफ़ दिखायी दे रहा है', और इस आग्रह की प्रेरणा समर सेन के विचार से—'छोटे-से समूह से समाज की ओर जाने का तगादा था।' ज्योतिरिन्द्र मैत्रा चाहते थे कि कविता-आवृत्ति का लोकायत सम्बोधन लौट आये, बाङ्ला कविता 'व्यक्ति-चित्रकल्प से लोक-चित्रकल्प' की ओर अग्रसर हो। कवि आत्मव्याप्ति और आत्मत्याग में से होते हुए आगे बढ़ें, यही नयी कविता का पथ हो सकता है—वे ऐसा सोच रहे थे। और, लगभग ऐसे ही शब्दों का प्रयोग सुनीलचन्द्र सरकार भी कर रहे थे कि कविता आज यदि

'आत्मविलोप के ज़रिये सोने की फ़सल' उगाये तो फिर वही आगामी दिनों की स्थायी कविता हो सकती है। इस तरह, तीनों की ही सोच में कविता के संचार की समस्या दिखायी दी थी, कविता को पाठकों की ओर अग्रसर करने की समस्या दिखायी दी थी।

उन दिनों इसे अग्रसर करने के क्या कोई और लक्षण दिखायी दे रहे थे? कवि और पाठक के जुड़ाव के लिये क्या किसी नयी सम्भावना के रास्तों की तलाश भी की जा रही थी? हमें याद आयेगा कि कोलकाता के तमाम रास्तों पर 'और कविता पढ़िए' की आवाज़ लगाते कवियों का आन्दोलन उसी समय की घटना है, याद आयेगा 'कृत्तिवास' के पहले अंक में 'काव्यसभा' शीर्षक से तरुण सम्पादक सुनील गंगोपाध्याय ने एक प्रतिवेदन लिखा था। स्कॉटिशचर्च कॉलेज में उस सभा के पहले अधिवेशन का विवरण देते हुए सुनील ने लिखा था कि, 'यह सभा आत्मकेन्द्रित कवि को आँख खोलकर देखने में मदद करेगी, सभी कवियों से यह सभा आवृत्ति और चर्चा का आह्वान करेगी।' प्रस्तावित काव्यसभा सम्भवतः बहुत दूर तक नहीं जा सकी, लेकिन इसके कुछ ही समय बाद दिखायी दिया था सेनेट हॉल में आयोजित वह दो दिवसीय ऐतिहासिक कवि-सम्मेलन, जिस सम्मेलन की सफलता के बाद आज तीन दशक से सबके सामने काव्यपाठ हमारी संस्कृतिचर्चा का लगभग एक अनिवार्य अंग बन गया है।

तो फिर क्या ज्योतिरिन्द्र मैत्रा या समर सेन ने जो चाहा था, वही इतने दिनों में घटित हुआ है? कविता छोटे समूह से समाज की ओर अग्रसर हो गयी है? घर से रास्तों पर? आत्मकेन्द्रित होने की बजाय आत्मविस्तार घटित हुआ है?

इस प्रश्न के उत्तर तक पहुँचने से पहले एक बात विचारणीय है। जनवादी और राजनैतिक कविता की एक धारा तब तक सुकान्त भट्टाचार्य और सुभाष मुखोपाध्याय की रचनाओं के माध्यम से प्रचलित हो चुकी थी, या इनका अनुसरण करने वाले किसी और की रचनाओं से। लेकिन और कविता पढ़ने का स्लोगन लेकर जो लोग उस दिन रास्तों पर उतरे थे, वे ये लोग नहीं थे। वे लोग थे नरेश गुहा या फिर अरुणकुमार सरकार-जैसे कवि, जिन लोगों ने कविता को सहज बनाने की कोशिश की थी लेकिन जिनकी कविताओं की बुनियाद पूरी तरह व्यक्तिगत एक छोटी-सी दुनिया थी। सामाजिकता या राजनैतिकता को कविता के लिये धिक्कारयोग्य

सोचकर इन लोगों ने तब एक निभृत शुद्धता निर्मित करने की चेष्टा की थी। और इसके साथ-ही-साथ, 'कृत्तिवास' या 'शतभिषा'-जैसी पत्रिकाओं का प्रधान संचय आत्मकेन्द्रिकता के ही निर्माण में भर रहा था। पत्रिका के पहले अंक में जिस 'आत्मप्रसाद' या 'आत्मकेन्द्रिकता' की बात कही गयी थी, थोड़े दिनों में ही इसकी प्रवणता उसी ओर उद्गत होने लगी। फिर नये सिरे से दिखायी देने लगी भाषा की तिर्यक चाल, प्रकट रूप में संहति की भावना, या फिर कभी-कभी इंगित एवं रहस्य के प्रति कवियों का नवीन आकर्षण।

वह अच्छा था या कि बुरा, फ़िलहाल मैं उस बात को नहीं उठा रहा हूँ। लेकिन जो बात सोचनी होगी वह यह कि इस नयी कविता के साथ पाठक का ठीक किस प्रकार का सम्बन्ध प्रत्याशित है। कविता की आवृत्ति की बात को ज्योतिरिन्द्र मैत्रा जो इतना ज़ोर देकर कहना चाह रहे थे, उसका कारण या उसकी प्रेरणा तो किसी एक जुड़ाव की भावना में थी? उन्होंने सोचा था कि नये सम्बन्धों के निर्माण के लिये कवि को आज 'आलंकारिक आयामों का वर्जन करके काव्य में अपेक्षाकृत सहज और direct आवेदन की रंगीन भाषा को अंगीकृत करना होगा।' केवल उन्होंने ऐसा सोचा था ऐसा नहीं है, बात असल में यह है कि जन-समाज में प्रत्यक्ष आवृत्तियोग्य कविता का एक निजी चरित्र होना अपेक्षित है, यही होना अपेक्षित है कि वहाँ एक बहुमुखिता या वाग्मिता या कोई कोलाहल प्रवणता होगी। जो कविता पूरी तरह उसके विपरीत ढंग की होगी, वह भी क्या जनसमावेश में बहुकवि-परम्परा में आवृत्तियोग्य हो सकेगी, अपने भीतर का सार अभिव्यक्त कर पायेगी? जो कविता ध्यान की, गूढ़ता की, अन्तर्भेद की होगी—वह भी क्या 'और कविता पढ़िए' आह्वान का अनायास उपादान बन सकेगी?

जबकि, हुआ वैसा ही। फलत: एक ऐसा पैराडॉक्स तैयार हुआ कि कविता के चरित्र को बदलने की बजाय केवल पाठक के साथ उसके सम्पर्क के ढंग को बदल दिया गया। पाठकों से असंगत ढंग से कविता दूर हटती जा रही है, निश्चय ही कवियों के मन में यह सोच थी। लेकिन इस सोच से उन लोगों ने केवल स्वयं को बदल लिया था ऐसा नहीं है, कविता के विषय में उनके बोध में बदलाव आया था ऐसा भी नहीं है, बदलाव केवल प्रचार-पद्धति में आया था। मुद्रित शब्द दो जिल्दों में क़ैद होकर रह जाते

हैं, पाठक उन्हें खोलकर देखने के लिये उत्साहित नहीं होते, इसलिये उच्चारण के ज़रिये ध्वनित उन शब्दों को कवि समाज में पहुँचा देना होगा। इसीलिये कवि-सम्मेलनों का आयोजन किया जायेगा। लेकिन जो कविता एक बार, दो बार, तीन बार पढ़ने की वस्तु है, जो कविता क्षणिक स्फुरण या फिर प्रबल प्रपात में से होती हुई पाठक के प्रगाढ़तम अन्तस्तल को छूना चाहती है, जो कविता पढ़ने के बाद भी कई बार पाठकों के लिये दुर्गम या ध्यानगम्य रह जाती है, जनसभाओं में उसके पाठमात्र से उसकी सफलता अपेक्षित नहीं है। फिर भी, जो कविता सभा की नहीं थी, वह कविता सभा में स्थापित हो गयी। और इसी कारण थोड़ा-थोड़ा करके एक प्रच्छन्न विरोध भी निर्मित होने लगा। श्रोताओं की ओर से कविता की भाषा में थोड़ी चमकदमक, कुछ नाटकीयता, या फिर कुछ सांवादिकता ग़ौरतलब होने लगी। कविता के मुक़ाबले कविता की किंवदंती बड़ी हो उठी। कविता एक ग़लत अर्थ में सामाजिक होने की कोशिश करने लगी।

कविता की इस ग़लत सामाजिक भूमिका में एक और समकालीन घटना को शामिल करना होगा। पचास के शुरुआत तक हमने यह देखा था कि कविता के पाठक उत्सुकता के साथ कई पत्रिकाओं की प्रतीक्षा करते थे 'कविता' या 'परिचय' 'पूर्वाशा' या 'साहित्य-पत्र', 'अग्रणी' या 'क्रान्ति'- जैसी कम प्रचलित पत्रिकाओं की भी। कवियों का मुख्य आश्रय ये सब पत्रिकाएँ ही थीं, इन सब पत्रिकाओं में लिख पाते तो युवा उन दिनों कवि लोग बहुत प्रसन्न होते थे, पाठक भी जानते थे कि यहीं से आधुनिक कविता की धमनी को छुआ जा सकेगा। लेकिन पचास के आख़िर तक इनमें से कई पत्रिकाएँ लुप्त हो गईं, या फिर कुछ-कुछ अवसन्न होने लगीं, किसी का प्रकाशन अनियमित हो गया। दूसरी ओर 'देश'-जैसी साप्ताहिक पत्रिका का प्रसार उन दिनों बढ़ने लगा था, पचास के मुक़ाबले सन साठ में वह तीन गुना अधिक छपने लगी थी, सत्तर में लगभग सात गुना। प्रसार के साथ-साथ ये पत्रिकाएँ और इन-जैसी तमाम और पत्रिकाएँ कविता को नयी प्रतिष्ठा भी देने लगी थीं। धीरे-धीरे अब सिर्फ़ दैनिकता या साप्ताहिकता या पाक्षिकता को ही आधार बनाकर पाठकों के नये समूह बनने लगे, उत्सुकताविहीन, बिना किसी तैयारी वाले अनमने पाठक जो प्रकाशित दो-एक रचनाओं को देखकर ही कह सकते थे कि आधुनिक कविता 'कुछ भी समझ में नहीं आती' या फिर 'कमाल है'! पाठकों की

इस बढ़ती संख्या को हम कविता विषयक मंतव्य का सम्प्रसारणमात्र कह सकते हैं, यह ठीक कविताविषयक बोध का कोई प्रसार नहीं था। समर सेन ने 'कृत्तिवास' वाले अपने लेख में याद दिला दिया था कि समाजोन्मुखी होने की राह में नये दिनों की कविता का एक भयप्रद आयाम भी है। कविता वागाडम्बर की ओर बढ़ सकती है, उसमें भावुकता दिखायी दे सकती है, यह भी हो सकता है कि कवि भूल जायें कि बुद्धि और आवेग का समन्वय ही कविता का उत्स है—उन्होंने ये सब बातें याद दिला दी थीं। परिपार्श्व के कारण, कविता के प्रकाशन और प्रचार के अन्तर्विरोधों के कारण, यह आशंका अंशत: सत्य सिद्ध हुई। कविता के इतिहास में सोच की एक नयी दिशा दिखायी दी, काव्यभाषा का एक बड़ा अंश एक भावुक आडम्बर या एक सांवादिक झूठ से भयाक्रान्त हो उठा।

दो

एक हिसाब से, यह संकट केवल हमारे ही देश का नहीं है, यह हमारे समय का ही एक संकट है। किसी भी उच्चारित सत्य को एक झूठे आडम्बर की ओर खींच लेने में अब अधिक समय नहीं लगता, कोई भी बोध या उपलब्धि क्षण भर में विशुद्ध जिंस में तब्दील हो सकती है। इसलिये शब्द या भाषा का प्रयोग हमें कई बार भयाक्रान्त कर देता है, लेखक स्वयं कई बार अपनी भाषा के प्रयोग की सम्भावनाओं को लेकर सन्दिग्ध हो उठते हैं। सम्भव है कि तब कुछ लोग लेखन बन्द करने के बारे में भी सोचने लगें।

जो लोग लिखना बन्द कर देते हैं, निश्चय ही उन्हें फिर कोई समस्या नहीं होती। लेकिन यह सोचकर कि प्रतिरोध में इस तरह की जटिलता होती है, सभी अपनी सर्जना रोक देंगे, ऐसी तो कोई शर्त नहीं है। बल्कि तब तो सचेतन कलाकार के सम्मुख एक नयी तरह की लड़ाई आसन्न होती है, भाषा को तोड़कर भाषा के सत्य तक पहुँचने की लड़ाई। इसी की एक छवि हमें दिखायी देती है जब Nova Expresss में बारोज़ ने दिखाया था कि नीरवता ही हमारी सबसे अधिक कांक्षणीय अवस्था है, लेकिन शब्दों के ही प्रयोग के किसी विशिष्ट ढंग में से होते हुए हम उस नीरवता तक पहुँच पाते हैं। निश्चय ही इस ढंग की तलाश में उन्हें शब्द अथवा ढाँचे की अभ्यस्त परम्परा को तोड़ना पड़ा था, उन्हें कट-अप पद्धति अपनानी

पड़ी थी। या फिर इसी का एक रूप हम देखते हैं जब गिन्सबर्ग सोचते हैं कि उनकी कविता का छन्द पूरी तरह से उनके शरीर के अन्तस्तल से, निःश्वास से, फेफड़ों से उठ आयेगा—वह विशुद्ध मन की कोई सृष्टि नहीं है। या फिर देखें, एक अन्य देश के अन्य ढंग के कवि इयर्गे ग्यीयेन इसी की प्रतिक्रिया की ऐसी किसी भाषा की खोज कर लेना चाहते हैं जो शब्दों को अतिक्रमित कर हमें किसी शब्दातीत तात्पर्य की ओर पहुँचा दे।

इन बीस वर्षों की बाङ्ला कविता में भी कई बार उन सबका ही विक्षिप्त एवं दुःसाहसिक प्रयोग हमने देखा है। समसामयिक स्थूलता अथवा बाज़ार की पण्यता हमें सत्य से बहुत दूर हटा लेती है, इस भय के सम्मुख खड़े होकर कइयों ने जीवन से ही मुँह मोड़ लिया, उन्होंने भाषा को स्पर्शयोग्य यथार्थ से पूरी तरह बाहर ले जाने की कोशिश की। किसी-किसी ने प्रतिस्पर्धी और एक अलीक भुवन को गढ़ने का स्वप्न देखा, तो किसी ने स्वतःस्फूर्त और अनर्गल प्रतिमापुंज में से रहस्यातुर परावास्तविकता का स्वप्न सँजोया, तो किसी ने भाषा की चमक को झराने का आयोजन करके जहाँ तक सम्भव हो उसे रिक्त कर दिया। और कभी कुछ लोग भाषा पर सर्वात्मक रूप से टूट पड़े, उसे तहस-नहस कर दिया गया, तोड़ा गया और उसमें समसामयिक लेकिन एक गूढ़तर यथार्थ के चरित्र को पकड़ने की कोशिश की गयी।

यह कहना सही नहीं है कि इन बीस वर्षों की कविताओं में चारों ओर के भीषण सर्वनाश के विषय में किसी प्रकार की चेतना ही नहीं थी। समय-समय पर तमाम युवा कवि अपने आविर्भाव के साथ-साथ इन सारी भयावहताओं के साथ परिचित हुए हैं, और उन्होंने भिन्न-भिन्न प्रकार से इन भयंकरताओं के विरुद्ध लड़ाई भी लड़ी है। लेकिन यह भी सच है कि अविन्यस्त, असम्पूर्ण और दुविधाओं से भरी वे तमाम लड़ाइयाँ प्रायः विफल हो गईं, बीच राह में ही ख़त्म हो गईं। इसलिये कविता का कोई सर्वग्रासी विराट आयोजन अपनी आँखों के सामने हमें आज कम ही दिखायी देता है।[१] सामयिक में से ही जो कविता अतिसामयिक हो उठेगी, बोध और बुद्धि की समग्रता में जो कविता निर्मित होगी, इतिहास को सत्ता

---

१. मैंने भी कुछ दिन कविताएँ लिखी हैं इसलिये यहाँ यह कहना ज़रूरी है कि जिन सब दुविधाछिन्नता या अधूरापन या सीमाबद्धता की बात आज इस लेख में कही जा रही है, मैं स्वयं भी उनका लगातार शिकार रहा हूँ। शं.घो. गद्यसंग्रह / २ : ८

के भीतर धारण करने के अनुभव से जो कविता आकार लेगी, लगता है उस कविता के योग्य भाषा आज हमारे अधिकार में नहीं है। जीवनानन्द ने बहुत दिनों पहले सोचा था कि केवल खण्ड-काव्य से भविष्यत तृप्त न हो सकेगा, कविता के इतिहास में वह दिन दूर नहीं कि जब श्लेष, नाटकीयता और दीर्घता में विविधता आयेगी। फ़िलहाल दो-चार प्रदीर्घ कविताओं के प्रकाशन के बावजूद हमें नहीं लगता कि जीवनानन्द की वह धारणा हमारे इतिहास में सच साबित हुई है। क्योंकि, याद रखना होगा कि खण्डता अथवा दीर्घता यहाँ पर कोई परिमाणसूचक प्रभेदमात्र नहीं है, जीवनानन्द निश्चय ही किसी चारित्रिक परिवर्तन की बात सोच रहे थे। वे किसी ऐसी कविता के विषय में विचार कर रहे थे जो हमारे 'नए, जटिल समय के सम्पूर्ण स्वतन्त्र सौन्दर्य' को धारण कर सकेगी, जो लगभग एक शेक्सपीयरीय विस्तार को पा सकेगी।

जीवनानन्द की अपनी कविता के इतिहास में अनुभवों को इस समग्रता की ओर ले जाने के पदचिह्न शेष रह गये हैं। अस्तित्व के अवतल से उद्‌गत हो उठी हैं उनकी कविताएँ, लेकिन वे केवल एक ऐतिहासिकता की ओर, सभ्यताहीन एक सभ्यता के परिपार्श्व में उद्‌गत हुई हैं। 'महापृथ्वी' से 'सात तारों का तिमिर', 'सात तारों का तिमिर' से 'वेला अवेला कालवेला' तक पहुँचते-पहुँचते हम देख सकेंगे कि किस तरह एक कवि समकालीन समाज के समस्त क्लेद और आकांक्षा को, स्खलन और उत्थान को, भय और प्रेम को एक ही साथ अपनी मज्जा के भीतर धारण कर पाते हैं; किस तरह अवचेतन के अतल से उठकर अधिचेतना में आ जाते हैं। 'प्रवहमान इतिहास मरुकणिका में' प्यास बुझाने के लिये हमें ले जा रहा है, हमें समझ में आ रहा है कि 'समय की व्याप्ति जो ज्ञान लाती है हमारे प्राणों में वह तो नहीं है;—स्थिरता है—जरा है', लेकिन फिर भी हम कह सकते हैं 'अन्धकार में सबसे अच्छी है वह शरण : / जिस प्रेम ने ज्ञान से गहराई से पाया है आलोक।' जीवनानन्द दास ने ऐसा ही कहा था। लेकिन इतना कहकर भी, इस कवि को कोई अधूरापन महसूस हुआ था। जो आधुनिकता अपने मर्म में 'बहुत बड़े समय सापेक्ष इतिहास को पकड़ना चाहती है, अपनी परिणति में भी शायद उसे जीवनानन्द ने काफ़ी नहीं माना था।'

लेकिन जितना वे कर सके थे, बाङ्ला कविता क्या उस पृष्ठभूमि को भी आज नहीं खो रही है? जीवनानन्द के अनुराग में कविता-जगत आज

आच्छन्न है, लेकिन जीवनानन्द का कोई सच्चा ऐतिह्य बाद में वह वहन कर सका या नहीं, इसमें सन्देह है। वह ऐतिह्य कभी स्वप्न के आवेश में विशृंखल हो गया है, कभी तुच्छ सामयिकता में, कभी केवल शब्दों के आग्रह में। जिस अर्थ में एक दिन कविता ने समय की ओर बढ़ने की कोशिश की थी, दार्शनिक समय से लेकर ऐतिहासिक समय को जिस तरह मुट्ठी में पकड़ने की कोशिश की थी, उसके निशान हमारी चर्चाओं से मानो मिटने लगे हैं। क्योंकि दिन-पर-दिन हमें एक ग़लत सामाजिकता घेरने लगी है, एक संकीर्ण सामाजिकता, हमारे आसपास अनेक निरर्थक अभिव्यक्तियाँ उद्यत होने लगी हैं, अनेक विज्ञापन और प्रचार, पिछले एक दशक से अपने आसपास मुझे एक विपुल मैग्ज़िन-एक्सप्लोज़न दिखायी दे रहा है, तीव्र एक मीडिया-एक्सपोज़र का युग। जिस उदासीनता, जिस नीरवता में से होते हुए कला का नेपथ्य क्रमशः जीवनयापन की ओर बढ़ सकता था, चारों ओर से वह तेज़ी से टूटता जा रहा है और इसी वजह से कवि आज और भी अधिक दिग्भ्रमित हो गया है, या फिर आत्मतृप्त। यह एक ऐसा समय है, जब कविता की दुनिया सुखी और छोटी हो गयी है, जब किसी बड़े आत्मविस्तार की ओर जाना हम भूलते जा रहे हैं। यह एक ऐसा समय है जब कवि को और भी अधिक व्यक्तिगत साहस की ज़रूरत पड़ रही है, उसे और अधिक व्यक्तिगत ओट से आज हमारे महासमय की गुत्थी को पकड़ना होगा, आत्मविलाप से नहीं, अपने सर्वस्व आत्मोद्घाटन से। वही शायद हमारे आज के दिन की कविता का कोई नया उत्कर्ष हो सकता है। लेकिन, हमें अब भी नहीं पता, कहाँ या फिर किसके पास है उसके योग्य कोई भाषा, इन सब कुछ के बीच उसके योग्य कोई समर्पण।

(१९८३)

विशेषण में सविशेष

प्रिय ज्योति, उस दिन आपने 'कोलकाता दो-हज़ार' का शरत अंक मेरे हाथ में रख दिया था और परवर्ती अंक के लिये लिखने का वादा करवाकर तेज़ क़दमों से सीढ़ियाँ उतर गये थे। आकर्षित करने वाली कोई-न-कोई रचना इस पत्रिका में होगी ही, इस विश्वास के साथ— (जैसे ही आप गये) —मैं पन्ने पलट रहा था, ऐसे में 'लेखकों का परिचय' वाले पन्ने पर मेरी आँख जा टिकी, वहाँ लिखा हुआ था : 'हाँ, इस सॉनेट के अनुवादक रंजित् गुप्त ही हैं, वही नक्सल-दमनकारी पुलिस कमिश्नर, पोलो क्लब के प्रेसिडेंट, नृतत्वविद, कृषक और इण्डस्ट्रियलिस्ट रंजित गुप्त आई. पी.।'

इस लेखक का नाम अवश्य ही आपकी पत्रिका में लगभग नियमित रूप से ही दो तरह से छपता रहा है, वार्षिक साहित्य अंक में कवर पेज के आगे-पीछे भी जिस तरह से था रंजित् और रंजित, हालाँकि उम्मीद यही है कि लेखक ख़ुद 'रंजित' ही लिखते हैं, 'रंजित्' नहीं। लेकिन वर्तनी देखकर ही मेरी आँखें यहाँ ठिठक गयीं ऐसा नहीं है, मेरी भावनाएँ परिचय बताने के इस ढंग को देखकर आलोड़ित हुईं, विशेषण के इस मर्मांतक निर्वाचन से, गौरव के साथ की गयी इस घोषणा से कि ये वही नक्सल-दमनकारी पुलिस अफ़सर हैं। कुछेक महीनों पहले इलेस्ट्रेटेड वीकली के दो लगातार अंकों में इन्हीं रंजित गुप्त ने उस दमन का किंचित आत्मश्लाघामय विवरण लिखा था उससे निश्चय ही आप अनजान नहीं हैं। लेकिन उनका अपना लिखना एक अलग बात है, और आपकी क़लम से उनका निर्यास उभर आना पूरी तरह से अलग मामला है। मैं अनुमान कर रहा हूँ कि इस प्रकार के उल्लेख के माध्यम से आप लेखक के वैचित्र्य को ही समझाना

चाह रहे हैं, सम्भव है कि आत्मविरोध को ही, पोलो खेलना और नक्सल-दमन के इस चौंकाने वाले सहअवस्थान को, विवरण में सम्पूर्णता की गरज के अलावा वहाँ निश्चय ही कोई और अतिरिक्त अभिप्राय काम नहीं कर रहा था। लेकिन ये कुछेक शब्दों का प्रयोग मेरे-जैसे अनेक पाठकों के सामने एक ज़हरीले साँप के वार-जैसा है, यह बात भी सच है। अचम्भे में पड़े हुए हम लोगों को लगता है कि उस बात के माध्यम से मानो उस विशेषण के प्रति सम्पादक का कोई अनाविल प्रश्रय, स्नेह और समर्थन अभिव्यक्त हो रहा है।

नक्सलपन्थ में आपकी ज़रा भी आस्था रहने की बात है ही नहीं। इसलिये, यदि उसके दमन के विषय में ऐसा कोई प्रश्रय या समर्थन व्यक्त हुआ भी हो, तो उस पर हमारे पास कहने के लिये है ही क्या? फ़िलहाल लग सकता है कि कुछ भी नहीं है। केवल, उस 'दमन' शब्द को सुनने के साथ-ही-साथ हमारी आँखों के सामने पन्द्रह साल पुरानी वे तमाम तसवीरें फिर से जाग उठी हैं, कितने ही स्वजन-मित्र, छात्र-छात्राओं, कमउम्र लड़के-लड़कियों के चेहरे, मेरे, आपके, हम सभी के ख़ासे जाने-पहचाने, कुछ अपने संकल्पों में उजले, या कुछ अत्याचारों से बधिर, उनमें से बहुत-से लोग उस दिन सम्भवतः विभ्रान्त थे, लेकिन जिनकी कातर कल्पना के सामने स्वस्थ दिनों का एक विराट सपना था। पुलिस कमिश्नर के रूप में रंजित गुप्त को भी लगा था कि इनके साथ लड़ने के लिये जिस चीज़ की दरकार है, वह है 'civilised police action and coercion with humanity।' इलेस्ट्रेटेड वीकली के पन्नों पर आज जब मैं सभ्यता और मानवता ये दो शब्द पढ़ता हूँ तो मुझे बेलेघाटा की याद आ जाती है, बरानगर की याद आ जाती है, दमदम और बहरमपुर सेंट्रल जेल में किये गये नृशंस और अबाध हत्याकाण्ड की याद आ जाती है, मानवता को ही जिसका मुख्य आधार कर विवेचित करना कठिन था उस दिन। दमन की विभीषिका भरे उन दिनों की थोड़ी-थोड़ी याद आज भी आपको आती है?

आप यदि न कहें तो और कोई भी शायद कह सकता है कि दूसरी ओर वीभत्सता तो थी ही। ख़ात्मे की उस राजनीति ने क्या वर्गशत्रु की हत्या के नाम पर एक अराजक विशृंखलता को ही जन्म नहीं दिया था? उसकी निर्ममता क्या विचारणीय नहीं है? प्रशासन की ओर से सुव्यवस्था बनाये

रखने के लिये थोड़ा दमन क्या प्रत्याशित नहीं था?

दमन की वह प्रक्रिया क्या थी, उस पर विचार करने से पहले अवश्य ही विशृंखलता के चरित्र पर ध्यान देना ज़रूरी है। इसका भी एक इतिहास है। नक्सलपन्थी राजनैतिक आन्दोलन के साथ जिस भी तरह से हो लुम्पेन प्रोलिटेरियेट लोग जुड़ गये थे। और फिर लुम्पेन प्रोलिटेरियेट लोगों का ही उपयोग इनको ध्वंस करने के लिये किया गया, इसका विवरण आज रंजित गुप्त ख़ुद ही दे रहे हैं। लेकिन उनके विवरण में उन्होंने जेल या जेल से बाहर के उन राजनैतिक लड़कों और लड़कियों के विषय में स्पष्ट रूप से कुछ भी नहीं बताया, जो लोग लुम्पेन नहीं थे, उस फंदे में फँसाकर जिन लोगों पर भयानक हिंसक पुलिसिया अत्याचार चलता रहा। उन्नीस सौ सत्तर के जुलाई महीने में रंजित गुप्त पुलिस कमिश्नर नियुक्त हुए थे, और हमें याद आता है उसी साल नवम्बर की एक सुबह, जब बेलेघाटा के पाँच सौ घरों में चवालीस पुलिस वैन ने धावा बोलकर स्कूल-कॉलेज के कुछ विद्यार्थियों को घरों से घसीटकर बाहर निकाला था और बिना किसी सबूत के, बिना किसी सुनवाई के उनमें से चार लोगों की सबके सामने वहीं गोली मारकर हत्या कर दी थी। श्यामपुकुर पार्क के पास टाइफ़ाइड के मरीज़ चौदह साल के एक बच्चे को रास्ते पर खींचकर दिन के उजाले में पुलिस ने मार डाला था, श्यामपुकुर रोड पर डिप्टी कमिश्नर ने ख़ुद अपने हाथ से दो लोगों को गोली मार दी थी, बेलघरिया में भी इसी तरह की घटना घटी थी और उस दिन लोकसभा के सदस्यों को जाँच-पड़ताल कर रहे एक दल ने यह सब जानकारियाँ दी थीं, जिस दल में शामिल थे कृष्ण मेनन, हीरेन मुखोपाध्याय, अरुणप्रकाश चट्टोपाध्याय और ज्योतिर्मय बसु वग़ैरह। उस जाँच-पड़ताल में उन्होंने यह जानकारी भी दी थी कि रोज़ आधी रात को पुलिसवाले चौदह से तीस साल के बीच की उम्र के असंख्य किशोर और युवाओं के झुलसे हुए शव श्मशानघाट पर लाते हैं, इस तथ्य के विषय में उन्हें जानकारी है। या फिर चौबीस फ़रवरी उन्नीस सौ इकहत्तर को बहरमपुर जेल की बात को ज़रा याद कीजिए। संगीनों और लाठियों से पीट-पीटकर चार लोगों को जेल के सेल के भीतर मारा गया, अस्पताल पहुँचकर तीन लोगों की मौत हो गयी और चौथे की मृत्यु बाद में हुई। एक दिन दमदम जेल में ठीक इसी तरह सोलह लड़कों की हत्या की गयी, अनगिनत घायल हुए। या फिर बरानगर

के काशीपुर के उन हिंसक आरण्यक दो दिनों के बारे में सोचिए, बारह और तेरह अगस्त को, जब सूची के हिसाब से शिनाख़्त करके घर-घर जाकर डेढ़ सौ लड़कों का ख़ून किया गया, सब लोगों की अभिज्ञता के सामने, मानो प्रशासनहीन जगत में रास्तों के मोड़ पर उनके नाम लटका दिये गये। उस दिन प्रतिवाद में ज्योति बसु ने बन्द रखने का सोचा था लेकिन आख़िरकार वह सम्भव नहीं हो सका।

मृत्यु अवश्य ही कभी-कभी राहत देती है। जिनकी हत्या नहीं की गयी थी, उन पर किये गये शारीरिक अत्याचारों के विवरणों की तुलना सम्भवत: नाज़ी कैम्पों के साथ की जा सकती है, महिलाओं को भी जहाँ नग्न करके कई-कई दिनों तक उलटा लटका कर रखा गया, जुर्म क़बूल करवाने के लिये समूची देह पर अत्याचार किये गये। 'चीख़ना मना है, दूसरी ओर दीवार के पास दो लोग खड़े हैं, उनके हाथ में सिगरेट है। चीख़ीं तो तुम्हारे शरीर पर स्थायी निशान दाग़ दिये जायेंगे। बाद में इन निशानों का अनुधावन करने की कोशिश में कई लोगों ने आत्महत्या की, कुछ पागल हो गये, हमें इसकी ख़बर है।' नहीं, यह विवरण नक्सलदमन के विषय में नहीं था 'कोलकाता दो-हज़ार' के उसी अंक की 'भू-नयना' कहानी से उद्धृत ये वाक्यावली हमारे उस पुराने इतिहास के साथ कितने ज़बर्दस्त ढंग से मेल खाती है! रंजित गुप्त के 'जो विप्लव असफल हो गया' शीर्षक वाले लेख का समापन इस तरह हुआ है कि पश्चिम बंगाल में अब नक्सलपन्थी विचारधारा और अभ्युदय का कोई निशान ही बाक़ी नहीं है, बची हुई है बस पेंशन लेने वाली पुलिसवालों की विधवाओं की लम्बी लाइन। और बचे हुए हैं वे मकान, जिन मकानों से कमउम्र वाले ग़ायब हो चुके हैं : जिनमें से कोई अदालती निर्णयों डर से छिपा हुआ है, तो कोई दूसरे दलों के हाथों मारा गया है, या फिर अपनी ही पार्टी के हाथों ख़त्म हो गया। ठीक है, लेकिन लुप्त हो जाने के इस संहत वर्णन में उन लोगों की बात रह गयी, जो लोग अनेक शारीरिक और मानसिक पंगुता के निशान लेकर बाद में जेल से रिहा हुए 'कई लोगों ने आत्महत्या की, कुछ पागल हो गये' उस कहानी की भाषा में, या फिर जो आज भी किन्हीं सुदूर अदालतों के निर्णयों की प्रतीक्षा में कारागारों के भीतर रह गये हैं।

परिचय के सिलसिले में 'पोलो क्लब के प्रेसिडेंट' वाक्य लिखते समय भी क्या रंजित गुप्त के प्रबन्ध की बातें ज़रा भी आपके ध्यान में थीं? उन

दिनों के विपर्यस्त, क्लेशपूर्ण और अस्थिर परिवेश में चुनाव सम्भव हो सकेंगे या नहीं, इस बात को समझने के लिये जब मानेक शॉ कोलकाता आये थे और बैठक के कमरे में सभी के सुर से 'नहीं' ध्वनित हो रहा था, पुलिस कमिश्नर ने तब ज़ोर देकर ही कहा था कि अप्रैल में चुनाव आयोजित करने में किसी तरह की कोई बाधा नहीं है। और इसके तुरन्त बाद उन्होंने लिखा था, 'Equally seriously I added `But we need nine polo horses at once, we have very few, I'm afraid !' उस समय जब पोलो खेलने की बात भी वे सोच पा रहे थे, तब चुनाव तो अवश्य ही सम्भव थे, यह सूचना देकर मानेक शॉ अपने दलबल सहित लौट गये। चुनाव हुए।

लेकिन एक राजनैतिक विचारधारा का इस तरह अवसान हो गया, यह सोचना शायद ग़लत होगा। पोलो की ओर से यदि नज़रें हटा लें तो फिर सन पचासी में इतने निश्चित रूप से नहीं कहा जा सकता कि वह विप्लवी विचारधारा या उसके इतिहास की अनुगूँज पूरी तरह ख़त्म हो चुकी है। रंजित गुप्त ने अपने लेख में इस आन्दोलन के साथ बंगाली लोगों की मानसिक-प्रवणताओं के सूत्रों को संगत रूप से ही मिलान करके देखा है, और आज क्या हम मान लेंगे कि उस प्रवणता का पूरी तरह से विनाश हो गया है ? देश के कोने-कोने में नज़रें दौड़ाएँ तो उस बात को स्वीकार कर लेना कठिन होगा। इसलिये दमनकारी के रूप में उतनी आत्मतृप्ति का मुझे कोई कारण नहीं दिखायी देता।

मुझे उम्मीद है कि आप इस बात को ज़रूर समझेंगे कि नक्सलपन्थ का समर्थन या विरोध मेरी इस चिट्ठी का विषय नहीं है। यह बात आज हम सभी जानते हैं कि उस पन्थ के भी हज़ार उपपथ हैं, हम यह भी जानते हैं कि ख़ात्मे की उस विशेष राजनीति को लेकर उस दिन नक्सलपन्थियों में से भी कई लोगों ने सवाल उठाये थे। असित सेन, सुशीतल चौधुरी, चारु मजुमदार, असीम चटर्जी की आपसी बहसों की बात भी किसी से छिपी नहीं है। तब तथा अब भी, तमाम तरह के मत और मतान्तर के माध्यम से निश्चय ही बहुत-से लोगों ने सामाजिक विप्लव के विषय में सोचा है / सोच रहे हैं, या उसके पूरी तरह विपरीत किसी और विकल्प पर भी वे विचार करते रहे हैं / कर रहे हैं। इनमें से किसी के प्रति हमारा समर्थन हो सकता है, किसी के प्रति तीव्र विरोध भी। लेकिन सुव्यवस्था

के बहाने किसी राजनैतिक आन्दोलन के दमन के नाम पर जब एक पीढ़ी को पुलिस की अँधेरी गुफा में विकृत और विकलांग कर दिया जाय, तब उसके विरुद्ध यदि हम लोग मुखर न भी हो पाएँ, लेकिन हमें उसके समर्थन में कभी भी खड़े नहीं होना चाहिए। हममें इतना धिक्कार अवश्य ही बचा रहना चाहिये जिसे हम जेल की उस प्राचीर की ओर फेंक सकें, जिसका आभ्यंतर अनेक निरपराधों के रक्तप्रवाह और माँस के लोथड़ों से भरा हुआ है, जो भरा हुआ है व्यक्त और अव्यक्त अनेक आर्त्तनादों के स्वरान्वित इतिहास से। रंजित गुप्त लिख रहे हैं कि ब्रिटिश लोगों के लिये क्राइम के दो प्रकार थे : राजनैतिक और ग़ैर-राजनैतिक। उसी ऐतिह्य का वहन करते हुए राजनैतिक आन्दोलन मात्र को क्राइम कहकर जो पुलिस चिह्नित करना चाहती है, उसके दानवी दमन का कुछ प्रतिरोध तो आवश्यक है ही, वहाँ किसी भी प्रकार के प्रश्रय के इंगित भयावह है। याद आता है 'कोलकाता दो-हज़ार' के उस अंक में अजितकुमार मित्र ने किसी राधाचरण प्रामाणिक की बात लिखी थी, 'जिसे उसके क़ुबूलनामे के आधार पर ७ साल की जेल हुई थी, और जिसकी जेल में, तीन साल बाद मानसिक विक्षिप्तता की हालत में मौत हो गयी थी'? लिखा गया है कि 'उस राधाचरण की आवक्ष मूर्ति बनाई जायेगी, विद्रूपमय इतिहास ने उसका भी कोई अवकाश नहीं रखा', क्योंकि उनकी कोई तसवीर ही नहीं है। ब्रिटिशकालीन भारत के उन दिनों के पचास-साठ साल बाद भी इतिहास का विद्रूप थमा नहीं है, राधाचरण-जैसे अनेक किशोर पन्द्रह साल पहले नामहीन, बिना किसी निशानी के इस देश से लुप्त हो गये थे, क्योंकि उन्होंने एक स्वप्न से प्यार किया था।

मैं अब सोच रहा हूँ कि साधारण-से एक शब्द को लेकर मैंने शायद कुछ ज़्यादा ही कह दिया है। लेकिन शायद आप समझ पायेंगे कि उस शब्द में निहित सम्प्रसार नितान्त सामान्य नहीं है, लम्बे समय से मेरे, आपके, सबके द्वारा स्मृति में ढोया जा रहा समय का वह एक विराट घाव साधारण नहीं है। मुझे विश्वास नहीं होता कि इसे लेकर हममें कोई मतभेद होगा, नितान्त मामूली ढंग से ही वह शब्द आपकी क़लम से उठ आया था। इसका अनुमान लगाकर भी जो मैंने इतना सारा लिख डाला, वह सिर्फ़ यह समझाने के लिये कि कोई-कोई शब्द किस तरह से अचानक आकर किसी पाठक की चेतना पर आघात कर सकता है, और इससे किस तरह

वास्तविक अवस्थान के विषय में हमारे आसपास की धारणा आवर्तित हो सकती है। इस पल में, इसके अलावा मेरे लिये लिखने योग्य और कुछ नहीं है।

मेरी सद्भावनाएँ स्वीकार कीजियेगा।

(१९८५)

अविश्वास का यथार्थ

कुछ दिनों पहले किसी दैनिक पत्र के पृष्ठ पर एक चित्र छपा था, वह सन् २००१ का एक चित्र था। उस चित्र का विषय था : आर.एस.एस. कमांडो प्रशिक्षण शिविर में प्रशिक्षणरत दलबद्ध लड़कियाँ, हाथ में अस्त्र। एक व्यक्ति ने दुश्चिन्ता के साथ सवाल किया था : वह तसवीर कोलकाता की है क्या? ऐसा हो सकता है क्या? क्या वे लड़कियाँ बंगाली हैं?

वह ख़ास तसवीर लखनऊ की थी, कोलकाता की नहीं, लड़कियाँ बंगाली नहीं थीं। लेकिन क्या वह तसवीर कोलकाता की नहीं हो सकती थी, बंगाल की? इस कोलकाता में भी क्या हमारी अचेतना एवं अगोचर में ऐसे अनेक संगठित प्रशिक्षण शिविर नहीं चल रहे हैं? कुछ समय पहले तक भी वे आर.एस.एस. के नेता थे, मोहभंग होने की वजह से इन दिनों वे उसे छोड़ चुके हैं, ऐसे ही एक बंगाली सज्जन ने अपने व्यक्तिगत अनुभवों से बताया कि कितने दिनों से इस कोलकाता में, लगभग सबकी आँखों के सामने ही, बच्चों को एक तरह की हिंसक राष्ट्रीयता के बोध में दीक्षित करने का काम चल रहा है, पार्कों में, खेल के मैदानों में किस तरह 'भारतीय' और 'ग़ैरभारतीय' खेलों को चिह्नित किया जा रहा है। उन्हें भस्मासुर या राम-रावण खेलना पड़ रहा है, और यह कहना भी सीखना पड़ रहा है कि 'हिन्दुस्तान है हिन्दू का, नहीं किसी के बाप का'। इस एक अजब भारतीयता से उनके मन को दूषित किया जाने लगा है, हिन्दुत्व को ही भारतीयता घोषित किया जा रहा है, ताकि वयस्क होने पर वे यथार्थ रूप से 'हिन्दू-संग्रामी' बन सकें। जिनका मोहभंग हो चुका है उन बंगाली सज्जन को आज लग रहा है कि एक बहुत बड़ा कीट मानो अपने खोल में रहते हुए ख़ुद को वीभत्स आयतन में बढ़ाता चल रहा है, वह अपना

सिर थोड़ा-सा बाहर निकाल कर सब कुछ को निगल लेता है और फिर से अपने खोल में घुस जाता है। और इस तरह चुपके-चुपके वह और बड़ा, और बलशाली तथा कुत्सित होता जा रहा है। अचानक किसी एक दिन लोगों को महसूस होता है कि चारों ओर हरियाली का नामोनिशान नहीं है, सारा अन्त:सार उस विकट कीट ने सोख लिया है और वह सर्वेश्वर हो गया है।

और यह तसवीर विशुद्ध आज के समय की है ऐसा नहीं है, तीस वर्षों से भी अधिक समय से हमारे कोलकाता शहर में ही यह आयोजन चल रहा है। विभिन्न पर्यायों में बाँटकर, लगभग सामरिक श्रृंखला में, एक ओर उत्कट आसक्ति और दूसरी ओर उत्कट घृणा के नशे से आच्छन्न एक वाहिनी तैयार करने का आयोजन कोलकाता शहर में भी चल रहा है। लेकिन इस बारे में हम लोग सतर्क नहीं हो सके, हमारे राजनैतिक नेता भी सतर्क नहीं रह सके। यदि वे सतर्क रहते तो फिर सामयिक प्राप्ति की अन्धता में १९८८ में भी अटलबिहारी वाजपेयी से ख़ुशी-ख़ुशी हाथ मिलाकर वामपन्थी लोग बी.जे.पी. को आगे की पंक्ति में नहीं ला सकते थे। इस देश के मुसलमानों के प्रति आचरण करने के तीन रास्ते हैं : तिरस्कार, पुरस्कार और परिष्कार—अयोध्या के उत्तरकाल में वाजपेयी की यह जो वाणी देश भर में फैल गयी थी, वह १९८८ के बाद एक दिन में तो तैयार नहीं हुई थी! एक दिन किसी एक सुबह उनकी यह घोषणा तैयार नहीं हुई थी कि हिन्दू समाज यदि ख़ुद को सम्प्रसारित नहीं करता तो फिर उसके लिये अस्तित्व का संकट उत्पन्न हो जायेगा, और इसलिये 'We have to expand ourselves!' हाल ही में हुआ गुजरात काण्ड उसी सम्प्रसारण की एक तसवीर है। और इसी के साथ, हम निश्चय ही समझ पा रहे हैं कि गुजरात में ही गुजरात ख़त्म नहीं होता। आज भी यदि हम सचमुच का कोई प्रतिरोध लेकर खड़े नहीं हो सके तो फिर 'expand' करने की यह आकांक्षा, खोल के भीतर से उस वीभत्स कीट के भूखे ग्रास को पूरी तरह बाहर निकाल लाने की उत्तेजना को समूचे देश को जल्दी ही देखना पड़ेगा। बंगाल भी क्या उस ग्रास के दायरे से बाहर रह पायेगा?

वाजपेयी का तिरस्कार, पुरस्कार और परिष्कार से क्या आशय था? मुसलमान अगर ख़ुद को न बदलें तो फिर उन्हें दूर हटा कर रखना : यह हुआ 'तिरस्कार'। तोषण के रास्ते उन्हें 'सदाचरण' से संचालित करना, इसका

नाम है 'पुरस्कार'। और सक्रिय रूप से उनको संस्कारित करने का आयोजन ही 'परिष्कार' है। बी. जे. पी. का अभियोग था कि कांग्रेस और कम्युनिस्टों का मन 'पुरस्कार' में अटका है, तोषण में। लेकिन वे तो 'परिष्कार' चाहते हैं। परिष्करण की गरज से वे आश्वासन देते हुए कह रहे थे : निश्चय ही मुसलमानों को धर्म परिवर्तन करने की ज़रूरत नहीं है (मानो वह भी एक भरोसा देकर कहने की बात है!), मक्का निश्चित रूप से उनका तीर्थ-स्थल होगा, वे लोग मसजिद जायेंगे, नमाज़ पढ़ेंगे, रोज़ा रखेंगे। लेकिन, यदि मक्का या इसलाम और भारत में से किसी एक को चुनने की बात आई तो अनिवार्य रूप से उन्हें भारत को चुनना होगा। उन्हें अपने दिमाग़ में यह बात बिठा लेनी होगी कि वे लोग इसी देश के लिये जियेंगे, और यदि जान देंगे तो इसी देश के लिये। सिर्फ़ उन्हीं को इस तरह स्वतन्त्र रूप से जान देने की घोषणा क्यों करनी पड़ेगी, और चुनने का सवाल भी इस तरह क्यों उठेगा भला, एक पूरे सम्प्रदाय के विषय में ऐसा अपमानजनक निर्देश क्योंकर जारी किया जायेगा, इन सबके बारे में जानने के वक़्त हमें याद रखना होगा कि इस अधिकार को जिसने या जिन्होंने अपने पास रख लिया है, उसे या उन्हें हम लोगों ने ही अपनी निष्क्रियता या फिर ग़लत कार्यों की वजह से इतना आगे बढ़ने दिया है।

लेकिन कीट जिसका ग्रास कर रहा है, याद रखना होगा कि वह केवल शरीर नहीं है, वह एक मन भी है। राष्ट्रीय स्वयंसेवक संघ, अखिल भारतीय विद्यार्थी परिषद, विश्व हिन्दू परिषद, भारतीय जनता पार्टी—इनके सदस्यों की संख्या बहुत अधिक है, फ़िलहाल चलिये हम उसे शरीर कहते हैं। समूचे भारत में शाखा-प्रशाखाओं के रूप में फैले इस शरीर के कामकाज के लिये कई प्रकार की वाहिनियों की व्यवस्था की गयी है : महिलामोर्चा, राष्ट्रसेविका, दुर्गावाहिनी, युवमोर्चा, बजरंगदल, शिवसेना, वनवासी कल्याण आश्रम या फिर स्वदेशी जागरण मंच। अंचल, राज्य, ज़िला, नगर की परम्परा में विन्यस्त करके 'प्रचारकों' को ज़हर फैलाने की ज़िम्मेदारी दी जा रही है, ऐसे प्रचारकों और कर्मियों से देश भरा जा रहा है, यहाँ तक कि यह कोलकाता शहर भी—यह विपत्तिजनक है, यह सच है। लेकिन सिर्फ़ इतना ही नहीं, वर्णित इस शारीरिक विस्तार के बाहर भी वह कीट अनेकानेक मन पर अपनी साँसें छोड़ रहा है, छोड़ पा रहा है, इस समय सबसे आतंकजनक यही है। आतंकजनक यह है कि आपके-

उसके–मेरे आसपास जो सहज, साधारण लोग हैं—जो आर. एस. एस. या बी. जे. पी. के नहीं हैं, वी. एच. पी. या ए. बी. वी. पी. के नहीं हैं—उनके मन में भी अविश्वास और विद्वेष का एक वातावरण फैलता जा रहा है। देश के प्रमुख दो धर्म–सम्प्रदायों में पारस्परिक अपरिचय इतना व्यापक है, और सम्पर्क के रास्ते इतने सँकरे कि इसी का फ़ायदा उठाकर विच्छेद का रास्ता और भी लम्बा होता जाता है। अपरिचय से विच्छेद, विच्छेद से अविश्वास। और इसी के फलस्वरूप बी. जे. पी. में शामिल न होते हुए भी, अटलबिहारी की बात कई साधारण लोगों के मन की बात हो जाती है। जो लोग धर्मनिरपेक्षता की ध्वजा उठाये हुए हैं, उनके लिये भी उनके मन में चुपके–चुपके एक प्रत्याख्यान की भावना लगातार पनपती रहती है।

यदि सचमुच किसी प्रतिरोध की बात हमें सोचनी है तो धीरज के साथ हमें समझना होगा कि यह प्रत्याख्यान क्यों है, यह वातावरण क्यों है। उसकी एक दिशा को फ़िलहाल हम केवल बंगाल की पृष्ठभूमि में ही समझने की कोशिश करेंगे।

वर्ष १९८८ में कटरा मसजिद को लेकर बहरमपुर और उसके आसपास के इलाक़े में गड़बड़ी का माहौल बना था। जो घटित हुआ था उसे ठीक–ठीक दंगा तो नहीं कह सकते, वह एक आकस्मिक धर्मीय संहार था, एकपक्षीय मामला। वामफ्रंट सरकार यथासम्भव शीघ्रता से उस संकट से बाहर आ गयी थी, कहीं और कोई विपर्यय न घटित हो इसके लिये उन्होंने अनेक सभाओं, भाषणों और जुलूसों का आयोजन किया था। बहरमपुर के रवीन्द्रभवन में ऐसी ही एक विशाल सभा आयोजित की गयी थी, उसमें कोलकाता से राजनीति और कला–जगत के कई प्रगतिशील लोगों ने शिरकत की थी। बहरमपुर के विशिष्टजन—आजीवन कांग्रेसकर्मी माननीय एवं वयोवृद्ध रेज़ाउल करीम—भी वहाँ मौजूद थे।

उस सभा में आलादर्जे के एक नाटककार ने इतिहास की विस्तृत जानकारी देते हुए कहा था : पश्चिम बंगाल में कभी दंगे नहीं होते, सम्प्रदायों में आपसी भेदभाव नहीं होता, हो नहीं सकता। क्योंकि पश्चिम बंगाल के लोग सतर्क हैं। कांग्रेस के ज़माने में उन्हीं के षड्यन्त्र के कारण दो–एक बार ऐसा घटित हुआ था, लेकिन हम उस स्थिति को बहुत दिन हुए पार कर आये हैं। 'आज जो हम लोग यहाँ एकत्र हुए हैं'—उन्होंने उस सभा में बताया कि—'वह सिर्फ़ अफ़वाहों के आतंक के ख़िलाफ़ बोलने के

लिये, कांग्रेसी षड्यन्त्र के विरोध में बोलने के लिये एकत्र हुए हैं'। साधारण लोगों के लिये हर पल वामफ़्रंट सरकार सजग है, लोग इस बात को जानते हैं। इसलिये, बहरमपुर में किसी मुसलिम की हत्या हुई है, कांग्रेस के इस दुष्प्रचार से हमें ज़रा भी विचलित नहीं होना चाहिए।—ऐसे भाषण से सभी को मुग्ध करते हुए वक्ता ने सभा से विदा ली थी, और भी कई लोगों के साथ रेज़ाउल करीम मंच पर बैठे रहे, जो लोग बहुत दूर के अंचलों से आये थे, पूर्वनिर्धारित आश्वासन और निश्चयता लिये हुए वे अपने-अपने घरों को लौट गये।

एकपक्षीय यह हत्याकाण्ड किस असतर्कता की वजह से घटित हो सका, किस पक्ष की कितनी प्रेरणा ने किस रास्ते पर काम किया था, भविष्य में उसका प्रतिरोध किस तरह से सम्भव होगा (प्रतिरोध दंगों का नहीं, सांप्रदायिक मन का), इन सबको लेकर शायद उस सभा में चर्चा हो सकती थी, लेकिन नहीं हुई। उस घटना से पारस्परिक अविश्वास और घृणा का जो यथार्थ जाग उठा था, उसे न देख पाने की वजह से या फिर देखकर भी न देखने का दिखावा करके केवल उस यथार्थ को ज़िन्दा रखा गया। इसीलिये फिर चार साल बाद टैंग्रा और काश्यपपाड़ा की घटनाओं को लेकर उतना विस्मित होने-जैसा कुछ नहीं रहता। हम समस्या का समाधान कैसे करेंगे भला, अगर हम समस्या के अस्तित्व को ही अस्वीकार कर दें या उसकी आहट हमें महसूस ही न हो? उस दिन उनके मन पर क्या घटा था, जिन्हें अपनी आँखों के सामने ही बर्बरता देखनी पड़ी थी? या फिर जिन लोगों को उसे भुगतना पड़ा था? उन्हें पता चला था कि एक प्रत्यक्ष झूठ की बुनियाद पर हमारी राजनैतिक सांस्कृतिक कार्यसूची खड़ी हुई है। यह बात उन्हें पहली बार पता चली हो सम्भवतः ऐसा नहीं था, लम्बे समय से कई तरह की कपटताओं, कई प्रकार के झूठे आचरणों से हर स्तर पर हमारी राजनीति को निर्मित किया गया है, और उसे 'स्ट्रैटिजी' नाम दिया गया है। इसी स्ट्रैटिजी ने एक ओर अपराध-जगत को बढ़ावा दिया है, सही समय पर इसके बाल पकड़ कर इसे झकझोरा नहीं गया, दूसरी ओर लोगों की चेतना में अविश्वास और निराशा ने घर कर लिया है। संगठन के आत्मिक अर्थ खो गये हैं, दबदबा क़ायम रखने के लिये मुख्य रूप से दंद-फंद का सहारा लिया जा रहा है, या फिर मौक़े के हिसाब से बाहुबल का, मन बुरी तरह से असुरक्षित और अदीक्षित रह गये

हैं। असुरक्षा और अदीक्षा के उस पथ पर मन किसी भी दिशा में लुढ़कने लगा है। इसलिये विपरीत पक्ष के प्रभावों से ग्रस्त होने में उसे कोई परेशानी नहीं हुई। इसलिये एक ही साथ वामपन्थी वोटदाता और बी. जे. पी. की मानसिकता के अधिकारी होने में कोई असुविधा नहीं हुई। आतंक का एक पक्ष यहाँ है : साधारण लोगों में इस मानसिकता के विस्तार में।

एक उलटी दिशा की ग़लती भी हम बहुत दिनों से करते चले आ रहे हैं। इसलाम के साम्प्रदायिक प्रचार गाँव-गाँव में किस तरह धीरे-धीरे प्रवेश कर रहे हैं और मानसिक एवं सामाजिक विच्छिन्नता के लिये उकसा रहे हैं, हमने उस ओर ध्यान देने की कोशिश ही नहीं की। उस कटरा-काण्ड के समय से ही हमारे एक मार्क्सवादी इतिहासकार मित्र हमारे सीमान्त-चरित्र के अनुभवों से बहुत कुछ कह गये थे। इन्होंने आजीवन मुसलिम समाज, उसकी राजनीति, उनके और हिन्दुओं के सम्बन्धों को लेकर काफ़ी लिखा-पढ़ा। कई-कई बार बांग्लादेश जाते-आते, हमारे सीमांतवर्ती अनेक सभा-समावेशों के अनुभवों से उन्होंने महसूस किया कि किस तरह विद्वेष की विपदा तमाम स्तरों पर घनीभूत होने लगी है, किस तरह यह देश एक नये संकट से रूबरू होने जा रहा है। लेकिन संस्कृति के क्षेत्र में एक नेता की हैसियत रखने के बावजूद वे राजनैतिक नेताओं को अपनी बात नहीं समझा सके, इस समस्या को उन्होंने समस्या ही नहीं समझा, या फिर उन्होंने इसे बहुत छोटी-सी समस्या माना। और 'अनुप्रवेश'-जैसा कोई शब्द सुनते ही उन्होंने इसे बी. जे. पी. की बकवास मान लिया। इसी की प्रतिक्रिया में, इस चुपचाप निकल जाने की प्रतिक्रिया स्वरूप, थोड़ा-थोड़ा करके हिन्दू साम्प्रदायिकता की ओर बहुत सारे अनिश्चित मध्यमार्गी मन झुकते चले गये हैं। साम्प्रदायिकता का शोर और धर्मनिरपेक्षता की चुप्पी—या फिर उसे चुप्पी न कहकर कहा जाये एक प्रकार की पक्षधर आवाज़—ये दो शक्तियाँ एकत्र होकर फ़ासीवाद के रास्ते को सुगम बनाने के लिये मध्यमार्गी उस स्तर को एक अशुभ हिन्दू राष्ट्रवाद की ओर खींच रही हैं।

निरपेक्षता की पक्षधर आवाज़ क्यों कह रहा हूँ, हाल के ही एक उदाहरण से शायद इसे थोड़ा समझा जा सकता है। एक अनथक समाजसेवी और फ़िल्म अभिनेता ने कुछ महीने पहले एक दैनिक समाचार-पत्र में गुजरात और हमारे मौजूदा संकट को लेकर एक लेख लिखा था। उस लेख में

बताया गया था कि इस वीभत्स सांप्रदायिक सर्वनाश का मूल उत्स गाँधीजी हैं। रामराज्य के सपने और रामधुन के माध्यम से जो भयंकर बीज वे बो गये हैं, उसी का विषफल हम आज भोग रहे हैं। इसी बात को श्रीरामपुर की एक जनसभा में तालियों की गड़गड़ाहट से दिये जा रहे उत्साह समर्थन के सामने उन्होंने और भी तीव्रता के साथ कहा था। लेकिन उस समावेश के बाहर ऐसे अनेक लोग हो सकते हैं जो निश्चय ही नहीं समझ सके कि, 'ईश्वर अल्ला तेरो नाम / सबको सन्मति दे भगवान' उचारते हुए एक व्यक्ति किस तरह से विद्वेष बो रहा है। आपकी और मेरी तरह बहुत-से लोग हैं जो ईश्वर में विश्वास नहीं करते, या फिर राम अथवा कृष्ण के प्रति कोई भक्तिभाव नहीं रखते। लेकिन ऐसा यदि कोई करता है तो क्या वह अपराधी हो जायेगा? आपके और मेरे विचार में शायद यह है कि इस पृथ्वी से यदि सारे धर्माचार और धर्मसंघ हट जाते तो यह पृथ्वी और भी अधिक रहने योग्य हो जाती। और इस विश्वास को लेकर अपने-अपने ढंग से काम करते जाने, यहाँ तक कि औरों को समझाने का काम करते जाने का एक ऐतिहासिक प्रयोजन ज़रूर है। धर्मनिरपेक्षता का यह एक बड़ा पक्ष है। लेकिन यदि इसी पक्ष को एकमात्र पक्ष मानकर बैठे रहें तो फिर हम उपमहादेश में व्याप्त जनमन से विच्छिन्न हो जायेंगे। दूसरे, जिस अर्थ में हमारे देश में धर्मनिरपेक्षता की जो भावना व्याप्त है, जिस अर्थ में रास्तों पर बड़े-बड़े विज्ञापन टाँगे जा रहे हैं कि सभी धर्मों को समान अधिकार है, उस अर्थ में हम साधारण लोगों की धार्मिक भावनाओं पर बिना सोचे-विचारे आक्रमण नहीं कर सकते। आशीष नन्दी ने अपने एक ताज़े लेख में यह अभियोग लगाया है कि धर्मनिरपेक्षों के प्रवक्ताओं को आख़िरकार क्यों उन्हीं नानक, कबीर, लालन फ़कीर की ओर लौट जाना पड़ता है, आदर्श के रूप में उन्हें उन लोगों को क्यों सामने ले आने की ज़रूरत महसूस होती है, जो लोग वस्तुतः धार्मिक हैं। पश्चिम के अर्थ में, नेहरू के अर्थ में, किसी धर्मनिरपेक्ष व्यक्ति के लिये वे आदर्श सम्भवतः पर्याप्त और संगत नहीं हैं। लेकिन परस्पर धर्मसहिष्णु लोग एक धर्मनिरपेक्षता का माहौल तैयार करें, भारत के परिवेश में इसी बोध को आज अमली जामा पहनाने की ज़रूरत है। इसलिये, सांप्रदायिकता के विरुद्ध बात करते समय किसी और की धर्मचेतना या धर्माचरण के बारे में कड़वी बातें कहना कोई स्वस्थ बात नहीं है, हमें इस बात को समझना होगा। समझना होगा कि समझाना और विद्रूप करना एक बात नहीं है। समझना होगा कि

जो व्यक्ति 'रघुपति राघव राजा राम' कह रहा है, वह कोई अपराध नहीं कर रहा। 'जय श्रीराम' कहकर जो व्यक्ति दंगे में कूद पड़ा है और जो गा रहा है 'सबको सन्मति दे भगवान', उन्हें एक ही मान लेना ग़लत है। उस ग़लती से, इन्हें भी आक्रामक होने की इस ग़लती से, कितने ही मन को निरपेक्षता के दायरे से निकालकर एक कट्टर पक्षधरता की ओर हम ठेल रहे हैं, कितने ही मन को हम सांप्रदायिक बना रहे हैं। तो वे मन आज अशोक सिंघल की तरह ज़ोरदार आवाज़ में धमकी नहीं देंगे कि 'मुसलिम लोग अगर सिर्फ़ देश के बँटवारे की जुगत में लगे रहें, तो फिर उन्हें गुजरात-जैसे राहतशिविरों में रहने के लिये मजबूर होना पड़ेगा।' वह मन ऐसी धमकी नहीं देगा, लेकिन वह इस धमकी के प्रतिरोध में आगे भी नहीं आयेगा, वह मन निष्क्रिय हो जायेगा। और उस निष्क्रियता की राह पकड़ कर धार्मिक फ़ासीवाद आगे बढ़ता आयेगा, बढ़ता आ रहा है।

इस निष्क्रिय मन की एक और समस्या है। 'मुसलिम' शब्द के साथ-साथ मन में इतिहास की एक धारावाहिकता लिपट जाती है। उस इतिहास में हमेशा ग़लत ढंग से इस शब्द का प्रयोग किया जाता रहा है। तुर्की, पठान, मुग़ल सारे शासनों को हम एक ही गोत्र में खींच कर उन्हें मुसलिम शासन, मुसलिम अभियान और मुसलिम आक्रमण का नाम दे रहे हैं। हिन्दू युग, मुसलिम युग, ब्रिटिश युग के हिसाब से हमने इतिहास के विभाजनों को स्वीकार कर लिया है। देश या साहित्य का इतिहास पढ़ते या लिखते समय हमने ये सवाल नहीं उठाये कि युग-विभाजन में बार-बार इस प्रकार की फ़ैलेसी ऑव डिविज़न क्यों घटित हो रहा है, एक युग यदि देशचिह्नित है तो दूसरे भला क्यों धर्मचिह्नित होंगे। और उस धर्मचिह्नित इतिहास को हमने मान लिया है इसीलिये पड़ोसी मुसलिम दोस्त को भी हम अवचेतन में (और कभी सचेतन रूप से ही) मध्ययुगीन इतिहास का चिह्नवाहक एक व्यक्ति मान बैठे हैं, तुर्की, पठान, मुग़ल में से ही कोई। सम्भव है कि हम उसे भी ऐसा ही सोचने के लिये विवश कर रहे हैं। और तब हम भूल रहे हैं या भुला देना चाहते हैं कि इस ज़मीन के साथ बहुत पुराना है उसका बुनियादी जुड़ाव, देश की मिट्टी के साथ उसका रच-बस कर रहना, और ऐसे में वाजपेयी माँग कर रहे हैं कि उसे आज बार-बार यह घोषित करना होगा कि यह देश मेरा है, यह देश मेरा है। इस माँग के भीतर जो अपमान प्रक्षेपित किया गया है, उसी के विरुद्ध आज हमें बात

रखनी होगी, मुसलिमों को भी और हिन्दुओं को भी मुखर होना होगा। सिर्फ़ हिन्दू जमाअत नहीं, केवल मुसलमान जमाअत नहीं, ऐसी जमाअत से यह बात कहनी होगी, जहाँ बहुसंख्यक मुसलिम और बहुसंख्यक हिन्दू एकसाथ खड़े हो सकें। मुसलिम इंस्टीट्यूट की सभा में थोड़े-से हिन्दू और यूनिवर्सिटी इंस्टीट्यूट की सभा में थोड़े-से मुसलमानों की मौजूदगी, इस आदत को बदलकर अगर हम इन दो सभाओं को एकाकार कर सकें, यदि इसकी शुरुआत कर सकें, तो फिर यह हमारे द्वारा उठाया गया प्रतिरोध का पहला क़दम हो सकेगा।

(परिचय, मई-जुलाई, २००२)

इशारा अविरत

कोलकाता दूरदर्शन के लिये बहुत दिनों पहले प्रभास सेन ने रामकिंकर का एक साक्षात्कार लिया था, लेकिन दर्शकों को वह कभी भी नहीं दिखाया गया। क्यों नहीं दिखाया गया जब मैं इसकी जानकारी लेने गया तो पता चला कि रामकिंकर ने उसमें कुछ कहा ही नहीं, लगभग हर सवाल के जवाब में उन्होंने स्वयं को अव्याहत रूप से नीरव ही रखा था, कैमरा सिर्फ़ उस नीरवता के सम्मुख घूमता रहा। एक ऐसा निश्चल अनुष्ठान दूरदर्शन के चलचित्र–पटल पर कैसे दिखाया जा सकता था भला ? कलाकार और दर्शकों पर वह नितांत अन्याय नहीं हो जाता! इसलिये दूरदर्शन पर कभी भी उसे दिखाया नहीं जा सका।

गोल्फ़ग्रीन वाले मकान में तब तक ठीक से कामधाम शुरू नहीं हुआ था, थोड़े–बहुत औज़ार वग़ैरह इस घर से उस घर में पहुँचा दिये गये थे। ऐसे समय में, गोल्फ़ग्रीन के उस सुनसान में पूर्णतः व्यक्तिगत रूप से मुझे उस अनुष्ठान को देखने का मौक़ा मिल गया। उसे देखने के बाद आविष्ट मुग्धता में मुझे लगा कि यह ठीक वैसा ही साक्षात्कार है, जैसा एक कलाकार का होना चाहिए, जिस साक्षात्कार से हम तक केवल कुछ सूचनाएँ भर नहीं आतीं, जिस साक्षात्कार में आँखों के सामने किसी सच्चे कलाकार की समग्र सत्ता सत्य के रूप में दिखायी देने लगती है। ऐसा एक अनुष्ठान कोई कभी भी नहीं देख सका, यह सोचकर मनस्ताप होता रहा।

प्रभास सेन ने रामकिंकर से पुराने दिनों की बहुत सारी बातें पूछी थी। वे कब और किस तरह शान्तिनिकेतन आये, उन्होंने किनके पास, किनके साथ काम किया, रवीन्द्रनाथ की क्या प्रतिक्रिया थी, उस समय शान्तिनिकेतन

का चालचलन कैसा था, एक-एक करके किस तरह उन्होंने अपने आश्रम में रखी तमाम मूर्तियाँ गढ़ीं, प्रभास सेन के इन तमाम सवालों पर अकसर रामकिंकर सचमुच अनमने हो गये, कई बार 'जाने क्या, जाने कब' कहकर विह्वल होकर जवाब ढूँढ़ते फिरे, कई बार प्रभास सेन ने उन्हें जवाब सुझा दिए, कभी-कभी प्रभास सेन ही प्रत्याशित विवरण बताते रहे और रामकिंकर केवल उनका समर्थन करते रहे। फिर एक समय यह दिखायी दिया कि शान्तिनिकेतन की अमराई की खुली हवा में वे कुर्सी पर आसीन हैं, पास ही एक मोढ़े पर प्रभास सेन हैं, चित्र बनाने के सरंजाम के रूप में पास ही एक इज़ल भी रखा गया है, दूर पेड़-पौधों के अलावा कभी-कभी दो-चार बच्चे दिखायी दे जाते हैं। इसी बीच 'लाल कनेर' नाटक में रामकिंकर के अभिनय का प्रसंग भी उठ आता है, कुछ पल के लिये उनकी आँखें झिलमिला उठती हैं, ख़ुश होकर वे विशू पागल की दो-चार यादें साझा करते हैं, किसी और अभिनय की भी, और इसके बाद प्रभास सेन के मनुहार पर अचानक ही वे सबकुछ को भूलकर गीत गा उठते हैं, अब वे वैसा नहीं गा पाते यह कहकर बीच में ही ख़ुद को रोक देते हैं। 'यहाँ बैठकर एक तसवीर नहीं बनायेंगे? इच्छा नहीं हो रही?' ऐसा कहकर प्रभास सेन उनके हाथ में तूली थमा देना चाहते हैं, लेकिन लगता है कि रामकिंकर पूरी तरह अनिच्छुक हैं, वे क़तई चित्र नहीं बनाना चाहते, वे तो बस चुप्पी साधकर बैठे रहना चाहते हैं। पेड़ों के पत्ते हिल रहे हैं, इधर-उधर से चिड़ियों की आवाज़ें सुनाई देती हैं, दो-एक बच्चे दौड़ते-भागते दिख रहे हैं और है केन्द्रीय दो लोगों की निस्तब्धता—इसी बीच कैमरे की आँख को रामकिंकर के हाथों में ब्रश दिखायी देता है, रंग में डूबा ब्रश सामने रखे इज़ल पर अटे कैनवस पर विपुल क्षिप्रता के साथ कई बार ऊपर-नीचे होता है, इसके बाद फिर एक बार चुप्पी का आलम, फेंक दिया गया ब्रश दूर पड़ा हुआ है, रामकिंकर अनमने हैं, प्रभास सेन और दर्शकों के सामने उसी समय किया गया एक ज़बर्दस्त शिल्पकर्म उभर आता है।

लगभग दस वर्ष पहले सुनसान में बैठकर देखी इस फ़िल्म के वर्णन में अनुपुंज की कुछ त्रुटियाँ रह सकती हैं, लेकिन संरचना वैसी ही थी। मैंने बाद में एक साक्षात्कार पढ़ा था, रामकिंकर ने एकबार कहा था : 'म्यूज़िक के साथ पेंटिंग का कहीं पर एक ज़बर्दस्त जुड़ाव है। गायन, विशेषकर

क्लासिकल, सुनते-सुनते मेरे सिर के भीतर ख़ास तरह के अनूठे चित्र उभरने लगते हैं।' उस दिन दूरदर्शन की अदर्शित उस फ़िल्म में मैं उस रामकिंकर को देख रहा था, नाटक में, फ़िल्म में, गीत और मूर्ति में जिसके भीतर एक नि:शब्द आवाजाही घटित हो रही थी और मन के भीतर मानो कोई शिल्पसमग्र का स्वाद भरता जा रहा था, मानो सबकुछ को एक साथ समो कर एक प्यार की तसवीर आकार ले रही हो। लेकिन कोई भी उस फ़िल्म को नहीं देख पाया।

दो

सन अठहत्तर में बहुत थोड़े समय के लिये इन्हीं रामकिंकर के साथ मेरी दो-चार बातें हुई थीं, साथ में और एक मूर्तिकार थे—शंख चौधुरी। लेकिन इसके अलावा हमारा फिर कभी सम्पर्क नहीं हो सका। हालाँकि, उन्हें या किसी और को भी यह पता रहने की बात नहीं थी कि मेरे अपने लेखन के साथ एक बार उनका बहुत ही निभृत एक सम्बन्ध स्थापित हो गया था।

स्वाधीनता के बाद पाँच वर्षों में पश्चिम और पूर्वी बंगाल में क्या लिखा गया, इसका एक हिसाब लगाने के लिये सन १९५३ में शान्तिनिकेतन में दोनों ही बंगाल के तत्त्वावधान में एक साहित्यिक मेले का आयोजन किया गया था। उस मेले में एक रोज़ हम कुछ लोग सुबह-सुबह इधर-उधर घूम रहे थे, इसी उपक्रम में हम लोग 'शान्तिनिकेतन' नामक पुराने घर के पास एकत्र हुए थे, हम उसे देख रहे थे और सामने ही रामकिंकर की सद्यनिर्मित एक हरिताभ मूर्ति थी। उसे देखते-देखते सभी उस काम की तारीफ़ कर रहे थे, लेकिन उसकी व्याख्या को लेकर मुश्किल पेश आ रही थी। उस मूर्ति का मतलब क्या है ? एक ने कहा : 'यह तो साफ़ दिखायी दे ही रहा है कि यह एक छन्दोमय लड़की है।' किसी और ने आपत्ति जताई : 'यह क्या ! मुझे तो आग की शिखा दिखायी दे रही है।' जब और भी तमाम तरह की व्याख्याएँ होने लगीं, हमें दूर से दिखायी दिया कि कलाकार ख़ुद ही वहाँ से गुज़र रहे हैं। उन्हें बुलाकर लाया गया, उनसे पूछा गया कि इसके क्या मायने हैं। अस्फुट स्वर में रामकिंकर ने कहा : 'कुछ समझ में नहीं आ रहा ?' 'आ तो रहा है, लेकिन हर व्यक्ति अलग-अलग तरह की बात कर रहा है।' 'कौन क्या कह रहा है ?' रामकिंकर मानो कौतूहल के साथ सुनना चाहते थे। उन्हें सारी व्याख्याएँ सुनाई गईं, और तब, 'सभी ठीक

कह रहे हैं' कहकर वे तेज़ क़दमों से हमारे सामने से भाग निकले।

कइयों को लगा था—लगना स्वाभाविक भी था—कि, वे जवाब न देकर भाग गये, यह दरअसल कलाकार-मात्र के बच कर निकल जाने की मशहूर अदा है। यह हो ही सकता है। लेकिन मुझे लगा था वह बचकर निकल जाना नहीं था, वह एक स्पष्ट जवाब ही था, कलाकार द्वारा दिया गया जवाब। किसी शिल्पकर्म का कोई अतिनिर्दिष्ट अर्थ होना अनिवार्य है, इसका क्या कोई मतलब है? जो लोग देखते हैं, सुनते हैं, पढ़ते हैं, उन तक कोई तात्पर्य पहुँच सके तो वही उस शिल्प का कोई अर्थ हो सकता है, उसके बहुविकीर्णन की कोई एक शिखा। मानो इसी बात को कलाकार ने कहना चाहा था, मुझे तो उस दिन कम-अज़-कम ऐसा ही सोचना अच्छा लगा था।

क्योंकि तब मेरे लिखे हुए को लेकर मेरी ही एक दुविधा धीरे-धीरे सिर उठाने लगी थी, मुझमें असंतोष पनपने लगा था। प्रगल्भता में, सरलीकरण में, एकमुखिता में जिस ओर मेरी रचनाओं ने रुख़ कर लिया था, उस ओर से मानो लेखनी हट जाना चाहती थी, लेकिन मुझे उसका ठीक-ठीक रास्ता नहीं मिल रहा था। रामकिंकर की 'सभी ठीक कह रहे हैं' कहकर तेज़ गति से भाग जाने की वह तसवीर रह-रहकर मेरे मन पर आघात कर रही थी, लग रहा था मानो वहीं पर रास्ते का कोई इशारा रह गया था।

फिर इसके बाद आई सत्यजित राय की 'पथेर पाँचाली'। नीरवता कितनी मुखर हो सकती है, उसके इस देशी उदाहरण में मानो हमें मुक्ति का स्वाद मिल गया था। यह एक अलग तरह की फ़िल्म है, जहाँ बातें होती हैं, बातें थम जाती हैं, फिर भी आँखों के सामने दृश्य रह जाता है, बातें दृश्य में ही तब्दील हो जाती हैं, आँख और कानों के इस अविराम अगोचर आवाजाही में एक तरह का छन्द आकार लेता रहता है, और परिपूर्णता से भर उठता है मन। कविता क्या इसे ला सकती है? सिर्फ़ शब्दों के ज़रिये कविता किस तरह इतनी निःशब्दता को पकड़ पायेगी भला?

ऐसा नहीं है कि देश-विदेश की कविताओं से—या फिर कविता विषयक तत्त्वकथा से—इसका कोई जवाब नहीं मिलता, लेकिन उस प्रश्न के किसी और सम्भाव्य उत्तर की ओर उस दिन उस मूर्ति ने, उस चलचित्र ने मन को उद्यत कर दिया था। कुछ वर्षों तक तब लेखन थम-सा गया

था, उसकी तमाम वजहों में यह भी एक वजह थी, उस नीरवता, उस विकीर्णन के सम्मुख खड़े होने की इच्छा। धीरे-धीरे मेरी 'निहित पातालछाया' की कविताएँ आकार लेने लगीं।

चलती ट्रेन से बाहर टेलीग्राफ़ के तारों की ओर देखने पर यकायक एक दृष्टिभ्रम पैदा हो जाता है। एक खंभे से दूसरे खंभे तक जाते-जाते लगता है मानो तार ज़मीन की ओर झुक रहे हैं, लेकिन तभी दूसरे खंभे के धक्के से वे तार ऊपर की ओर उठ जाते हैं, इस तरह उठने और गिरने की एक लहर तैयार होती रहती है। कविता में भी कभी-कभी ऐसा घटित होता है। निःशब्द से शब्दों की ओर जाते-जाते एक सीमा पर पहुँचकर फिर से मानो वह शब्दहीनता की ओर उठ जाता है। शब्द और निःशब्द का ऐसा ही एक उठना-गिरना चलता रहता है। 'निहित पातालछाया' के लगभग दस साल बाद, शब्द की ओर झुकते-झुकते फिर से इसी तरह की एक निःशब्दता की ओर मेरी कविता बढ़ना चाह रही थी, उसके साथ भी एक भिन्न कला का ही सम्बन्ध था।

दुर्गापूजा की छुट्टी में उस बार मैं वक्रेश्वर, शिउड़ी के मशानजोड़ गया था। तब वक्रेश्वर बहुत टुकड़े-जैसी जगह थी, इतनी कि मानो सभी कुछ मुट्ठी में समा जाय। पन्द्रह दिन वहाँ रहने के हिसाब से एक कमरा किराये पर लिया था, कमरे में लेटे-लेटे खिड़की से देखें तो नदी के नाम पर पानी की पतली-सी एक रेखा दिखायी देती थी, उसके उस पार आँखों के लगभग समतल पर बिखरे हुए थे धान के खेत। कमरे से निकल कर थोड़े आगे बढ़ने पर बाँस की चटाइयों से बनी कुछेक दुकानों के बाद गरम पानी के कुछ कुण्ड थे, और ठीक उसके पार्श्व में उपेक्षित-से बहुत सारे छोटे-छोटे मन्दिर बिखरे हुए थे। वे लगभग एक-से आकार के थे, उनकी बनावट भी एक-सी थी, वे हरेक स्वतन्त्र थे और सबको मिलाकर मानो किसी एक समग्रता के साँचे-जैसे लग रहे थे। इसी के साथ आकर मिल जाती थी विष्णुपुर और शिउड़ी में देखी टेराकोटा की स्मृतियाँ, टुकड़ों को आपस में मिलाकर वे भी एक तरह की पूर्णता में गुँथी हुई थीं। मुट्ठी भर जितने वक्रेश्वर के उस विजन अवकाश में 'पंजर में पतवार की आवाज़' की रचनाओं का उन दिनों हलका आभास मिलने लगा था। उन रचनाओं में उस अंचल की स्थानीय छवियाँ ज़रूर रह गयी हैं, लेकिन भीतर-ही-भीतर उससे भी ज़्यादा रह गये हैं टेराकोटा और उन

सब मन्दिर-स्थापत्यों के अभिघात।

मन्दिर-स्थापत्य की बात मुझे बाद में एक बार फिर याद आई थी, जब एक-दो कविताएँ प्रत्यक्ष रूप से ही स्थापत्य की बनक को स्वयं में लाने के लिये आतुर हो रही थीं। कविता केवल कानों से सुनने की चीज़ नहीं है, वह आँखों से देखने की वस्तु भी है, कभी-कभी पहले भी मुझे ऐसा अनुभव हुआ था। 'पतंग' शीर्षक की एक कविता मन के भीतर पूरी हो जाने के बाद जब मैंने उसे काग़ज़ पर लिख लिया, तो मुझे वह पूरी तरह बेकार लगी, ख़ाक। लेकिन फाड़कर फेंक देने के बाद भी वह दिमाग़ में से नहीं गयी, वह बार-बार मन में गूँजती रही। लेकिन फिर से लिखकर मुझे वह कविता फिर से फाड़नी पड़ी। ऐसा बार-बार क्यों घटित हो रहा था? मन-ही-मन दोहराने पर वह अच्छी लग रही थी लेकिन लिखकर देखते ही वह ग़लत लगने लगती थी! फिर अचानक मुझे समझ में आया कि शब्दों के विन्यास में, पंक्तियों के संगठन में ही त्रुटि रह गयी है, मैं उसे जिस तरह दोहरा रहा था और उसे जिस तरह लिख रहा था उसमें बहुत दूरी रह गयी थी। अब शब्दों को बिखरा-बिखरा कर विन्यस्त करते ही अभिप्रेत कविता आँखों के सामने उभर आई, उसके बिखरे हुए विन्यास में उड़ते हुए पतंगों की कुछ चित्रमयता साकार हो उठी। ठीक वैसी ही प्रत्यक्षता की माँग कलिङ्पोंग के पर्वत शिखर पर एक बौद्ध मन्दिर के स्थापत्य ने भी की थी, कविता की देह उसे प्रतिरूपमय एक संरचना में धारण करना चाहती थी। 'पद्मसम्भव' शीर्षक वाली वह कविता तमाम संग्रहों में जितनी बार छपी, प्रेस को हर बार समझाना पड़ा कि पंक्तियों का विन्यास कैसा होगा, छोटी-बड़ी किस पंक्ति को कौन-सी पंक्ति सेंटर करेगी। उस विशेष विन्यास को यदि तोड़ दिया जाय, उसे सरल रूप से विन्यस्त किया जाये तो क्या फ़र्क़ पड़ेगा? हो सकता है कोई फ़र्क़ न पड़ता हो। लेकिन जो लिखता है, वह सोचता है कि उसी में—मानो उसी विन्यास में—उसकी बहुत सारी साँस रह गयी है, दृश्य और शब्दों से मिलाजुला उसकी प्रत्यक्षता का कोई आभास। वह आभास केवल मन्दिर में नहीं है, उसके तुल्य वहाँ के पहाड़ों में भी है।

कहाँ कब कौन-सा इशारा काम कर जाय, उसका पहले से कोई हिसाब नहीं होता। जलपाईगुड़ी की ऐतिहासिक बाढ़ में अनेक दुर्योगों में से एक था हाथ बढ़ाये हुए एक मुमुर्षु व्यक्ति का बेबस बह जाना, तेज़ प्रवाह में

उसे बचाने वाले की उँगली कोशिशों के बावजूद उसे नहीं छू पा रही थी, और इस दृश्य के सामने पूरी तरह से विपरीत ढंग से—शायद असंगत रूप से ही—आँखों में उभर आया सिस्टिन चैपल का चित्र 'हमारा जन्म', दो विपरीतमुखी हाथों के बीच में क्षीण व्यवधान का अपरिमेय विस्तार मानो एकबार उभर आया है, मैं लिखता हूँ 'हमारा जन्म नहीं': 'मेरे दाएँ हाथ में उसका हाथ नहीं मिलता ईश्वर!' और एक दिन जब सचमुच मैं उस सिस्टिन चैपल में खड़ा था, तो छत के भीतरी हिस्सों पर बनाये गये चित्रों को देखते-देखते मन माइकलएंजिलो के सॉनेटों को छूता रहा। बहुत ऊपर मचान बाँधकर, उस पर चित लेटकर उलटे ढंग से उन्हें चित्र बनाने पड़े थे, बहुत वर्षों तक उस काम को करते रहने की वजह से उनकी पीठ धनुष की तरह टेढ़ी हो गयी थी, ऊर्ध्वमुखी होकर चित्र बनाते-बनाते तूलि से अकसर टप-टप करता रंग उनके मुँह, उनकी कमीज़ पर गिर जाता था। किसी दिन इन्हीं सारी स्मृतियों से भर उठे थे उनके सॉनेट, सिस्टिन चैपल के उस विपुल शिल्परीति के नीचे खड़े होकर उन कविताओं की बात याद न आये यह तो लगभग असम्भव ही है।

तीन

लेकिन जो लिखते हैं, वे उस रचना के माध्यम से कितना पकड़ना चाहते हैं, पाठकों को क्या हमेशा उसकी आहट मिलती है? हमारी छात्रावस्था में पत्रिका के पन्ने पर जब मैंने पहली बार विष्णु डे की कविता की पंक्ति में पढ़ा था 'मातिस आकाश' उन्होंने आकाश की कौन-सी छवि को पकड़ा था उसे मैं ठीक से नहीं समझ पाया था। विशेष्य से पहले वह शब्द कोई क्रियापद नहीं है, व्यक्ति का नाम भर है, हो सकता है अबोध पाठक को पहली बार में यह ध्यान ही न आये। लेकिन उस नाम, उस विशेष कलाकार का नाम वहाँ रखने के साथ-साथ कवि तो अपने पाठक से विभिन्न कलाओं में आवाजाही के एक सतेज अनुभव की माँग कर बैठते हैं, हो सकता है इस तथ्य की जानकारी भी कि आँरी मातिस ने एक दिन सोचा था 'what I dream of is an art of balance, of purity and serenity'। केवल एक शब्द के द्वारा उस balance, purity और serenity के समस्त आवेग को वे अपने नीलाकाश में व्यक्त करना चाहते हैं? समय के साथ-साथ उस कविता की वे पंक्तियाँ तमाम तरह की सम्भावनाओं, अनेक

प्रकार के विकीर्णनों से भरने लगती हैं, तब कविता का एक अगोचर सामर्थ्य मन में बढ़ने लगता है।

विष्णु डे की कविता सब समय तसवीरों, गीतों या मूर्तियों के विभिन्न इशारों से भरी रहती हैं। कभी सुरों से, 'परित्यक्त शून्यजीवी बीथोवन विकल बधिर, / तुम्हारा ही संगीत सुनता हूँ हिरण्मय' ('चतुर्दशपदी', 'पूर्वलेख') या 'अचानक हवा में उभर आती है उपासे लोगों की रुलाई का धिक्कार / कट जाती है बीथोवन सिम्फ़नी की गन्धर्व हवा' ('२२ सावन', 'नाम रखा है कोमल गांधार'), कभी चित्रों में, 'पिकासो की तूलि में, रेखाओं, रंगों में रूपांतर में / रंगों की वह मुक्ति' ('अनिष्ट', 'अनिष्ट') देखते हैं आकाश में, जीवन में। देवव्रत विश्वास, राजेश्वरी दत्त, सुचित्रा मित्र, ज्योतिरिन्द्र मैत्रा का गायन पूरी तरह प्रतीक की विभा लिये उनकी कविताओं तक पहुँचता रहता है, जिस तरह उनकी कविताओं की परतों में यामिनी राय के चित्र घुले-मिले रहते हैं या फिर कोई स्थापत्य, मूर्तिशिल्प। इसीलिये उनकी कविताओं को पढ़ते हुए हम तमाम कलाओं के संगम में स्नान कर लेते हैं।

लेकिन अत्यन्त प्रत्यक्ष इस स्नान के अलावा भी विष्णु डे की कविताओं के साथ पश्चिमी सिम्फ़नी का एक भीतरी सम्बन्ध बना रहता है। उनके छन्द-प्रयोगों में ही कई बार इस सिम्फ़नी के अनुभव शामिल रहते हैं। इसलिये बहुत दिनों पहले मुझे एक बार लगा था (और उस लगने को कवि का समर्थन भी मिला था) कि यहीं से वे अपने छन्द की निजी ताक़त प्राप्त करते हैं। विभिन्न पदों में भिन्न-भिन्न छन्दों के विविध स्पन्दनों के संचार में, कविता की भिन्न-भिन्न चालों या मूवमेंट में, भिन्न तरह के छन्द या पद के आयोजन से वे इकहरे लम्बे सुर को तोड़ते हैं, वे विचित्र सुरों की संगति निर्मित करते हैं, जैसा कि उन्होंने अपनी 'जन्माष्टमी' शीर्षक वाली लम्बी कविता में किया है। कवि ने इस कविता को बीथोवन की महिमान्वित नवीं सिम्फ़नी के साथ जोड़ लिया है। सिम्फ़नी में प्रयुक्त गीत की भूमिका से ली गयी पहली पंक्ति उस कविता का शिरोभूषण बन गयी है : 'बन्धु, दुःख के ये गीत अब और नहीं'। संघातों से दुर्दशा झेलते मित्र के जीवन की पृष्ठभूमि को याद रखते हुए भी उसमें से उफन आया है एक आशा से भरा हुआ उल्लास! इस वाणी के साथ जिस तरह यह कविता जुड़ गयी, ठीक वैसे ही मानो इसने विष्णु डे की कविता के

विन्यास को भी काउंटरपॉइण्ट से सजाई गयी सांगीतिक गति के साथ मिला लिया है, इससे उनकी कविता में बड़े माप के विभिन्न मूवमेंट और सुरसंघात तैयार हुए हैं।

इन बातों के साथ-साथ हमें अनिवार्य रूप से एलियट का नाम याद आता है। एलियट का 'एट वैन्स्डे' छपने के लगभग साथ-ही-साथ स्पेण्डर को लगा था कि इसका दूसरा हिस्सा मानो हमें 'the mysterious second movement of Beethoven's Quartet in A Minor, opus 132' की याद दिला देता है। एलियट ने यह सुना था या नहीं, जब बर्लिन से यह बात जाननी चाही तो एलियट ने स्पेण्डर को लिखा था :

> 'I have the A Minor Quartet on the gramophone and find it quite inexhaustible to study. There is a sort of heavenly or at least more than human gaiety about some of its later things .... I should like to get something of that into my verse before I die'.

किसी-किसी को लगा था कि आख़िरकार 'बर्न्ट नॉर्टन' में ही शायद एलियट अपनी यह इच्छा पूरी कर पाये थे, उस कविता के विविध मूवमेंट में वे अपने उस अभिप्रेत 'heavenly gaiety' को पकड़ पाये थे।

एलियट की कविता के प्रकाशित होने के साथ-ही-साथ स्पेण्डर के कानों में वीथोवन के सुर बज उठे थे। लेकिन इस देश में बैठे सुधीन्द्रनाथ की क़िस्मत वैसी नहीं थी। इस देश के पाठक शिल्प के स्वयंतन्त्र के इतने अभ्यस्त हैं कि उनकी 'ऑर्केस्ट्रा' शीर्षक वाली लम्बी कविता के सांगीतिक अनुषंग पर उनका ध्यान ही नहीं गया। इसीलिये उस किताब के छपने के ठीक उन्नीस साल बाद 'ऑर्केस्ट्रा' के दूसरे संस्करण की भूमिका में थोड़ा विलाप करते हुए ही कवि को लिखना पड़ा था : 'जो संगति पाश्चात्य सिम्फ़निक संगीत का प्रधान लक्ष्य है, उसका इशारा भी 'ऑर्केस्ट्रा' के पहले समालोचक इस शीर्षक की कविता में नहीं ढूँढ़ पाए।' एक कला के साथ दूसरी कला के भीतरी संयोग को हम अपने बोध में उस तरह से नहीं ला पाये हैं, और इसीलिये हमारा मन सहज इशारों को भी अनदेखा कर जाता है। सात पर्वों में विन्यस्त 'ऑर्केस्ट्रा' के प्रत्येक पर्व के शुरुआती अंश जो मंच से 'वाद्यसमवाय' से सुरों का संघात लिये उठ आ रहे हैं, बाँसुरी, वॉयलिन, दुंदुभि, पियानो, विषाण, रुद्रवीणा, ऑर्गन, डमरू, डंका, खंजड़ी और सारंगी की कभी मधुर तो कभी कातर, कभी तीव्र, कभी क्षिप्र

ध्वनियाँ तैयार कर रहे हैं, और इसके साथ सामंजस्य रखते हुए दिखायी दे रहे हैं सात-सात पर्व, इन पर्वों में तैरता चला आ रहा है अतीत प्रणय की आशा-निराशा का मिलाजुला एक आवेग—तभी कवि को ख़ुद ही समझाकर यह कहना पड़ा, यह हमारे पाठक-समाज की तैयारी न होने की पीड़ादायक निशानी है।

जबकि धूर्जटिप्रसाद वग़ैरह तो थे उस समय? उन्होंने भी क्या ग़ौर से सुधीन्द्रनाथ की इस सांगीतिक कविता को पढ़ने की कोशिश नहीं की? धूर्जटिप्रसाद ही ज़्यादा याद आते हैं, क्योंकि एक कला के साथ दूसरी कला को मिलाकर देखने वाले उनके-जैसे सचल मन कम ही दिखायी देते हैं। शास्त्रीय गायन के आलाप-विस्तार को लेकर उस समय उनकी रवीन्द्रनाथ से मशहूर बहस चल रही थी, धूर्जटिप्रसाद जब समझाना चाह रहे थे कि आलाप ही रागिनी को खोलता चलता है, उन्हें अनायास ही चीनियों की 'scroll-painting' की उपमा हाथ लगी थी, या फिर प्रूस्त या जॉएस के उपन्यासों के प्रसंग। इन 'दोनों के उपन्यासों की तुलना संगीत के साथ की गयी है—मानो ये counterpoint के खेल हैं। ... दोनों ही stream of consciousness को लेकर व्यस्त हैं, दोनों का ही कारोबार स्मृति उद्घाटन-प्रक्रिया—कोई भी exhibit नहीं कर रहा, वे बस reveal कर रहे हैं।' धूर्जटिप्रसाद ऐसा कह रहे हैं। रवीन्द्रनाथ को लगा था कि हिन्दुस्तानी संगीत में राग-रागिनियाँ मानो 'अपरिमित रूप से फूल सकती हैं, लम्बी हो सकती हैं, चौड़ी हो सकती हैं, चपटी होकर आगे बढ़ती-बढ़ती चार-पाँच घण्टों को आपके नीचे दबा सकती हैं', और इस तरह गायन का केन्द्र खो जाता है। लेकिन यह आपातबहुलता केन्द्र को ही और भी ज़्यादा 'reveal' करने के लिये है, इस युक्ति को सजाने की कोशिश में धूर्जटिप्रसाद कभी टिन्टॉरेटर फ़िल्म की बात ले आते हैं, या फिर कभी राजपूत लेखनी की रासलीला की वे तसवीरें, जहाँ मध्यवर्ती कृष्ण-राधा के चरित्रों को अवकाश देने के लिये ही चारों ओर असंख्य गोपियों को रचा गया, कृष्ण-राधा के विभोर के भावों का गोपियों की संख्या के परिपार्श्व में उभरना अच्छा है। गायन के अनुभवों के साथ इस तरह चित्र या फिर साहित्य को जोड़कर धूर्जटिप्रसाद हमारे समक्ष एक शिल्पगत समग्रता के अनुभव को समृद्ध करते हैं ।

चार

गीतों की दुनिया, चित्रों की दुनिया, मूर्तियों की दुनिया यहाँ तक कि चलचित्र की दुनिया को भी जब कवि देखता है, तो अपनी सर्जना के लिये उसमें से भी विभिन्न प्रकार के इंगित वह लगातार ग्रहण कर सकता है, ग्रहण करता भी है। सिद्धेश्वर सेन ने एक बार बताया था कि किस तरह आइजेन्स्टाइन की फ़िल्म देखकर उन्हें अपनी कविता के लिये छन्द, विषयवस्तु और बिम्ब के खण्ड-खण्ड रूपों को मोन्ताज की भंगिमा में उपयोग करने की प्रेरणा मिली थी। अलोकरंजन की समस्त सत्ता में गीतों की अभिमुखिता इतनी बिखरी हुई है कि वे अपने जीवन के आनन्द को भारतीय और यूरोपीय संगीत के समवेत अनुषंग में समझ लेना चाहते हैं, आलाप-पर्व पूरा करने के बाद अस्थायी, अन्तरा, संचारी और आभोग के चार स्तरों पर वे अपने जीवन के आनन्द को लेकर अपनी सोच को विन्यस्त कर लेते हैं। लेकिन यदि ऐसा हो कि कवि केवल उपभोक्ता मात्र न रहकर स्वयं ही चितेरा बन जाय, या फिर मूर्तिकार बन जाय ? रवीन्द्रनाथ जब चित्र बनाते हैं, माइकलएंजिलो जब कविता लिखते हैं, अवनीन्द्रनाथ जब गीत और नाटक रचते हैं, उनकी उन सर्जनाओं में हमें क्या किसी और तरह की आवाजाही दिखायी देती है, किसी और तरह का बोध हमें मिलता है, एकाधिक कला के जुड़ाव की सर्वथा भिन्न कोई मात्रा ?

रवीन्द्रनाथ ने अपने बनाये चित्रों के साथ किसी और के चित्रों का मिलान करके कभी-कभी अचानक, तो कभी परिकल्पना करके कुछ-कुछ गीत लिखे थे या कविता की रचना की थी। उनकी 'विचित्रिता' शीर्षक वाली जो मशहूर किताब है, बारह कलाकारों के इकतीस चित्रों को सामने रखकर उन्होंने इकतीस चित्र बनाये थे, उसे एक उलटे तरह का इलेस्ट्रेशन कहा जा सकता है : शब्दों को चित्रों के ज़रिये नहीं, चित्रों को शब्दों के माध्यम से देखना। लेकिन किसी पाठक को यदि उन चित्रों के बारे में पता न हो तो ? उसने उन चित्रों को यदि न देखा हो तो ? सच कहने में क्या, उन्हें देखना बहुत आसान भी नहीं है क्योंकि 'रचनावली' में सिर्फ़ कविताएँ ही हैं, साथ के चित्रों को कभी भी वहाँ नहीं छापा गया, और 'विचित्रिता' भी बहुत दिन हुए साधारण पाठकों से दूर कहीं अदृश्य हो गयी है। 'रचनावली' की 'विचित्रिता' को पढ़ना और स्वतन्त्र पुस्तक के रूप में 'विचित्रिता' को पढ़ना हमारे लिये पूरी तरह से दो भिन्न प्रकार का पढ़ना

साबित होता है।

लेकिन 'निभृत प्राणों के देवता' या फिर 'तुमने जो सुरों की आग सुलगा दी है'—जैसे गीत उतने भिन्न नहीं लगेंगे। नन्दलाल बोस या असितकुमार के जिन चित्रों से इनका उत्सारण माना गया है, उन चित्रों को बहुत हौले से छूकर सुर और शब्दों के सहारे ये गीत पूरी तरह से दूरवर्ती पंख पसार कर उड़ जाते हैं, इनके उत्स को न भी देखें तो भी काम चल जाता है। यानी, जिन्होंने ये गीत लिखे, उनके लिये उन चित्रों की निश्चित रूप से कुछ भूमिका अवश्य थी, लेकिन जो व्यक्ति उन गीतों को सुन रहे हैं, उनके लिये उन चित्रों की स्मृति उतनी अपरिहार्य नहीं है।

इसके उलट, 'विचित्रिता' के लिये गगनेन्द्रनाथ द्वारा बनाया गया 'काला घोड़ा' चित्र के साथ मिलान करके देखें तो रवीन्द्रनाथ की कविता 'काला घोड़ा' एक अलग ही स्वाद देती है। सफ़ेद और काले रंग से बनाये गगनेन्द्रनाथ के उस चित्र में सफ़ेद-काले के अलावा एक धूसरता की बुनावट भी शामिल हो गयी है, काली पोशाक वाली घूँघट किये एक स्त्री मानो उछल रहे काले घोड़े की पीठ पर बैठी है, लगता है सीढ़ी चढ़कर वह किसी अस्पष्ट लोक में जाने वाली है। रवीन्द्रनाथ क्या इसी को आधार बनाकर कविता लिखेंगे ? या कि रवीन्द्रनाथ की कविता से ही यह छवि निर्मित हुई है ? दोनों ही सच हैं। लगभग छत्तीस वर्षों के इस पार उस पार रवीन्द्रनाथ की सुदूर दोनों कविताएँ मानो गगनेन्द्रनाथ के उस चित्र के हाइफ़न में जुड़ जाती है : 'चित्रा' और 'सिंधुपार' की छवि 'विचित्रिता' के 'काले घोड़े' में आकर मिल जाती है। बहुत दिनों पहले स्वप्नाच्छन्न कवि को लगा था कि 'अवगुंठन से ढँकी एक रमणी' उन्हें पुकार रही है, वह एक 'कृष्ण अश्व' पर बैठी हुई है, 'मानो वह चित्र-लिखित है।' एक दिन कवि को भी उस घोड़े ने अपने ऊपर बैठा लिया था और बिजली की गति से उन्हें निर्जन पथ पर ले गया था, दोनों ओर अट्टालिकाओं की पंक्तियाँ थीं। गगनेन्द्रनाथ के चित्र की पत्थर-प्रतिमा सीढ़ी में उसी अट्टालिका का थोड़ा-सा आभास था ? लेकिन इस बार, चित्र बना लिये जाने के बाद, पुरानी वही कविता रवीन्द्रनाथ के अन्तर्मन में और भी धँस गयी, काला घोड़ा अब केवल बाहरी नहीं रहा, 'काले अश्व के अन्तर में सारी रात जो उसाँसें लेती रही / मेरी अन्ध कामना थी'। 'जीवनदेवता' में निहित रहस्य के मुक़ाबले इसका एक भिन्न अनुभव है, 'दर्द से मूर्च्छित' (मूर्तित ?) अपनी प्रिया को मानो यह

'अभिलाषा', यह 'काली अग्निशिखा', 'काली कुज्झटिका' खींच लायी है। यह सारा कालापन एकसाथ मिलकर अंत में किसी 'काली सोच' के गाढ़ेपन में तब्दील हो जाता है, चित्र के ज़रिये कविता में ही घायल एक भिन्न रवीन्द्रनाथ हमें अचानक दिखायी दे जाते हैं।

एक ही रचनाकार की दो भिन्न रचनाओं में और एक प्रकार का सम्बन्ध निर्मित हो सकता है। हो सकता है कि उत्सगत या प्रेरणागत कोई जुड़ाव न भी हो, फिर भी मन के एक ही धातु से निर्मित होने के कारण हमारे सामने कभी-कभी सम्भव है कि चित्र के सम्मुख कविता उभर आये और कभी कविता के सामने चित्र। तमाम किताबों में प्रकाशित होने की वजह से रवीन्द्रनाथ का बनाया एक चित्र काफ़ी परिचित हो गया है, वहाँ दोनों हाथ ऊपर उठाये एक स्त्री के दोनों ओर मानो आग का तप्त प्रवाह नाच उठा है। रंग के उस दाह से, आर्त्त युवती के ऊपर उठे दोनों हाथों का छन्द, असीम प्रत्याशामय उसकी आँखों और चेहरे की रेखाएँ हो सकता है किसी के मन तक रवीन्द्रनाथ की कविता की ही किसी पंक्ति को पहुँचा दे : 'एक रक्तिम मरीचिका', प्रेम की असफलता की तीव्रता मानो उस पंक्ति में, उस चित्र में खिल उठी है। या फिर उनके आत्मपरिचय को प्रकट करती किसी कविता के इन कुछ शब्दों को ही देखा जाय, 'विरह की काली गुफा ने क्षुधित गह्वर से / प्रतिदिन ढाला है विकल सुरों का झरना'। इसे पढ़ने के साथ-ही-साथ आँखों में एक आत्मप्रतिकृति उभर आती है, अपने चेहरे का आभास, जहाँ रवीन्द्रनाथ ने मानो किसी पत्थर के सीने की आग की बाढ़ से, गाढ़े कत्थई और पीले रंग वाली उस गुफा से निकलते व्याकुल सुरों के झरने से तैयार किया था। तब हमारा यह सब देखना चित्र और कविता में एकाकार हो जाता है।

रवीन्द्रनाथ ने उम्र के अन्तिम पड़ाव पर चित्रकारी आरम्भ की थी और अवनीन्द्रनाथ ने कुछ दिनों के लिये चित्रकारी छोड़ दी थी और सिर्फ़ शब्दों पर निर्भर रहे थे, उन्होंने बच्चों के लिये एक के बाद एक ख़ामख़याली से भरे हुए जात्रा-नाटक लिख डाले थे। लेकिन उस नाटक-पर्व में उनका मन किस तरह से भिन्न कला-सृजन के साथ एक जुड़ाव तैयार कर लेता था, किस तरह वह किसी नये शिल्प की सम्भावना तैयार कर लेता था, आज भी उनकी अप्रकाशित 'खुद्दुर जात्रा' में उसके एक प्रकार के निशान शेष रह गये हैं। जात्रा की उन हार्ड बाउण्ड कॉपियों में उन्होंने रानी चन्द से कही

गयी इस बात को सच साबित कर दिया था : 'मैं रंग तूलि और काग़ज़ से खेला हूँ'। उस कॉपी के पन्नों पर रंग-बिरंगे खिलौने और नक़्शे बने हुए हैं, और उसके उपादान के रूप में हम देख पाते हैं सिनेमा के हैंडबिल या सिगरेट के पैकेट, पंजिका के पन्ने या फिर चॉकलेट के पैकेट, कपड़े के टुकड़े या गहनों के डिज़ाइन, नयी साड़ी के लेबल या अख़बार के विज्ञापन। चित्र लिखते हैं जो अविन ठाकुर, उस परिचित शिल्पी से ख़ासे दूर खड़े हैं हमारे ये और तरह के बच्चे अवू, लेकिन उनका वह बालपन भी तमाम कलाओं के बीच एक स्वतन्त्र आवाजाही में अपनी निर्मिति अर्जित कर सकता है।

पाँच

कुछेक साल पहले मैक्समूलर भवन में सुनील दास के चित्रों की एक प्रदर्शनी चल रही थी, उसमें उनकी मशहूर घोड़ा-सीरीज़ वाले चित्र थे। वे सारे चित्र बम्बई[१] से मँगवाये गये थे, कलाकार ख़ुद भी वहाँ मौजूद थे। दर्शक घूम-घूमकर देख रहे थे और कलाकार से सवाल भी कर रहे थे। एक चित्र में ऊपर की ओर ख़ाली जगह पर एक आड़ी लकीर खिंची हुई थी, देखने पर लग रहा था मानो किसी चीज़ की खरोंच लगने से वह घाव हो गया है। तो क्या बम्बई से लाते समय उस चित्र में कोई खरोंच लग गयी थी? दर्शकों में से किसी के यह सवाल पूछते ही सुनील बोले : 'नहीं नहीं, मैंने ही वह खरोंच लगाई है।' 'खरोंच लगाई है? क्यों?', 'इस चित्र को पूरा करने के बाद मुझे लगा कि जाने कैसा साफ़सुथरा लग रहा है, एकदम सुव्यवस्थित, त्रुटिहीन। इसलिये खच्च से एक गड़बड़ी पैदा कर दी। आँखों में खटक रही है?'

दर्शकों के लिये की गयी कलाकार की इस व्याख्या को सुनकर मुझे एक और सुनील की याद आ गयी, सुनील गंगोपाध्याय। 'कृत्तिवास' के दुर्दांत दिनों में जब उनके मित्र छन्द के यथार्थ को लेकर सवाल उठाते थे तो उन्होंने भी ठीक ऐसा ही कहा था : कविता का छन्द पूरी तरह से त्रुटिहीन हो तो बीच-बीच में उसे थोड़ा तोड़ देने की इच्छा होती है। सम्भवत: कविता में ही वे इस इच्छा को किन्हीं और शब्दों में अभिव्यक्त करते हैं :

---

१. वर्तमान में मुम्बई।

‘छन्द आकर मुझे सुस्थिर होने को कहता है / प्रिय रहस्य की तरह...’ और तब शब्दों को थोड़ा इधर–उधर करके ‘मैं छन्दहीन होते–होते क्रमशः धर्मद्रोही प्रत्यक्ष नास्तिक हो जाता हूँ।’ इस तरह समकालीन चित्र और कविताएँ एक सूत्र में बँध जाते हैं।

सूत्र में बँध जाते हैं, फिर यह भी सही है कि कई बार एक कला मानो अन्य कला को एक अगम्यता, सुदूरता का विस्मय लिये निहारती रहती है। भोपाल में देर रात को शास्त्रीय संगीत की एक सभा के समापन के बाद चित्रकार स्वामीनाथन ने कहा था : ‘इतने चित्र बनाने के बाद भी सुरों के एक कण को भी क्या हम छू पाते हैं ? गायन जहाँ हमें पहुँचा देता है, उससे कितनी दूर पड़े रहते हैं हमारे चित्र ! अब और चित्र बनाकर क्या फ़ायदा !’ और उसके अगले ही दिन चार महिलाओं की एक चित्र–प्रदर्शनी में खड़े होकर एक कवि ने लगभग उसी भाषा में कहा था : ‘रंग–रेखाएँ मन को जितनी दूर ले जा पाती हैं, कविताओं के शब्द क्या उसे उतना दे पाते हैं ! चित्र कविताओं के मुक़ाबले कितना अधिक बोलते हैं।’ यह वृत्त तब पूरा हो गया, जब कुछ दिनों बाद उसी कवि के कविता–पाठ की सभा सम्पन्न होने के बाद जब समझदार बोल उठे : ‘चित्रों में सुर बोते–बोते केवल कवि ही जटिल अनुभवों को मूर्त कर पाते हैं !’ इसमें कोई सन्देह नहीं कि ये प्रतिक्रियाएँ अकस्मात की गयी प्रतिक्रियाएँ हैं, ये कोई ऐसी बातें नहीं हैं जो हमेशा से कही जाती रही हों, ये कोई स्थायी निर्णय भी नहीं हैं। इनसे केवल इतना समझ में आता है कि सारी कलाएँ और मुक्ति, और आगे जाने की उम्मीद लिये अन्य कलाओं की ओर देखती रहती हैं।

अमेरिका के आयोवा शहर में विभिन्न देशों की तमाम भाषाओं के लेखकों का एक अन्तर्राष्ट्रीय लेखक–वृत्त में मिलना हुआ था, कभी–कभी वहाँ समवेत कविता–पाठ का आयोजन होता है। ऐसे ही कविता–पाठ के बाद लॉबी में एक कवि के कविता–पाठ को लेकर जब मुग्धता का विनिमय चल रहा था, फ़िलिपींस के एक लेखक ने एक तथ्य से अवगत कराया कि उन्होंने सुना कि सभा में आने से पहले उनके वे पड़ोसी कवि बहुत देर से अनोखे सुरों वाले किसी अपरिचित यन्त्र–संगीत का रिकॉर्ड सुन रहे थे। सभा में बैठे कविता सुनते–सुनते फ़िलिपींस के उस कवि को लग रहा था मानो शब्दों के उच्चारण में वे उन्हीं सुरों के स्वागत रणन को कविता–पाठ के स्वरों में महसूस कर पा रहे हैं। किसी को नहीं लगा कि उस बात

का कोई ख़ास महत्त्व है, लेकिन क्या उसमें थोड़ा-सा भी कुछ नहीं था? वे सुने हुए सुर अगोचर में कवि के स्वरों में किसी विभाव की सृष्टि तो कर ही सकते हैं, स्पर्शकों की तरह वह उसकी सत्ता को छुये रह सकता है, कविताओं में उनके मन को लीन करने में हो सकता है वह कोई मदद भी कर दे!

यह मदद केवल पाठ में नहीं, कई बार सर्जना में भी मिलती है। उसका समूचा इतिहास कहीं लिखा हुआ नहीं होता, कभी-कभी केवल अनुमान लगाकर सोचने की इच्छा होती है। कुछ वर्ष पहले एलेक्स ऐरन्सन ने, अपने शान्तिनिकेतनवास को लेकर एक छोटा-सा संस्मरण लिखा था। उसमें एक शाम का वर्णन किया गया है। एक दिन ऐरन्सन अपने कमरे में बैठे पियानो बजा रहे थे, उन तमाम विभोर क्षणों में किसी समय उन्हें ऐसा महसूस हुआ मानो उस कमरे में कोई दाख़िल हुआ है। पीछे मुड़कर देखा तो वहाँ रवीन्द्रनाथ थे। आच्छन्न चेहरा लिये वे दबे-पाँव वहाँ आ खड़े हुए थे, चुपचाप। ऐरन्सन भी ख़ामोश थे, वे फिर से बजाना आरम्भ करते हैं, रवीन्द्रनाथ थिर होकर सुनते रहते हैं, चारों ओर व्याप्त अँधेरे में सुरों की आवाज़ के अलावा कोई और आवाज़ अनुपस्थित है, थोड़ी देर बाद वे देखते हैं कि रवीन्द्रनाथ चुपचाप ही उस कमरे से बाहर निकल रहे हैं, ठीक वैसे ही दबे-पाँवों से।

वह कौन-सा दिन था, उसकी कोई जानकारी ऐरन्सन ने नहीं दी है! क्या ऐसा हुआ होगा कि अपने कमरे में लौटकर उसी शाम रवीन्द्रनाथ ने उसी वातावरण के अनुभवों से हमारी जानी-पहचानी कोई कविता या कोई गीत लिख दिया था?

सुना हुआ कोई सुर अपने प्रवाह में हमारी चेतना या अवचेतना में चला आता है। बाख़ या बीथोवन, मोज़ार्ट या चायकोवस्की के सुरों को हम इच्छा होने पर रिकॉर्ड्स के ज़रिये सुन पाते हैं, लेकिन उनके ऑर्केस्ट्रा में मौजूद रहकर उन्हें प्रत्यक्ष सुनने का मौक़ा हमारे पास नहीं है। विदेशों की कई सुर-सभाओं में मौजूद रहने के अनुभव मन में जमे रहते हैं, लोगों से ठसाठस भरे प्रेक्षागृहों के सामने मंचों पर निर्देशकों के हाथों का संचालन देखता हूँ, सुधीन्द्रनाथ का कहा हुआ वह 'वाद्यसमवाय' सुनाई देता है : बाँसुरी, तूर्य, खंजड़ी, पियानो और ऑर्गन की चमकदमक, फिर मैं सब कुछ भूल जाता हूँ। समय आगे सरकता रहता है। लेकिन स्वप्न में कभी

सम्भवत: उभर आता है आकाश, नक्षत्रलोक, मानो मृत्यु के पार किसी विराटता में खड़े होकर कोई महाकाय पुरुष सुरों का संचालन कर रहे हैं, मुझे उनके विशाल हाथों का उठना-गिरना दिखायी दे रहा है और वह जादुई दण्ड, तारे मानो तमाम सुरों की संगति में झलमल कर रहे हैं, जीवन और मृत्यु एकाकार हो गये हैं और उभरने लगे हैं कुछ शब्द, आकार ले रही है कोई कविता। यह अनुभव भी एक भिन्न प्रकार के ऑर्केस्ट्रा में तब्दील हो जाता है, मानो कई कलाओं के इंगितों से भरी हुई, विभिन्न सुरों की कोई संगति।

(१९९३)

भिन्न-रुचि का अधिकार

मान लीजिए, रवीन्द्रनाथ की कविताएँ आपको अच्छी लगती हैं, लेकिन मुझे नहीं लगतीं। आपको लगता है कि निःसंग किसी फ़ुर्सत के समय को भी जिस तरह वे कविताएँ आनन्द से भर सकती हैं, ठीक उसी तरह जीवन के अत्यन्त प्रखर संकटपूर्ण क्षणों में भी उनसे वैसा ही आश्वासन मिल सकता है, वे कविताएँ आपके समूचे जीवन की साथी बन सकती हैं, यहाँ तक कि मृत्यु के क्षण में भी आश्रय बन सकती हैं। 'कविकाहिनी' से 'अन्तिम रचना' तक एक कवि के उन्मोचन और विकास की छवि देखते-देखते सम्भवतः आप स्तब्ध हो जाते हैं, हो सकता है उनकी विभिन्न स्तर की कविताओं को पढ़ते-पढ़ते आपको बुद्धदेव बसु के 'कविता की सात सीढ़ियाँ' शीर्षक वाले लेख की याद हो आती हो, जहाँ बुद्धदेव ने बताना चाहा था कि रवीन्द्रनाथ की कविताएँ 'कितने भिन्न-भिन्न स्तरों पर अच्छी हैं' और इस अच्छी होने में भी कितनी विविधता का तारतम्य है, याद आ जाता है कि रवीन्द्रनाथ की रचनाएँ पढ़ते-पढ़ते कविता शब्द ही कितनी बहुमात्रिकता अर्जित कर लेता है। लेकिन मान लीजिये मुझे ऐसा नहीं लगता। मुझे लगता है कि उनकी कविताएँ बहुत अधिक काल-क्लिष्ट हैं; उनकी कविताओं में हमारे समय का मन, उसकी जटिलता, भंगुरता और कोणिकता को कोई स्थान ही नहीं मिलता, छोटे-छोटे आवेगों और भाषा के आडम्बर से भरी हुई है उनकी विपुल रचनावली, उनकी समस्त रचनाओं में से आज के हिसाब से पढ़ने योग्य सम्भवतः पचास कविताएँ ही किसी तरह छाँटी जा सकती हैं—हो सकता है पचास भी नहीं—मुझे ऐसा लगता है। एक समय था जब बचपन से 'विश्वकवि' अभिधा सुन-सुनकर आप अभ्यस्त हो गये हैं, इसीलिये आप मानते हैं कि केवल आपके लिये ही

नहीं, समूची पृथ्वी के समक्ष रवीन्द्रनाथ हमेशा के लिये एक ग्रहणयोग्य नाम है। लेकिन विश्व के परिप्रेक्ष्य में देखूँ तो वे मुझे उतने दूरगामी और अन्त:संचारी नहीं मालूम होते, जितने कि शेक्सपियर, गेटे या तलस्तोय। रवीन्द्रनाथ में आप आद्यन्त आप्लावित हैं, और मुझे उन्हें लेकर बहुत सारे संशय हैं, और रह-रहकर मैं भाषा में उन्हें प्रकट कर बैठता हूँ।

यदि ऐसा होता है कि हमारी विवेचना और रुचि में इतना ही प्रभेद बना रहे, तो फिर मेरे विषय में आपकी क्या प्रतिक्रिया होगी? मुझे क्या आप रसबोधहीन, करुणा करने योग्य एक बेचारा व्यक्ति मानेंगे? या कि किसी उत्कट आक्रोशवश मुझे आप बर्बर कहेंगे? आपके साथ यदि मेरा पढ़ना मेल न खाये तो क्या आप सन्देह करेंगे कि इस भिन्नता में कोई प्रगाढ़ षड्यन्त्र है? आप क्या यह सोचेंगे कि तमाम लोगों की सोच के विपरीत जाकर मैं ख़ुद को अभिव्यक्त करना चाहता हूँ? अथवा यह सन्देह होगा कि मन-ही-मन यह जानते हुए कि यह अच्छा है, मैं आपको केवल नाराज़ करने के लिये ही इस विरूपता, विमुखता की घोषणा कर रहा हूँ? या कि उपेक्षा या आक्रोश या सन्देह की इन सब अभ्यस्त प्रतिक्रियाओं के अलावा भी कोई और रास्ता आपके मन में खुला हुआ है?

लगभग अठारह वर्ष पहले शान्तिनिकेतन में एक वर्ष रहने के दौरान लातविया के एक रवीन्द्रानुरागी से मेरा परिचय हुआ था। उस अनुरागी का नाम विक्टर यूबुलिस था। उन्होंने अनुवाद के ज़रिये रवीन्द्रनाथ को पढ़कर कवि की मूल भाषा को समझने की इच्छा प्रकट की थी, उन्होंने बाङ्ला सीखने की कोशिश भी की थी। जब हमारा परिचय हुआ तब वे बाङ्ला पढ़ लेते थे, टूटी-फूटी बोलने भी लगे थे, लेकिन तब तक उन्हें लिखना नहीं आया था। उस समय यथासम्भव वे रवीन्द्रनाथ की तथा रवीन्द्रविषयक पुस्तकें पढ़ा करते थे क्योंकि वे अपने देश की भाषा में कवि को लेकर लिखने वाले थे, इससे पहले थोड़ा-बहुत लिख भी चुके थे। चर्चा में मैंने जानने की इच्छा प्रकट की थी कि उन्होंने छः महीने पहले छपी समालोचना की बहुचर्चित मोटी-सी अमुक पुस्तक पढ़ी या नहीं। नहीं, पढ़ना नहीं हो सका। लेकिन तुरन्त उन्होंने तय कर लिया कि रवीन्द्रभवन जाकर सबसे पहले वे उस छः सौ पृष्ठों वाली पुस्तक पढ़ डालेंगे।

दो दिन बाद एक शाम मेरी फिर से विक्टर के साथ मुलाक़ात हुई। उनके प्रसन्न चेहरे पर उस समय अन्धकार की एक प्रच्छाया दिखायी दे रही थी।

'अपने देश के लिये मन दुखी है?' मैंने पूछा। विक्टर बोले : 'नहीं, ऐसा नहीं है।' इसके बाद थोड़े संकोच के साथ बोले : 'मैंने वह किताब पढ़ ली है। पढ़कर बहुत डर लग रहा है।' 'डर? क्यों?' विदेश के जो लोग कभी रवीन्द्रनाथ को लेकर मतवाले हो गये थे, उनमें से बहुत-से लोगों ने कुछ साल बाद ही उनसे मुँह फेर लिया। इसलिये उस पुस्तक के लेखक ने यह बताने की कोशिश की थी कि वे या तो झूठे थे या फिर ईर्ष्याकातर, अपबुद्धिसम्पन्न; मुँह फेर लेना उनका छल ही था। हर पन्ने में गुस्सा था, बड़ी हीनता के सन्देह से भरी हुई थी वह किताब। और इसीलिये, विक्टर बोले : 'मुझे डर लग रहा है। मैं तो रवीन्द्रनाथ की रचनाएँ पसन्द करता हूँ। तभी तो इतनी दूर आया हूँ। लेकिन इसका यह मतलब तो क़तई नहीं है कि मैं उनकी आलोचना ही नहीं करता! मेरी रचनाओं में भी उनके विरुद्ध दो-चार वक्तव्य तो रह ही सकते हैं। और यदि ऐसा है तो क्या मैं भी इस तरह आक्रान्त हो जाऊँगा, चूँकि मैं भिन्न संस्कृति का व्यक्ति हूँ? लिखने से पहले ही इस बारे में मेरे मन में डर प्रवेश कर रहा है।'

उस दिन मैंने भले ही विक्टर को उनके मुँह पर ही भरोसा दिया था, लेकिन मन-ही-मन मैं जानता था कि उनका डर पूरी तरह से बेबुनियाद नहीं है। आमतौर पर हमारा समाज-मन एक प्रश्नहीन आनुगत्य चाहता है, और इसलिये कोई भी जिज्ञासा, कोई भी समालोचना, कोई भी भिन्नमत फ़ौरन प्रबल विरूपता, या लगभग आक्रोश ही उत्पन्न कर देता है और ऐसे में विभिन्न विचारों और समन्वय में से होते हुए सामने की ओर अग्रसर होने वाला पथ अवरुद्ध होता जाता है। व्यक्तिगत रूप से जैसा है, जातिगत रूप से भी वैसा ही है, विपरीत विचारों को समझने, यहाँ तक कि उन्हें सुनने का भी धीरज हममें कम ही है, और रवीन्द्रनाथ की रचनाओं को पढ़ने को लेकर हमें सबसे ज़्यादा इसी संकट से जूझना पड़ता है, क्योंकि रवीन्द्रनाथ को हम एक राष्ट्रीय चिह्न के रूप में गढ़ लेना चाहते हैं। भाव और रूप की अकूत वैचित्र्यमयता से परिपूर्ण उनकी रचनाओं में कोई कभी किसी तरह की कमी की बात कह दे, या व्यक्ति रूप में उनकी किसी कमी की बात करे, हम तुरन्त उसे अभिसन्धिमय विदूषण, उनकी सर्जना की अवमानना की कोई कुटिल प्रवणता मान बैठते हैं, और उस प्रवणता के विरुद्ध हमारा एकल या सामूहिक क्रोध या सन्देह या डर उद्यत हो उठता है।

दो

डर ? हाँ, इस प्रतिक्रिया में डर का भी एक आयाम है। मुझे किसी के चित्र देखना, गीत सुनना या कविता पढ़ना पसन्द है। मेरी यह पसन्द क्या सब समय मेरे किसी निजी बोध पर, निजी किसी चर्चा पर जगी रहती है ? कई बार निश्चित रूप से ऐसा ही होता है, ऐसा होना ही तो अपेक्षित है, लेकिन कई बार ऐसा भी हो सकता है कि मेरे अजाने में एक सामाजिक आदत की विरासत के रूप में मैं पसन्दगी की उसी धारा को वहन करता चलता हूँ, मुझे ख़ुद कुछ अर्जित करना नहीं पड़ता। सम्भव है मैं चित्रों की निर्मितियों या फिर कविता की गूढ़ता को उतना नहीं समझ पाया हूँ, यहाँ तक कि उन सब विषयों में मेरी कोई स्वाभाविक उन्मुखता हो ऐसा भी नहीं है, बहुत दिनों से अनेक लोगों द्वारा कहते रहने की वजह से मैंने स्वत:सिद्ध रूप से किसी की महिमा को मान लिया है। अनेक लोगों के विचारों से, विज्ञापन या प्रचार के माध्यम से मैं किन्हीं नामों के बारे में सुनता रहा हूँ, कलाकार या कवि के रूप में मैं उनकी प्रतिष्ठा से परिचित हो गया हूँ, इसलिये बिना किसी डर के अपनी निजी कोई ज़िम्मेदारी लिये बग़ैर मैं भी उन्हें पसन्द कर सकता हूँ। इसका मतलब यह है कि भीतर-ही-भीतर मैं औरों की रुचियों पर निर्भर हूँ और उसपर मैंने किसी तरह का आत्माभिमान गढ़ लिया है। अब ऐसी स्थिति में उस रुचि के विरुद्ध कोई प्रबल प्रतिपक्ष कुछ कहता है, तो मुझे डर लगता रहता है। तो फिर क्या मैं जिन्हें बड़ा समझ रहा हूँ वे सचमुच उतने बड़े नहीं हैं ? और इस डर की वजह से, चूँकि भीतर भरोसे की कोई ताक़त है नहीं, तब एक तर्कहीन प्रतिरोध आकार लेता रहता है।

रवीन्द्रनाथ के आस्वादन के प्रसंग में आजकल कई बार बाङ्ला से बाहर का जगत ही सबसे बड़ा प्रतिपक्ष बनकर खड़ा हो जाता है। समूचे भारत के पास रवीन्द्रनाथ की रचनाओं को ग्रहण करने की कितनी योग्यता है ? या फिर भारत से बाहर भी ? यह सवाल बेमानी है, ऐसा नहीं है। लेकिन यह सवाल औरों से किसी प्रकार के सम्मान के आग्रह के लिये नहीं है, अपनी पसन्दगी की जाँच कर लेने के लिये नहीं है। किसी भी कवि को उनके समकाल और प्रवहमान काल के साथ, उनके स्वदेश और देश-देशान्तर के साथ मिलाकर देखने की चाहत स्वाभाविक ही है, इस प्रकार की सोच के हिसाब से हमारे लिये एक ही रचना के भिन्न-भिन्न तात्पर्य

प्रतिभात हो सकते हैं। लेकिन इसके साथ ही हमें यह भी याद रखना चाहिये कि वह सोच हमारी सोच है, मेरी सोच है। इन दिनों दुनिया में परिवेश को लेकर मैं जिस नयी चेतना का संचार देखता हूँ, विश्वप्रकृति के साथ हमारे रोज़ के सम्बन्धों को लेकर जो उत्कण्ठा देखता हूँ, उसी सिलसिले में यदि 'सूर्य तारों से भरा आकाश, प्राणों से भरा यह विश्व'- जैसा कोई गीत पूरी तरह से हमसे एक क्षण की भी संलग्नता पा जाता है आज, यदि मेरी रक्तधारा में असीम काल का वह हिल्लोल एक स्पन्दन जगा सके, तो फिर मेरा जीवन समृद्ध हो उठता है, मेरा ही जीवन, और उस समृद्धि से नये ढंग से जाग उठते हैं मेरे कवि। उस जागरण के सामने यह चिन्ता तुच्छ हो जाती है कि इस दुनिया में इस छोटी-सी रचना को किसने अच्छा कहा और किसने अच्छा नहीं कहा।

लेकिन यह क्या काफ़ी हद तक आत्मपरता नहीं है ? किसी रचना से यदि मेरा जीवन समृद्ध हो उठे, तो क्या मैं यह नहीं चाहूँगा कि अन्य लोगों के साथ भी ऐसा हो ? और ये अन्य तो किसी देशकाल की सीमा में बँधे नहीं हो सकते, सारे देशों और कालों के लोगों के साथ मैं निश्चय ही अपनी इस प्राप्ति के आनन्द को साझा करना चाहूँगा, मैं उस कवि को सभी तक पहुँचा देना चाहूँगा, जिन्होंने इस आनन्द का पता दिया था।

सही है, ऐसी चाह स्वाभाविक ही है। लेकिन यह माँग स्वाभाविक नहीं है कि सभी को वह आनन्द पाना होगा। हो सकता है व्यक्तिगत और जातिगत रूप से मेरे मन की संरचना इस तरह की है कि कोई-कोई अनुषंग मेरे मन को तृप्त कर देता है, औरों को शायद नहीं करता। यदि नहीं करता तो उसका मुखापेक्षी होकर मैं भी अपनी तृप्ति को छोड़ नहीं सकता, यदि वह तृप्ति सचमुच की किसी प्राप्ति से उपजी हो तो। वह प्राप्ति मेरे मन में प्रकृतिस्थ होने का एक भाव ला देती है, अन्ततः उससे यही तो अपेक्षा रहती है।

लेकिन प्रायः हमें उस आत्मस्थता, विश्वास की उस गहराई के कोई निशान नहीं दिखायी देते। रवीन्द्रनाथ के प्रसंग में हम किसी समालोचना से सीमाहीन रूप से विचलित हो जाते हैं। कविता की महिमा की अपेक्षा तब हम प्रतिष्ठा की महिमा पर निर्भर होना चाहते हैं। और इसलिये, लज्जाजनक होने के बावजूद यह बात सच है कि रवीन्द्रनाथ के प्रसंग में आज भी येट्स और पाउण्ड द्वारा की गयी प्रशस्तियों की यादों, पश्चिम

में उनकी ख्याति या ख्यातिलोप की दुश्चिन्ता से भरे विवरणों, नोबेल प्राइज़ की ख़बर, यहाँ तक कि उस पुरस्कार के वर्षगाँठ–समारोह तक में हम लौट–लौट आते हैं। और हमारी इस मानसिकता के साथ संगति रखते हुए सम्प्रति रचित रवीन्द्रजीवनी की विदेशी समालोचना में या फिर बी.बी.सी. की गोल टेबिल पर, पहले दो–चार वाक्यों में ही रवीन्द्रनाथ के लिये इस विशेषण का प्रयोग किया जाता है कि ये एक 'नोबेल प्राइज़ विनिंग पोएट' हैं, मानो चर्चा के लिये वही उनका अभिज्ञानपत्र है।

उस वार्षिक पुरस्कार को मैं छोटा करके देखने की चेष्टा कर रहा हूँ, ऐसा नहीं है। पृथ्वी के इस कोने या उस कोने से जब किसी लेखक को वह पुरस्कार मिलता है, तो समूची दुनिया के साहित्य के पाठकों तक तुरन्त ही वह नाम पहुँच जाता है, कई बार सम्भव है कि वह नाम निहायत नये आविष्कार–जैसा हो। फिर इसके बाद पुरस्कार की ख़बर धुँधली पड़ती जाती है, तब सिर्फ़ रचना जागी रहती है, यदि वह सचमुच जाग्रत रहने–जैसी हो। लेखक के जीवन के रोज़नामचे में एक अन्यतम तथ्य के रूप में अंकित रह जाता है पुरस्कार का यह प्रसंग, इसका इससे अधिक कोई मूल्य नहीं रह जाता।

रवीन्द्रनाथ को नोबेल प्राइज़ मिलने का निश्चय ही एक ऐतिहासिक महत्त्व था। औपनिवेशिक भारतवर्ष जब ख़ुद में फिर से एक विश्वास को पाने की कोशिश कर रहा था, तब बाहरी देशों की ये स्वीकृतियाँ एक प्रतीक चिह्न बन सकती थीं, आत्मविश्वास का प्रतीक। 'हवा में आज कोलाहल है, नि:स्व भारत के पास रत्न है आज', या फिर 'रवि तुम्हारी रश्मि मलकर अन्धकार–भारत भर उठा है उजास से',—सत्येन्द्रनाथ के उन दिनों के इन 'आभ्युदयिक' उच्छ्वासों में काव्यप्रेम की अपेक्षा उस समय की एक राष्ट्रगर्व की भावना अधिक सक्रिय थी, इसमें कोई सन्देह नहीं है।

सिर उठाकर खड़े होने–जैसे उस गर्व का उत्स पश्चिम से मिलना एक सम्मान की बात है, उस गर्व में यह बात भी शामिल है कि 'आलिंगन काले गोरे में, प्राणों की धारा में प्राण मिले हैं'। इन सब पैराडॉक्स के बावजूद इसके तत्कालीन प्रतीकगत महत्त्व की बात पर हमें निश्चित रूप से विचार करना ही होता है। लेकिन इतिहास के उस बिन्दु को स्थायी न मान कर, उसे अतिक्रमित करने लायक़ आत्मसम्मान की ओर क्या हम

आज नहीं जाना चाहेंगे?

वस्तुतः, यदि हम उस बात को भूले रह सकें, प्रतिष्ठित की गयी उस सम्मान की छवि को यदि हम हटा सकें तो रवीन्द्रनाथ की रचनाओं की निजी प्रतिष्ठा की ओर हम बहुत सहज रूप से ही अग्रसर हो सकते हैं। याद रखना चाहिये कि नोबेल प्राइज़ का विचार एक अन्य रूप में भी आज हमारी चेतना में जाग्रत है, उस रूप का नाम है—पश्चिम की आकुलता। पश्चिम आज रवीन्द्रनाथ को सम्मान दे रहा है कि नहीं दे रहा है, इस पर आधारित किसी भी क्षणिक ख़बर से आज भी इस देश में एक उथल-पुथल मच सकती है, दैनिक अख़बारों के कई-कई पन्ने बड़े-बड़े हर्फ़ों से भर सकते हैं, पश्चिम हमारे लिये इतना अधिक प्रामाणिक है। भारत भ्रमण के अन्त में पश्चिम का कोई भी व्यक्ति अनायास ही लिख सकता है कि दार्जिलिंग के पास एक पहाड़ के ऊपर शान्तिनिकेतन स्थित है, विश्वविद्यालय की स्थापना के लिये रवीन्द्रनाथ ने उसका निर्माण किया था, लेकिन वह हो न सका इसलिये उनके भाई अवनीन्द्रनाथ ने उसे आर्ट स्कूल में तब्दील कर दिया। रवीन्द्रनाथ को यदि कोई मिल्टन-गेटे के तुल्य मानते हैं तो वे जाकर उस निकेतन को देख सकते हैं। और यदि उस लेखक की बात मानकर वे उन्हें एक 'चार्मिंग माइनर पोएट' सोच बैठें, तो फिर वहाँ जाये बिना भी काम चल सकता है। कहने की ज़रूरत नहीं कि प्राच्य के विषय में दम्भयुक्त यह अज्ञता ही पश्चिम का एकमात्र परिचय नहीं है, लेकिन इसकी व्यापकता को भी हम नहीं भूल सकते। इस बोध के चलते विशुद्ध विदेशी प्रतिक्रियाओं के बारे में एक उदासीनता का उपार्जन हो सकता है इतने दिनों तक संगत रहा हो। जबकि नयी रवीन्द्रजीवनी के प्रसंग में उस देश के अख़बार में यदि यह हेडलाइन हो कि 'वर्ल्ड फ़िनॉमनन, कैलकैटा चाइल्ड' तो हम बेइंतहा ख़ुश हो जाते हैं, यदि यह छपे कि 'वाइज़ेस्ट फ़ूल इन कैलकैटा' हम पूरी तरह असंयत हो जाते हैं, इस विषय में व्यापक रूप से अपने विपर्यस्त मतामत को प्रकट करने के लिये बुरी तरह व्याकुल हो उठते हैं। और इसीलिये आज अगर बिना किसी दुविधा के कोई कहता है कि हमारे लिये रवीन्द्रनाथ का लेखन 'हैव बिकम मियर सपोर्ट्स फ़्लैक्सिड रीज़नल प्राइड' तो फिर इसमें काफ़ी हद तक सच्चाई भी शामिल रहती है। अंग्रेज़ी के उस वाक्यांश के लेखक मार्क टुली ने वह कविता नहीं पढ़ी, कवि के पचास वर्ष पूरे होने पर बंगीय

साहित्य परिषद द्वारा आयोजित सम्मान–समारोह में सत्येन्द्रनाथ ने जिसमें लिखा था 'जगत–कवि–सभा में हम तुम पर गर्व करते हैं / बंगाली आज राजा हैं गीतों के, बंगाली आज हीन नहीं हैं'! लेकिन प्रयोजनीय गर्व के उस पुराने बोध से हटकर आज हम साहित्यगत विश्वास की कोई ज़मीन चाहते हैं, जो विश्वास किसी लेखक की रचना को ठीक तरह से पढ़ते हुए, हमारे जीवन के साथ पठित रचना के जुड़ाव से, इनके पारस्परिक सम्बन्ध में अन्यरुचि–निरपेक्ष रूप से जागता है।

तीन

रवीन्द्रनाथ विषयक अपनी अन्तिम पुस्तक ('आत्मघाती रवीन्द्रनाथ', द्वितीय खण्ड) में नीरदचन्द्र चौधुरी ने लिखा है कि 'मत और रुचि के पीछे यदि दृढ़ विश्वास हो तो फिर हठधर्मिता भी दिखायी देती है, हठधर्मिता से आती है असहिष्णुता।' मिसाल के तौर पर वे बताते हैं कि हमारे देश में हठधर्मी पंडित लोग चैतन्यदेव को शराबी और पागल कहा करते थे, यूरोप में मिल्टन या पोप दोनों ने ही विपक्षियों के साथ तर्क करते समय वाक्संयम नहीं दिखाया। और इसीलिये, रवीन्द्रनाथ के सम्बन्ध में उनके विरोधियों द्वारा किये 'अभद्र भाषा के प्रयोग में कुछ भी अप्रत्याशित नहीं है।'

हो सकता है अप्रत्याशित न हो, देश–विदेश से ऐसे असहिष्णु असंयम की अनर्गल तालिका निश्चित रूप से तैयार की जा सकती है। लेकिन फिर भी क्या नीरदचन्द्र का वह मत विश्वसनीय है कि 'विश्वास से असहिष्णुता आती है'? हमने तो बल्कि यह सीखा था कि सहिष्णुता का अभाव सिर्फ़ कमज़ोर विश्वास की ही निशानी है, या फिर यथार्थ–विश्वासहीन अन्धता की निशानी। विश्वास की दृढ़ता से ही स्थिरता और धैर्य जन्म लेते हैं। चैतन्यदेव को जिन लोगों ने शराबी कहा था, उन्होंने आत्मविश्वास के अभाव की वजह से ही ऐसा कहा था, और उस विश्वास में आमूल दृढ़ थे इसलिये चैतन्यदेव को पलटकर चोट करने की ज़रूरत महसूस नहीं हुई थी।

'विसर्जन' नाटक में रघुपति जब नयन राय को षड्यन्त्र में लिप्त नहीं कर पाने की वजह से विषादग्रस्त था, तब जयसिंह के मुँह से हमने सुना था : 'चिन्ता क्यों कर रहे हो देव? ऐसे विश्वास के बल पर / हम भी काम

करेंगे। किसका डर है प्रभु! / सैन्यबल का क्या काम! अस्त्र नगण्य हैं आज!' राजा की सेना मन्दिर की ओर आ रही है सुनकर वह विचलित नहीं हुआ, उसने कहा था : 'मैं हूँ न माँ का सैनिक। एक देह में / सहस्र सेनाओं का बल है। अस्त्रों को पड़े रहने दो'। लेकिन रघुपति को लगता है कि 'वह समय चला गया। / अस्त्र चाहिए, अस्त्र चाहिए—सिर्फ़ शक्ति नहीं।' इन सारे संलापों में हम विश्वास का ज़ोर किसमें देख पा रहे हैं? जयसिंह या कि रघुपति में? राजकीय आक्रमण के समय देवता पर अखण्ड वह विश्वास संगत था या नहीं वह एक स्वतन्त्र प्रश्न है, यहाँ पर निश्चित रूप से लगेगा कि जयसिंह की अपेक्षा रघुपति ही अधिक यथार्थबोध से सम्पन्न है, सिर्फ़ विश्वास के बल पर सेना का प्रतिरोध सम्भव नहीं उसे इसका ज्ञान है, और इसी कारण राजा पर उसका आक्रोश है। लेकिन विश्वास की प्रबलता के कारण वह आक्रोश जयसिंह के मन तक नहीं पहुँचता। विश्वास की उसी आत्मस्थता से ही 'मर्डर इन द कैथिड्रल' के टॉमस बेकेट हिंसक नाइटलोगों के सामने अपने अनुगामियों से कैथिड्रल का दरवाज़ा खोल देने को कह सके थे : 'अनबार द डोर्स! थ्रो ओपन द डोर्स! / आई विल नॉट हैव द हाउस ऑव प्रेयर, द चर्च ऑव क्राइस्ट, / द सैन्चुअरी, टर्न्ड इनटू अ फ़ोर्ट्रेस / द चर्च शैल प्रोटेक्ट हर ओन, इन हर ओन वे...'। तो दृढ़ विश्वास की सूरत ऐसी होती है, उसका अपना ही रास्ता होता है। और इसके उलट, जिस विश्वास से हठधर्मिता और असहिष्णुता जन्म लेती है, वह तो वस्तुतः विश्वास है ही नहीं, उसी का दूसरा नाम है कट्टरता। पाठकों के मन में जब इस प्रकार की कट्टरता जन्म लेती है तब वे दूसरे पक्ष की आलोचना सुनने का धैर्य खो बैठते हैं।

इन कुछेक दशकों में हमने रवीन्द्र को लेकर चर्चा करते समय इस प्रकार की अधीरता की अभिव्यक्ति बार-बार ही देखी है। हमें याद आता है रवीन्द्र के शताब्दी वर्ष के कुछ साल आगे-पीछे एक दिन बुद्धदेव बसु या जगदीश भट्टाचार्य या फिर शिवनारायण राय-जैसे रवीन्द्रसाहित्य समालोचक किस तरह आक्रान्त थे। विश्वभारती-रचनावली के प्रकाशन से आरम्भ कर हर खण्ड की जिन्होंने 'कविता' पत्रिका में चर्चा की थी, जिन्हें लगा था कि रवीन्द्रनाथ के कथासाहित्य को 'बंगाली पाठकों का यथायोग्य सम्मान नहीं मिला', और उस अभावबोध की वजह से उनकी कहानियों-उपन्यासों को लेकर ही जो लगातार प्रबल भावावेग प्रकट कर रहे थे, उन्हीं

बुद्धदेव का कोई एक मन्तव्य या विचार हमें पसन्द नहीं आया और इस वजह से हमने उन्हें तुरन्त 'रवीन्द्रविद्वेषी' के रूप में चिह्नित कर लिया था। रवीन्द्रनाथ की कविताओं के साथ प्रतीच्य का सम्बन्ध बहुत घनिष्ट है, कुछेक रचनाओं के उल्लेख के माध्यम से उन्होंने पश्चिम के एक भाषण में यही सुपरिचित बात दोहराई थी और इस वजह से हमारे देश के जानेमाने लेखकों ने भी उसका प्रतिवाद इस भाषा में किया था कि 'अनुपयुक्त एवं बुरी जगहों पर इस नवीन उत्साह के ज्ञान का प्रयोग' या कि 'फ़्रांस या अमेरिका में रवीन्द्रनाथ को हेय प्रतिपन्न' करना चाहते हैं बुद्धदेव। ठीक उसी, एक ही समय के एक स्वतन्त्र गद्य में जिन्होंने लिखा था : 'वृहत जगत में उनके पुनरुज्जीवन के काम को आरम्भ करने के लिये इससे बेहतर समय और क्या हो सकता है', और यदि ऐसा न हो सका तो 'इससे दुनिया का ही नुक़सान है, हमारा नहीं' जिन्हें ऐसा लगा था, यूरोप के प्रभाव के बारे में उनका मन्तव्य किसी-किसी को विशुद्ध 'पैरानोइया[१] की चीख़'-जैसी लगी थी।

उत्तेजना का कारण यह था कि प्रबन्ध के अन्त में बुद्धदेव ने बोदलेयर और रैंबो का नाम लिया था, 'निरुद्देश्य यात्रा' कविता की पश्चिमगामी तरणी और रहस्यमयी विदेशिनी के माध्यम से उन्हें लगा कि 'भ्रमण' या फिर 'मदमत्त तरणी'-जैसी फ़्रेंच कविता की याद आ रही है। 'स्वदेशी ऐतिह्य से ऋणग्रहण तथा ऋणस्वीकार करने में रवीन्द्रनाथ निरन्तर मुखर थे, लेकिन यदि कहूँ कि 'निरुद्देश्य यात्रा' में प्रतीची से उनके और बाङ्ला कविता के ऋण की एक अवगुंठित स्वीकृति वे रख गये हैं, तो क्या इसे बहुत बढ़ा-चढ़ा कर कहना कहेंगे?' उन्होंने इस तरह का एक सवाल उठाया था। बुद्धदेव को तब तक भी पता नहीं था, और दूसरों ने भी बाद में उतना ध्यान नहीं दिया कि लगभग एक ही समय में, १९६१ में, एक बड़े लेख में सुनीलचन्द्र सरकार ने ऐसे ही एक सवाल का जवाब ढूँढ़ लिया था, और दृढ़ विश्वास के साथ ही लिखा था कि 'रवीन्द्रनाथ के लिये अस्वाभाविक, हृदय की फटी शिराओं से निकलता रक्त, हलाहल पान की उग्र उत्तेजना आदि-आदि जो संध्यासंगीत में बिखरी हुई है, वह बोदलेयर की मूल मनोभंगिमा से प्रभावित है, इस बात को स्वीकार कर लेने पर ही संध्यासंगीत के जन्म का रहस्य पकड़ में आ जाता है।'

---

१. मानसिक उन्माद

सुनीलचन्द्र के उस मत को या बुद्धदेव के उस सवाल को बहुत-से लोग असंगत मान सकते हैं, और असंगत क्यों है इसका विश्लेषण भी निश्चय ही कर सकते हैं, लेकिन वैसे किसी विश्लेषण की बजाय हमारा मुख्य आग्रह इस तरह की घोषणा में है कि इस प्रकार का लिखा जाना 'अत्यन्त कुटिल ढंग से किया गया रवीन्द्रनाथ का दुष्प्रचार और उनकी अपव्याख्या है और कोबरा साँप के डँसने से इसकी तुलना की जा सकती है।' हमारी समस्या ठीक यहीं पर है।

बोदलेयर और रैंबो को लेकर हम कई बार संकट में पड़ चुके हैं। बुद्धदेव के उस लेख के पाँच वर्ष पहले शिवनारायण राय ने 'रवीन्द्रनाथ और गेटे' शीर्षक से एक प्रबन्ध लिखा था, दोनों ही मनीषाओं की तुलना के हिसाब से चालीस पृष्ठ का वह लेख विशेष रूप से स्मरणीय था, जहाँ रवीन्द्रनाथ की 'प्रतिभा की ऐसी नैसर्गिक बहुमुखीनता और प्राचुर्य की बराबरी करने वाले किसी लेखक को समूची पृथ्वी पर नहीं ढूँढ़ सके थे शिवनारायण, नहीं, दान्ते नहीं, शेक्सपियर नहीं, तलस्तोय भी नहीं,' उन्होंने केवल गेटे में व्यतिक्रम देखा था। गेटे के साथ रवीन्द्रनाथ की समता और विषमताओं पर विस्तार से विचार करते हुए अन्त में उन्होंने यह लिखा था : 'हम रवीन्द्रनाथ के प्रति अत्यन्त ऋणी हैं; उस ऋण को छोटा करके दिखाना घोर निर्बुद्धिता है। रवीन्द्रनाथ के सौजन्य में हम पुष्ट हुए हैं इसलिये आज हम लोग विश्व-पटल पर उन पर विचार करने का सोच सकते हैं।' और उसी विचार के हिसाब से, रवीन्द्रनाथ की 'भाववादी शुचिता' किस तरह मनुष्य और उनके मानवतन्त्र के बीच एक दुर्लंघ्य प्राचीर बनकर खड़ी थी, उसी को शिवनारायण ने बताने की कोशिश की थी। इसी सिलसिले में उस लेख में सिर्फ़ एक बार रैंबो या रिल्के या येट्स की कविताओं में 'अतलस्पर्शी अनुभव' की बात उठी थी, ठीक ऐसे ही अनुभव रवीन्द्रनाथ की कविताओं में नहीं हैं कहकर उन्होंने आक्षेप किया था, और इस वजह से कई सप्ताह तक एक अप्रतिहत उत्तेजना व्याप्त रही थी। रवीन्द्र पर इस प्रकार की सोच 'रवीन्द्रनाथ के बदन पर थोड़ी-सी स्याही छिड़कने के अलावा और कोई उद्देश्य-प्रसूत नहीं है' ऐसा बहुत बाद तक भी लोगों को लगता रहा था। इस हीन उद्देश्य का सन्धान ही हमारे लिये समस्या है।

इसी तरह के उद्देश्य-सन्धान में व्याकुल हो उठा था हमारा पाठक समाज, जब जगदीश भट्टाचार्य ने अपने 'काविमानसी' में रवीन्द्रनाथ की कविताओं

को एक सम्पूर्ण नये तात्पर्य में समझने की कोशिश की थी। उन्हें कादम्बरी देवी की मृत्यु कवि के जीवन की 'सबसे गुरुत्वपूर्ण घटना' महसूस हुई थी, और उसी सिलसिले में विभिन्न नारीप्रसंगों के उल्लेख द्वारा वे हमें प्रेमी-कवि की एक छवि दिखा रहे थे, कवि का 'जो मैं स्वप्नमूरत गोपनचारी' रूप है, उसे प्रत्यक्ष नारी-प्रेरणा के इतिहास के माध्यम से उन्होंने उद्घाटित करने की कोशिश की थी, रवीन्द्रनाथ के जीवन से उनकी कविताओं का मिलान करने का प्रयास किया था। पुस्तकाकार रूप में प्रकाशित होने से पहले ही पत्रिका में इस लेख के धारावाहिक रूप से प्रकाशन के दिनों में, कॉलेज के कॉमन रूम या फिर कॉफ़ी हाउस की बैठकों में कितना हंगामा हुआ था, रवीन्द्रानुरागी के रूप में परिचित लोगों के स्वर में कितने उग्र विद्रूप शब्द उचारे जा रहे थे, आज वे सारी बातें बहुत साफ़-साफ़ याद आती हैं। किसी-किसी ने तो यह भी सोच लिया था कि उस लेख के प्रकाशन को रोकने की व्यवस्था की जानी चाहिए। 'शायद वे लोग सोच रहे थे कि मैं मूर्खों की तरह एक ऐसे निषिद्ध इलाक़े में प्रवेश करना चाह रहा हूँ जहाँ देवदूत तक अत्यन्त सतर्कता के साथ क़दम रखने में भी डरते हैं। हो सकता है उन्हें लगा था कि मेरी रचना की वजह से रवीन्द्र की महिमा क्षुण्ण हो जायेगी, कवि के चरित्र पर कालिख लग जायेगी', लेखक ने अपनी पुस्तक की भूमिका में क्षुब्ध होकर ऐसा कहा था। कविता के नये पाठ की सम्भावना की अपेक्षा उस कालिमा की आशंका से ही हमारा मन त्रस्त रहता है, और इसी कारण नये विचार के सारे रास्ते बन्द कर देने की जो एक प्रवणता हमारे स्वभाव में जाग उठती है, वही हमारी समस्या है।

चार

इन सब बातों का मतलब यह नहीं है कि प्रतिवादमात्र को ही हम अपघात मान रहे हैं। बल्कि मामला इसके उलट है। बुद्धदेव या शिवनारायण या जगदीश भट्टाचार्य (यहाँ कुछ ही नाम हैं, इस तरह के और भी नामों का यहाँ संयोजन हो सकता है)—इन लोगों ने उस दिन रवीन्द्रनाथ के प्रसंग में जो बातें कही थीं, उनमें कविता को पढ़ने, कविता को समझने की एक विशेष पद्धति काम कर रही थी। उस पद्धति को सभी अनुमोदित करेंगे, उन लोगों का पठन ही एकमात्र सत्यदर्शन होगा, ऐसी धारणा असंगत है।

वस्तुतः, साहित्य के पठन को लेकर उस तरह का एकमात्र सत्यदर्शन का कोई अवसर है भी या नहीं, वह भी विचारणीय विषय हो सकता है। 'मैं जो स्वप्नमूरत गोपनचारी हूँ, / मैं जो ख़ुद को न तो समझ पाता और न ही समझा पाता हूँ, / अपने गीतों में हार जाता हूँ ख़ुद ही, / ऐसा कवि हूँ मैं, मुझे कौन जान सकता है' या फिर 'मैं जो कुछ चाहता हूँ कहना / मुझे कहाँ कहने दे रहे हो' ऐसी पंक्तियों में यह जो 'मैं' या फिर 'मेरे अन्तर्गत मैं' का आभास मिलता है, प्रत्यक्ष जीवन की घटनाओं के साथ जोड़कर उसका कोई पूरा विवरण कोई सोच सकता है, कोई यह भी सोच सकता है कि उस विवरण में कविता का सारा कुछ कभी भी पूरी तरह छुआ नहीं जा सकता। बल्कि इन सबका स्पर्श करने के लिये 'जीवनस्मृति' की इन बातों की ज़रूरत पड़ सकती है कि 'मैं जिस गोपन बात को सुनने के लिये आग्रह कर रहा हूँ वह मानो वनराजि की श्यामलिमा में घुली हुई है, पूर्णिमा की रात्रि की निस्तब्ध शुभ्रता में डूबी हुई है, दिगन्तराल की नीलाभ सुकुमारता में अवगुंठित है—वह मानो समस्त जल-थल-आकाश की निगूढ़ गोपन बात है।' फिर, मेरी अभी-अभी कही गयी बात के विरुद्ध भी कोई सवाल उठा सकता है कि किसी लेखक की रचना पर विचार करने के लिये उनके ख़ुद के द्वारा ही दिये गये साक्ष्यों का कोई महत्त्व है या नहीं, यहाँ तक कि कई बार वे साक्ष्य हमें किसी ग़लत रास्ते पर ठेल देते हैं या नहीं।

बुद्धदेव या शिवनारायण जब यूरोपीय साहित्य के ऐतिह्य को याद रख कर उसके साथ मिलान करते हुए रवीन्द्रनाथ को देखते हैं और लेखकों की स्थानगत ऊँच-नीच पर विचार करते हैं, तब यह सवाल निश्चित रूप से उठ सकता है कि उस तरह के संयोजन का निर्णय कितना ज़रूरी है या कि वह सम्भव है भी या नहीं। ऐसा नहीं है कि इस विषय में उनके पास कोई जवाब नहीं है लेकिन उन जवाबों के विपरीत लोग चर्चा कर ही सकते हैं कि हमारी अतिशय यूरोपमुखीनता हमारी प्रत्याशा के चेहरे को शायद बदल रही है, अपने निजी किसी पाठादर्श से सोचें तो सम्भव है इस समूचे मामले को किसी और रूप में देखा जा सके। 'साहित्य पर विचार करते समय विदेशी प्रभाव या विदेशी प्रकृति का उलाहना देकर वर्णसंकरता या पतित होने के तर्क' उठाने के लिये रवीन्द्रनाथ ने मना किया था, उस बात को याद रखते हुए भी कोई सोच सकता है कि हमारी प्रत्याशाभूमि को

देशगत किसी संरचना में हटा लेना चाहिए, जहाँ उस प्रभाव और प्रकृति के बावजूद 'जड़ों के रेशे-रेशे में गुँथी / मज्जा मिट्टी में अपनी प्रचुर / सत्ता को प्राणदान' करना सम्भव है, जहाँ 'बोल देंगे स्वयं त्रिकाल' और 'अपने हाथों तुम बजाओगे भेरी'।

फिर दूसरी ओर, स्थिर प्रतिरोध की भी निश्चित रूप से ज़रूरत पड़ती है जब कोई तथ्यहीन या तथ्यभ्रम के ऊपर कोई गुरुतर तत्त्वभार स्थापित कर जाता है, और बार-बार उस तत्त्व का आवर्तन करता रहता है। तीस वर्ष पहले नीरदचन्द्र चौधुरी ने अपने 'दो रवीन्द्रनाथ' वाले विचार को प्रकट किया था, भाषा में बदलाव की वजह से जो आज 'आत्मघाती रवीन्द्रनाथ' में तब्दील हो गया है। चूँकि शीर्षक में यह आत्मघात शब्द है इसलिये उत्तेजित हो जाना कोई काम की बात नहीं है, किसी भी कलाकार के लिये आत्मघात कोई असम्भव बात नहीं है। हमें समझना होगा कि कहाँ और क्यों वह आत्मघात का संकट है, या फिर उस संकट से निकलने की क्या सम्भावनाएँ हो सकती हैं।

'दो रवीन्द्रनाथ' लिखे जाने के बाद सामयिक-पत्रिका में उसकी एक विस्तृत समालोचना भी दिखायी दी थी, नोबेल प्राइज़ पाने के बाद से रवीन्द्रनाथ प्राय: ख़ुशामदी की तरह सिर्फ़ विदेशमुखी बातें करते रहे थे, इस धारणा के प्रतिवाद में आलोचक ने रवीन्द्रनाथ की तमाम रचनाओं के अंशों का उल्लेख किया था। आज तीस साल बाद अपनी पुस्तक में नीरदचन्द्र चौधुरी ने उसी प्रसंग को उठाया है, लेकिन यह किसी तथ्यमय प्रत्युत्तर के हिसाब से नहीं था, किसी विचार के लिये नहीं, वह केवल यह बताने के लिये था कि 'इस आक्रमण की एक सीक्रेट स्टोरी' थी। उस निरर्थक व्यक्तिगत इतिहास के बारे में उन्होंने अपने लेख में विस्तार से बताया है, वे कवि की बिटिया मीरा देवी की ऊष्मा और उकसाने की गुप्त जानकारी ले आये थे, लेकिन मूल प्रतिवाद का कोई जवाब देने की उन्होंने चेष्टा भी नहीं की। समालोचना के जगत में जिससे हम बचना चाहते हैं—बचना ही चाहिए—वह है इस तरह के सीक्रेट इतिहास का अनुसन्धान। उस अनुसन्धान से बाहर निकलकर, इस पुस्तक में हमें एक बार फिर से स्पष्ट सूत्राकार रूप में पता चला कि नोबेल प्राइज़ पाने के बाद से ही रवीन्द्रनाथ आत्मघाती हो गये थे, क्योंकि आत्मसमाहित रहने के मार्ग में उन्हें उस समय अपने सामने तीन बाधाएँ दिखायी दी थीं : पूर्व में की गयी

निन्दा की स्मृति, शिक्षायतन के निर्माण के लिये कर्मक्षेत्र में उनका अवतरण तथा राजनैतिक और सामाजिक आन्दोलनों के साथ उनका अधिकांश रूप से जुड़े रहना। इन्हीं सब के लिये 'एक रवीन्द्रनाथ तब से दो रवीन्द्रनाथ में तब्दील हो गये।' फिर भी नीरदचन्द्र को यह देखकर आश्चर्य हुआ कि कविताओं, गीतों और कहानियों में उनका आत्मसमाहित रूप तब भी अप्रतिहत रह गया था।

यदि वह अप्रतिहत रह गया था तो फिर आत्मघात के निशान ठीक कहाँ पर थे, इस सवाल से भी यहाँ पर एक बड़ी समस्या पैदा होती है। शिक्षायतन के निर्माण के लिये रवीन्द्रनाथ का अवतरण, या राजनैतिक और सामाजिक कामकाज के साथ उनका जुड़ाव—रवीन्द्रनाथ के जीवन में यह सब नोबेल प्राइज़ पाने के बाद की घटनाएँ हैं, इस ख़बर से पाठकमात्र का विपर्यस्त होना ही अपेक्षित था। उनके जीवन और उनकी कविताओं के इतिहास से हम तो बल्कि यही देखते आये हैं कि बाहरी दुनिया के दायित्वों और अन्तर्जगत की सर्जना को ये कवि अपनी एकदम युवावस्था से ही किस तरह जोड़ते हुए चले हैं। यहाँ तक कि 'गीतांजलि' के गीतों की रचना के उस थोड़े-से समय में, अध्यात्मबोध की एकाग्रता में कर्मभूमि से वे जो बहुत दूर हट गये थे, उनके जीवन-इतिहास से इस जनप्रिय धारणा को कोई समर्थन नहीं मिलता। 'खेया' संग्रह की 'विदा दो, क्षमा करो मुझे' की पंक्ति को कई बार बिलकुल शाब्दिक अर्थ में स्वीकार करके हम ग़लती कर चुके हैं, हमने ध्यान नहीं दिया कि इसके सन्निहित काल में ग्राम-संगठन की भावना से उन्होंने अपने आप को कितना व्यस्त कर रखा था। इन सब कामों में 'पूर्वी बंगाल के कुछ लड़के मेरी मदद कर रहे हैं' वे अबला बसु को यह बताकर (अप्रैल,१९०८) ख़ुशी जता रहे थे, इनसे रास्ते तैयार करने, पोखर खुदवाने, ड्रेन बनाने, खरपतवार साफ़ कराने-जैसे तमाम काम चल रहे हैं, वे यह उम्मीद कर रहे थे कि अबला बसु वग़ैरह जब देश लौट आयेंगे 'उतने दिनों में हमारे शिलाईदह के गाँव काफ़ी हद तक सुगठित हो जायेंगे।' और जब रथींद्रनाथ वग़ैरह देश लौट आये, 'आते ही वे हमें काम में जुट जाने के लिये शिलाईदह ले गये,' और वहाँ रवीन्द्रनाथ ने उनसे इतना कहा : 'उन्होंने देखा है कि बंगाल के गाँव-गाँव में लोगों की सामाजिक, नैतिक और आर्थिक स्थिति कितनी शोचनीय है, उनके जीवनयापन की कितनी ही तरह की समस्याओं पर उन्होंने ग़ौर किया

है, उन सब समस्याओं के प्रतिकार के लिये उन्होंने क्या प्रयास किये हैं और भविष्य में क्या करने की इच्छा है।' इस इच्छा के साथ यदि हम 'गीतांजलि' के कवि का मिलान करके देखें, तो फिर जो द्वैत और दूरत्व की धारणा पैदा होती है वह केवल आपात द्वैत और आपात दूरत्व है। इन दोनों में अविराम सामंजस्य करते-करते ही रवीन्द्रनाथ का जीवन और उनका साहित्य आगे बढ़ता रहा है, और एक हिसाब से वहीं पर उनकी विशिष्ट और एकक महिमा है, इस बात को निश्चित रूप से समझने की ज़रूरत है।

लेकिन एक के बाद एक तमाम किताबों में नीरदचन्द्र यदि रवीन्द्रनाथ को नितान्त आंशिक रूप से देखें, तमाम तथ्यों को वर्जित कर यदि अपने निजी सिद्धान्त सजाना चाहें, तो फिर उनके ख़िलाफ़ भी कुछ बातें तो होंगी ही। तथ्यों के विषय में उदासीनता और आत्मविश्वास उनमें इतना ज़्यादा था कि वे उस किताब में लिख गए : 'रवीन्द्रनाथ पर जो सब आक्रमण होते थे उनके उन्होंने (रवीन्द्रभक्तों ने) कोई जवाब दिये हों ऐसा मैंने कहीं नहीं पढ़ा। ... वे लोग प्रतिपक्ष के साथ लड़ने के लिये अग्रसर नहीं होते थे, बल्कि वे लोग गालीगलौज सुनते तो जिस तरह छोटे बच्चे रोते हुए माँ के पास जाते हैं, ठीक वैसे ही रवीन्द्रनाथ के पास चले जाया करते थे।' यह भी समालोचना की सही भाषा नहीं है यह तो सम्भवत: हम समझ सकते हैं, लेकिन इसके साथ हम यह देखकर विस्मित होते हैं कि चूँकि उसने नहीं पढ़ा इसलिये कोई व्यक्ति मान लेता है कि इस पृथ्वी पर उस तरह के लिखे का कोई अस्तित्व ही नहीं है। रवीन्द्रभक्तों में वे तीन लोगों का नाम अपने लेखों में लेते रहे हैं, वे सत्येन्द्रनाथ, अजितकुमार और यतीन्द्रमोहन (विशेष रूप से पहले दो लोग) द्विजेन्द्रलाल या विपिनचन्द्र या चित्तरंजन के आक्रमणों के विरुद्ध ख़ासी उत्तेजना के साथ ही तर्कों सहित आगे बढ़ आते थे, कभी-कभी तो उग्र रूप में भी, उस समय की मासिक पत्रिकाओं के पन्नों-पन्नों पर इसके उदाहरण बिखरे पड़े हैं, यह तो आज कोई गोपन तथ्य नहीं है। इस तथ्य का उन्हें पता न था, उन्हें यह भी नहीं मालूम था कि ई. पी. थॉम्पसन ने अपने पिता की जो डायरी प्रकाशित की है, उस डायरी से नोबेल की ख़बर के क्षणों के जिस विवरण का उपयोग उन्होंने नयी खोज की तरह किया है, 'हो सकता है कोलकाता में इसके बारे में ज़्यादा सुना नहीं गया हो', उन्हें ऐसा लगा, उस विवरण के लगभग सभी प्रासंगिक और ज़रूरी अंश एडवर्ड थॉम्पसन की १९२६ में छपी उस किताब

में मौजूद हैं, और उस किताब को लेकर बहुत लम्बे समय तक इस बदनसीब कोलकाता में चर्चा भी काफ़ी हुई थी। किसी अग्रिम निर्णय के वशीभूत होकर यदि हम चर्चा करने लगें तो तथ्य को लेकर सम्भवतः उस तरह की उदासीनता दिखायी देती है, और इसी वजह से वह निर्णय साधारण पाठकों के लिये विपत्तिजनक हो जाता है। प्रतिवाद और चर्चाओं में से होते हुए उस विपदा से भी निश्चय ही हम एक सुस्थिर त्राण की कामना करते हैं।

पाँच

सिर्फ़ इतना-सा ही त्राण हम चाहते हैं, इससे अधिक और कुछ नहीं। इसके बाहर, आप किस तरह से पढ़ते हैं और मैं किस तरह पढ़ता हूँ, किसी रचना से आप क्या पाते हैं और मैं क्या पाता हूँ, इसमें आद्योपान्त समता की माँग की कोई ज़्यादती नहीं कर सकता। यहाँ तक कि मेरा पढ़ना भी क्या लगातार एक-जैसा है? बीस साल पहले और बाद में मेरा किसी किताब को पढ़ने का अंदाज़ क्या एक-जैसा है? मेरे ही भीतर पुराना और नया पाठक दो अलग तरह से निवास कर सकते हैं, उनमें आपस में कुछ संलाप भी चलते रहते हैं, और उसी में से अपने पुराने से अपने वर्तमान की एक स्वास्थ्यकर और वर्द्धमान दूरी निर्मित होती चलती है।

मिसाल के तौर पर देखें, मैंने 'नटी की पूजा' को १९६१ और १९७१ में क्या एक ही ढंग से पढ़ा था? वही इकहत्तर, जब नक्सलवादी आन्दोलन में देश के यौवन ने एक नया चेहरा धारण किया था, परिचित युवा जब बँधे-बँधाये जीवन की प्रतिश्रुतियों को छोड़कर आँखों में सपने लिये अनिश्चितता के पथ पर निकल पड़े थे, 'मरण क्यों मोहक हँसी से तुझे करता है आन्दोलित' 'श्रीमती' का यह गीत तब एक अलग प्रकार का आलोड़न लेकर आया था। मालती जब कहती है : 'आज हवाओं में आग-जैसा यह कैसा मन्त्र लगा है। उस दिन मेरा भाई चला गया। उसकी उम्र अठारह थी' वह बात तब हमें एकदम इकहत्तर में मालती के मुँह से कही बात मालूम होती है, सन् छब्बीस की नहीं। 'नटी की पूजा में जो मन्त्र लगा था, वह अहिंसा की पुकार थी, उसके पीछे हो सकता है तत्कालीन आन्दोलनों का कुछ स्पन्दन रहा हो, लेकिन नये समय के हिंसक गृहत्याग की छवियों का भी इसके साथ मिलान करने में कोई समस्या नहीं है, क्योंकि समूचे नाटक में सिर्फ़ उपलब्ध सत्य के लिये

सब कुछ त्याग देने का उद्दीपन और साहस ही मूल बात है।' उस कथन के आकस्मिक उद्भास से समूची रचना ही तब एकदम हमारे अपने समय के तात्पर्यों के साथ व्यंजित होती रहती है, और उसे हम वहीं से पढ़ते रहते हैं, कोई समग्र रूपक सजाकर नहीं, अपने समय के साथ केवल स्पर्शकों की तरह उसे जोड़कर।

सब लोग इसी तरह से पढ़ना चाहेंगे, ऐसा नहीं है। जैसे कि सत्यजित राय ने जिस तरह से 'घरे-बाइरे' को पढ़ा है, उसे सम्भवत: सभी का अनुमोदन नहीं मिलेगा। अपनी फ़िल्म में सत्यजित ने रवीन्द्रनाथ का कितना अनुसरण किया था या नहीं किया, मैं उस परिचित प्रसंग को यहाँ नहीं उठा रहा हूँ। हम यहाँ बल्कि यह मान रहे हैं कि ठीक-ठीक 'घरे-बाइरे' को ही उन्होंने अपने निर्माण में अभिव्यक्त किया है। उस निर्माण से हमने प्रत्यक्ष रूप से उनके पढ़ने को लक्ष्य किया है, और इस लक्ष्य करने में निश्चित रूप से एक तृप्ति महसूस होती है। तृप्ति यह देखने में महसूस होती है कि एक ही रचना कितने भिन्न-भिन्न रूपों में कितने ही हृदयों तक पहुँचती है।

पहली बार पढ़कर हमें घर से बाहर निकलने के संघात के निशान के तौर पर केवल निखिल-विमला-सन्दीप का त्रिभुज ही दिखायी दिया था, उस बाहर में केवल भिन्न पुरुषों से परिचय का बहिर्जगत नहीं था, वह एक सामाजिक बहिर्देश था। और इस त्रिभुज के चारों ओर पृष्ठभूमि की तरह मैंने स्वदेशी आन्दोलन की एक धड़कन को विकीर्णित होते देखा है। धीरे-धीरे हमने देखा, पृष्ठभूमि तो नहीं, इस कहानी के समस्त उत्सारण का केन्द्र विमला के एक रात के अनुभव में सन्निहित है, जब उसे लग रहा था : 'मुझ-जैसी लड़की की तरह खड़ा है मेरा देश।' देश और विमला के इस अवस्थानगत आत्मीकरण को एक बार देख सकें तो फिर 'घरे-बाइरे' को बाहर से कैसे पढ़ा जा सकता है भला? माँ के रूप में नहीं, विमला ने उस दिन देश को अपने-जैसी ही एक अभिसारिका के रूप में देखा था, 'जिसने घर छोड़ दिया, जो काम करना भूल गयी। उसमें केवल अन्तहीन आवेग हैं, वह सिर्फ़ उस आवेग के बल पर चल रही है, लेकिन रास्ते पर या कहाँ पर, उसे इस बात का अंदाज़ ही नहीं। मैं भी उस अँधेरी रात की अभिसारिका हूँ।'

तमाम रातों से गुँथी हुई है विमल की आत्मकथा। और भी बाद की कई

रातों का यह आत्मसात मानो विमला के मन में टूटता जाता है, निस्तब्ध रात उसके सिरहाने तर्जनी उठाये रहती है, लगता है 'मैं तो घर को देश से अलग करके नहीं देख सकी। आज मैंने घर को लूटा है, मैंने देश को ही लूटा है; इसी पाप की वजह से एक ही साथ मेरा घर फिर घर नहीं रहा, देश भी पराया हो गया।' फिर, कुछ दिनों बाद, किसी रात विमला को 'अचानक लगा कि आकाश के सारे तारे मानो मुझसे डर रहे हैं, रात का यह प्रकाण्ड जगत मानो मुझे कनखियों से देख रहा है।...मैं चल-फिर रही हूँ, एक विश्वव्यापी विच्छेद के ऊपर मानो कमल के पत्तों पर ठहरी ओस की बूँदों की तरह जीवित हूँ।' सिर्फ़ विमला और देश का विच्छेद हुआ है ऐसा नहीं है, देश के साथ उसकी मुक्ति, मुक्ति की सम्भावना का विच्छेद भी घटित हुआ है। आवेग से वह देश चला तो है, लेकिन रास्ते पर या कहाँ पर, इस बात का उसे अंदाज़ नहीं। सन्दीप और निखिल की बहस में हमने सुना था; 'मुझे आज के दिन का फल चाहिए, वह फल मेरा है' और 'मुझे कल के दिन का फल चाहिए, वही फल सबका है', उस बहस को यदि एक ही साथ देश और विमला के साथ जोड़कर हम जो न देख पाएँ, तो फिर उनका त्रिभुज-सम्बन्ध केवल एकमात्रिक एक स्थूलता का निशान भर बनकर रह जायेगा : एक दिन हमें ऐसा ही महसूस हुआ था।

इस महसूस होने के साथ-ही-साथ रवीन्द्रनाथ की अनेक रचनाओं के साथ यह उपन्यास भीतर की ओर से जुड़ जाता है। देशभक्ति के साथ जुड़ जाती है आत्मबोध के उन्मेष की बात, विमला के साथ जुड़ जाती है सुदर्शना, 'घरे-बाइरे' में मानो 'राजा' की संरचना भी लौट आती है। सुदर्शन की तरह ही विमला ने भी अपनी कल्पना में परिकथाओं के एक सुन्दर-से राजकुमार को रखा था, लेकिन विवाह के बाद यथार्थ के साथ कल्पना का मेल ठीक-से नहीं हो सका। राजा की तरह ही निखिलेश ने उससे कहा था कि बाहरी जगत में बहुत सारे लोगों के बीच उसे पहचान लेना होगा। और उस बाहर आने के साथ-ही-साथ आग सुलग उठी थी, सुवर्ण की तरह सन्दीप की बहिरंग द्युति से विमला चौंधिया गयी थी, और निखिलेश ने कहा था, लगभग राजा की ही तरह : 'मैं विश्वास नहीं खोऊँगा, मैं इंतज़ार करूँगा।' क्योंकि उसे पता है, राजा की ही तरह : 'छोटी जगह से बड़े रास्तों पर जाने का दरमियानी रास्ता तूफ़ानों से भरा

होता है।...ज़बर्दस्ती? किसलिये? सत्य के साथ क्या ज़ोर चलता है?' यह जानकर कि उसे पाने के लिये ही सुवर्ण ने प्रासाद में आग लगा दी थी, अपने पिता के घर में सुदर्शना को हम कहते सुनते हैं : 'उसकी यह हिम्मत! उसी हिम्मत ने मेरी हिम्मत को जगा दिया है।' और विमला भी मानो इसी की अक्षरशः पुनरुक्ति करती हुई कहती है कि सन्दीप के 'दुःसाहस का कोई अन्त नहीं, उस दुःसाहस का कोई आवरण ही नहीं, आग की तरह नग्न है वह।' लेकिन इसके बाद, चारों ओर जब एक दूसरी तरह की आग धधक उठती है, 'राजा' का युद्ध और 'घरे-बाइरे' का दंगा, तब सुदर्शना को लग सकता है : 'मेरा मर जाना ही बेहतर होता', और विमला कहती है : 'मुझे तब लगने लगा कि मेरे मर जाते ही सारी विपदाएँ ख़त्म हो जायेंगी।' सुवर्ण को देखकर वह एक दिन किस तरह मुग्ध हो गई थी, यही सोचकर विस्मित है सुदर्शना, और विमला का मन भी एक दिन सन्दीप को देखकर वितृष्णा से भर उठता है, उसे लगता है 'आज सुबह की रोशनी में मैंने उसका जो चेहरा देखा था उसमें प्रतिभा का ज़रा भी जादू नहीं था,' लगता है 'इस व्यक्ति को एक दिन राजा समझ लेने का भ्रम ज़रूर हुआ था, लेकिन यह तो जात्रा दल का राजा है'। अन्त में हालाँकि न तो विमला को मरना पड़ता है और न ही सुदर्शना को, तमाम आघातों में से होते हुए एक दिन वे सचमुच के जीवन को पहचान लेती हैं।[१]

यह क्या थोड़ी ज़्यादती होगी अगर हम ज़रा पीछे जाकर किसी कविता या गीत के साथ 'घरे-बाइरे' और 'राजा' की उन रातों का मिलान करके देखें? 'कहाँ है उजाला, ओ रे कहाँ है उजाला' इस रचना में क्या इन्हीं बातों की एक छोटी प्रतिमा हमें नहीं दिखायी देती? वह पहली पंक्ति हमें आसानी से सुदर्शना की उस आसक्ति की याद दिला देती है, यहाँ तक कि विमला की भी, जो विमला आरम्भ में ही कहती है 'मेरे उस उजाले के सम्बल का क्या एक कण भी नहीं रखा?' एक संलाप मानो गीत की पंक्तियों में चलता रहता है, प्रश्न के उत्तर में दूसरी पंक्ति ही बता देती है 'विरह की आग में जला दो उसे रे, जला दो उसे', मानो 'राजा' नाटक में सुरंगमा का ही यह कथन है। दूसरे पद में 'वेदनादूती' के गीत को हम सुरंगमा का गीत मान सकते हैं, जब वह कह रही है 'ओ रे प्राण, तुम्हारे

१. मानसिक उन्माद द्रष्टव्य : 'यह मैं का आवरण', २००२ संस्करण, पृ. १४२-४४

लिये ही जागते हैं भगवान', जब वह कह रही है 'निशीथ घने अँधेरे में / प्रेमाभिसार के लिये पुकारते हैं तुझे / दु:ख देकर रखते हैं तेरा मान।' फिर दूसरी ओर, तीसरे पद में, जब बादल भरे आकाश से वर्षा का जल झर रहा है, 'इस घनी रात में किसके लिये / मेरे प्राण सहसा जाग उठे हैं / क्यों हो उठा है इतना व्याकुल', तब हमें फिर से सुदर्शना की ही प्रतीक्षा और व्याकुलता सुनाई देती है, या फिर विमला की वही भयातुर रात की प्रतीक्षाकातरता : 'आओ, आओ, आओ—तुम्हारे चरण आकर टिक जायें मेरे माथे पर, मेरे सीने के इस कंपन के ऊपर आकर खड़े होओ, प्रभु—मुझे इसी क्षण मर जाने दो।' उस गीत के अन्त में आते हैं, राजा की तरह ही, 'निविड़ निशा निकषघन श्यामल', आह्वान भी सुनाई देता है, 'प्राणों से जलाओ प्रेम का दीप', और 'घरे-बाइरे' के अन्तिम परिच्छेद में विमला कहती है 'चलो, चलो अबकी बार निकल पड़ो सारा प्रेम जहाँ पूजा के समुद्र में जाकर मिल रहा है, उसी सागर-संगम में', और सुदर्शना से राजा कहता है : 'आओ, अब मेरे साथ आओ, बाहर चली आओ—उजास में।' 'गीतांजलि', 'राजा' और 'घरे-बाइरे' इस तरह से सम्भवत: किसी के मन में सम्पृक्त हो जाते हैं।

छलाँग लगा-लगाकर पढ़ने का यह एक विच्छिन्न उदाहरण भर है। दूसरी रचनाओं में हो सकता है आप और तरह से छलाँग लगाते हैं, या नहीं भी लगाते हैं। इस तरह एकसाथ भिन्न-भिन्न रचनाओं को आपस में जोड़कर पढ़ना, और इन सबको पढ़ने के उपक्रम में यह लगना कि रवीन्द्रनाथ के इन सारे नाटकों-उपन्यासों-कविताओं में मैं स्वयं को काफ़ी हद तक स्पर्श कर पा रहा हूँ, और अपने से बाहर अपने देश के अस्तित्व को, और इसलिये मुझे यदि ऐसा लगता है कि ये कवि मेरे कवि हैं, तो उस रुचि को आप पूरी तरह से अग्राह्य भी कर सकते हैं, क्योंकि सम्भव है आपका मन कोई और भिन्न स्वाद तथा साहित्य के पठन की कोई भिन्न पद्धति चाहता हो। मेरे पढ़ने में यदि मैं देखूँ कि अपने काल को अतिक्रमित कर रवीन्द्रनाथ आकर केवल इस तरह से मेरे काल का स्पर्श कर जायें, उनकी रचनाओं में मैं यदि अपने ही किसी भीतरी जीवन को व्याप्त देखूँ, और आप यदि उसे न देखें, तो फिर हम सोच सकते हैं कि हमारे मन की निर्मिति भिन्न प्रकार की है। लेकिन इस वजह से मेरे साथ आपका या आपके साथ मेरा किसी प्रकार के आक्रोश का सम्बन्ध तो नहीं होगा?

इसीलिये हम समझने की कोशिश करते हैं या समझाने का प्रयास करते हैं कि कहाँ हमारी असमानता है या क्यों हमारी असमानता है, और सम्भव है उन प्रयासों के माध्यम से अचानक हम एक-दूसरे से कुछ पा भी जाते हैं। भिन्न मत और भिन्न रुचि के विषय में मन में आदर के भाव लेकर चर्चा करने का यह अधिकार ही तो सभ्यता का अधिकार है?

(१९९६)

नेत्रहीन के स्पर्श की तरह

नेत्रहीन के स्पर्श की तरह

जीवन के अन्तिम दिनों में मेरे पिता को आँखों से दिखायी नहीं देता था। उन्हें पुस्तक पढ़ना पसन्द था, लेकिन पढ़ना बन्द हो गया। उन्हें बातचीत करना बहुत भाता था। लेकिन बातचीत भी थोड़ी थम-सी गयी थी। अभ्यागत कोई दरवाज़े पर आकर खड़ा होता तो चौंककर पूछा करते : 'कौन है ?' नाम सुनकर, 'कहाँ हो, ज़रा हाथ देखूँ तो' कहकर अपना हाथ बढ़ा देते। फिर वे उस अभ्यागत का हाथ पकड़कर बहुत देर तक चुपचाप बैठे रहते थे। कभी बात होती, कभी नहीं भी होती। लेकिन हाथ को पकड़े रहने का उपक्रम बराबर जारी रहता था।

एक

जब हम किसी के साथ बात करते हैं, तो हम चाहते हैं कि वह उस बात को समझे; मेरी सोच या मेरा दृष्टिकोण उस तक पहुँचे। ऐसा ही होना अपेक्षित है। लेकिन क्या सब समय हम ऐसा ही चाहते हैं ? या कि, इस प्रश्न को दूसरे ढंग से विन्यस्त किया जा सकता है : ज्ञात रूप से वैसा चाहते हुए भी, क्या अजाने भी हम सब समय वैसा ही चाहते हैं ? वह समझे, ज्ञात रूप से अज्ञात रूप से, इतना हम ज़रूर चाहते हैं। लेकिन वह क्या समझे ? मेरी बात ? मेरी सोच ? या कि कई बार यह कि : मैं सोच सकता हूँ, इस क्षमता को ? या कई बार, इससे भी थोड़ा आगे बढ़कर, मैं सोच पाता हूँ या कि नहीं सोच पाता, फिर भी मैं तो मैं ही हूँ, उस अवस्थान को ? बात करना एक संयोग है। लेकिन उस समय, इच्छा या अनिच्छा से—केवल अ-योग नहीं—वह भीषण वि-योग में भी तब्दील हो सकता है।

इन सबको लेकर लगभग चालीस साल पहले, आकाशवाणी के एक अनुभव के कारण मुझे एक बार थोड़े समय के लिये चिन्तन–मनन करने की ज़रूरत पड़ी थी। आकाशवाणी से मुझे और अलोकरंजन दासगुप्त को बुलाया गया था, कुछेक सप्ताह के लिये हमें वहाँ से कुछ कहने का काम दिया गया था। शाम के समय, समाचार और स्थानीय समाचारों के बीच के पाँच मिनट के विराम के दौरान, 'समीक्षा' नाम से एक अनुष्ठान की परिकल्पना की गयी थी। इस समीक्षा में मुझे साहित्य–संस्कृति पर कुछ कहने की ज़िम्मेदारी दी गयी थी। समाचार और स्थानीय समाचारों के बीच के केवल पाँच मिनटों में साहित्य के किसी प्रसंग पर मैं कैसे बोलूँगा, क्या बोलूँगा, कम उम्र की उत्तेजना में उन सब दुष्कर समस्याओं को लेकर हमने कुछ सोचा ही नहीं था। बड़े ही आग्रहपूर्वक, सप्ताह में एक दिन के हिसाब से हमने कुछ बातें कही थीं।

लेकिन श्रोताओं को वे कैसी लग रही थी ? अपने क़रीबी दोस्तों के प्रश्रय से हम तृप्त ही थे, लेकिन एक दिन उस तृप्ति में विघ्न पैदा हो गया। अलोकरंजन की माँ, हमारी मौसी ने एक दिन दुःख भरे स्वर में मुझसे कहा : 'अलोक कठिन–कठिन शब्द बोलता है और तुम सहज–सहज, लेकिन तुम लोगों की बातें तो किसी को भी समझ में नहीं आतीं!' यह सुनकर मैं चौंक गया। समझ में नहीं आतीं ? तो फिर हम क्यों बोल रहे हैं ? इस प्रश्न के तुरन्त बाद लगा : कौन लोग समझ नहीं पाते ? मौसी को किन लोगों ने इस अभियोग की बात कही है, तब ध्यान आया : समाचार और स्थानीय समाचार सुनने वाले असंख्य लोग, उनमें से बहुत–से लोग जिनकी साहित्य को लेकर कोई स्वतन्त्र आकांक्षा नहीं, उस पर कोई अधिकार नहीं, उनकी आकांक्षाओं को जगाने–जैसी कोई भाषा या रीति का क्या हम लोग उपयोग कर पा रहे हैं ? जो लोग साहित्य के विषय में अभिज्ञ हैं और जो इस बात से अनभिज्ञ हैं, एक ही साथ, इन दो तरह के श्रोताओं तक पहुँचने के किसी रास्ते के बारे में क्या हमने सोचा था ? यानी इन सब लेखन के आरम्भ में हमने जो सवाल उठाये थे, उनके साथ यहाँ कुछ और सवाल जुड़ गये थे : हमने विचार किया था कि हम किसके साथ बात कर रहे हैं, किनके साथ ? हम दरअसल अपनी बातें ठीक किन लोगों तक पहुँचा देना चाहते हैं ?

नहीं, सिर्फ़ इतना ही नहीं, सवाल और भी उठते हैं। श्रोता–चरित्र की बात

यदि छोड़ भी दें तो भी जो लोग बोल रहे हैं, उनका अवस्थान ठीक कहाँ पर है? क्या वे रूबरू किसी के साथ बातचीत कर रहे हैं? क्या वे बहुत सारे लोगों के सम्मुख होकर बातें कर रहे हैं? वे क्या मंचगत दूरी से बोल रहे हैं? या कि, श्रोता या दर्शक जहाँ अदृश्य हैं, वे स्वयं दृश्यमान होकर उस दूरदर्शन पर बोल रहे हैं? या कि 'राजा' नाटक के राजा की भाँति केवल स्वर के रूप में आकाशवाणी से भासमान हो रहे हैं? इसके हरेक क्षेत्र में श्रोता और वक्ता के सम्बन्धों में एक बदलाव आ जाता है, और उसी के हिसाब से हमें भाषा तय करनी पड़ती है। यहाँ तक कि कभी-कभी ऐसा भी होता है कि हमें उसके हिसाब से विषय भी तय कर लेने होते हैं। उस दिन ये सारी बातें हमने—कम-अज़-कम मैंने—सोच ली थीं, मुझे ऐसा याद नहीं पड़ता। अतिउत्साह में हमने केवल अपने जाने-समझे हुए को ही इस तरह से अभिव्यक्त करने की कोशिश की थी, जिस तरह हम लिखते थे, जिस लिखने के सामने कोई श्रोता नहीं होता था, होते थे पाठक। पाठकों के उद्देश्य से लिखी गयी रचना श्रोताओं तक कैसे पहुँचेगी, इस विषय में उस तरह से सोचा नहीं था और इसलिये उस दिन मौसी को कातर स्वर में कहना ही पड़ा : तुम लोगों की बातें तो किसी को भी समझ में नहीं आतीं!

मान लीजिए कि मैं कविता और मौजूदा समय के सम्बन्ध को लेकर बात कर रहा हूँ। यह कोई आनुमानिक मामला नहीं है, एक दिन समीक्षा के विषय के रूप में मैंने इसी का चयन किया था। पाँच मिनट के अवकाश में उस दिन की बातचीत का अन्तिम अनुच्छेद और उसका पहला वाक्य इस प्रकार था : केवल ऐतिह्य नहीं, तब वे (कवि) प्रवहमान विश्वकाल को स्वयं में वहन करना चाहते हैं, और इन दोनों के निरन्तर संघर्ष में से दिखायी देने लगती है आज के दिन की आधुनिकता। इतना ही याद था, जब जीवनानन्द ने कहा था, कविता की अस्थि में हमें चाहिये इतिहास-चेतना और उसके मर्म में चाहिये स्वच्छ कालज्ञान। इसी ज्ञान के साथ उज्जयिनी का समय मिस्र या ग्रीस के साथ घुलमिल जाता है, इसी चेतना में एक साँस में बँध जाती हैं उर्वशी और आर्टेमिस। लेकिन कवि कभी भी नहीं भूलते कि एक हाथ में इस देशनिहित काल और दूसरे हाथ में देशोत्तर काल धारण करते समय भी वे अस्थिर समय के संकट पर पैर रखकर खड़े हुए हैं। समय का यह जटिल प्रत्याघात

ही कविता को एक क्षण से दूसरे क्षण में संचारित कर लेता है।

ये सब बातें लिखते समय उस दिन निश्चय ही मुझे ध्यान नहीं रहा कि इसे जो लोग सुन रहे हैं, उनमें से ज़्यादातर को कुछेक शब्द लगभग पहेलियों-जैसे लगेंगे, क्योंकि उनमें से ज़्यादातर लोग कविता के आधुनिक जगत को ठीक तरह से नहीं जानते। इसलिये उज्जयिनी के साथ मिस्र या उर्वशी के साथ आर्टेमिस को एकसाथ ले आने की बात यहाँ अचानक क्यों उठी, जीवनानन्द या विष्णु डे की कविता को लेकर थोड़े विस्तार से यदि न कहा जाये तो बहुत-से लोगों तक इसका तात्पर्य पहुँच ही नहीं पायेगा। फलतः वह पूरा अनुच्छेद ही उन श्रोताओं के लिये अनधिगम्य रह जायेगा, लगभग अर्थहीन। उन बातों को यदि कोई पढ़ता है तो सम्भव है कि उसे उन बातों को समझ लेने, विश्लेषण करने का समय मिल जाय, लेकिन वह समय तो श्रोताओं को नहीं मिल पाता। हमें समझ लेना चाहिये था कि उन सारे अलक्ष्य और असंख्य श्रोताओं के लिये एक भिन्न भाषा की दरकार थी। व्यक्तिगत ज्ञान के अभिमान की वजह से हमने उस दिन इन बातों पर पूरी तरह से ध्यान ही नहीं दिया था।

लेकिन यहाँ पर और एक सवाल है, मौसीजी ने जब अपना दुःख जताया था, तब क्या मेरे मन में पूरी तरह विफलता का बोध ही जागा था? या कि उसके साथ-ही-साथ एक दम्भ भी वहाँ पल रहा था? यह दम्भ, ऐसा था कि मैं कुछ ऐसा बोल रहा हूँ जो दूसरों के बस के बाहर है। यानी, यहाँ पर मैं अलग हूँ, यहाँ पर मैं थोड़ी उच्चता में अधिष्ठित हूँ। और, उस पृथक अधिष्ठान को लेकर अन्य लोग सम्भ्रम में हैं। न समझ पाने का सम्भ्रम। मेरे समझने या जानने की क्षमता के प्रति अन्य लोगों की अक्षमता का सम्भ्रम। और इसी को मैं अपना स्वातन्त्र्य समझ रहा हूँ, समझकर तृप्त हो रहा हूँ।

कुछ दिनों पहले के एक संलाप में नोम चॉम्स्की ने कहा था, किसी से यदि वे चार सिलेबल का शब्द भी सुनते हैं तो वे जान लेना चाहते हैं कि उसे एक सिलेबल में कहना सम्भव था या नहीं। उन्होंने कहा था कि वक्ता कई बार सोचते हैं कि सब लोग यदि उनकी सारी बातें समझ ही जायें तो फिर वे विशिष्ट कहाँ रहे? अनेक कोशिशों से, अनेक कष्ट उठाकर उन्हें एक चीज़ समझनी पड़ी है, उसे अधिगत करना पड़ा है, और दूसरे उसे समझ

नहीं पा रहे हैं, 'and then that becomes the basis for your privilege and your power'। हम भी क्या उसी दिशा में जा रहे थे? या आज भी जा रहे हैं?

हममें से बहुत-से लोग जा रहे हैं, इसमें कोई सन्देह नहीं है। मनीषा नियमित रूप से छपती रहती है, इसी शहर की एक ऐसी पत्रिका में दो-एक रचनाओं को न समझ पाने की वजह से जब इसे अपनी बोध-बुद्धि की सीमा समझकर मैं अवसन्न हो उठा था, तब एक दिन अचानक उसके बुद्धिमान अभिज्ञ सम्पादक के एक मन्तव्य को देखने का मौक़ा मिला। वे यह कहते हुए विलाप कर रहे थे कि सम्प्रति उन्हें ऐसी रचनाएँ भी छापनी पड़ रही हैं, जो उन्हें पूरी तरह से समझ में नहीं आतीं। तब निश्चय ही यह प्रश्न पैदा होता है, होना लाज़िमी है कि, उन-जैसे बुद्धिमान भी यदि समझ नहीं पाते तो फिर वह रचना किन तक पहुँच रही है? इनके लेखक किनके साथ, किस ढंग से बात करना चाहते हैं? किन दो-चार लोगों के वृत्त में आबद्ध रहकर वह आवर्तित हो रही है? यह समस्या सिर्फ़ इस शहर की है ऐसा नहीं है, समूची पृथ्वी में यह समस्या व्याप्त है। अभी थोड़ी देर पहले ही चॉम्स्की के जिस संलाप की हम बात कर रहे थे, विश्वव्यापी इस दुर्लक्षण की बात उन्होंने वहाँ इस तरह उठाई है : .... it's not necessarily a criticism to say that something doesn't make sense : there are subjects that it's hard to talk sensibly about. But if I read, Russell, or analytic philosophy, or Wittgenstein and so on, I think I can come to understand what they're saying, and I can see why I think it's wrong, as I often do. But when I read, you know, Derrida, or Lacan, or Althusser, or any of these — I just don't understand it. It's like words passing in front of my eyes : I can't follow the arguments, anything that looks like a description of a fact looks wrong to me. So may be I'm missing a gene or something, its possible. But my honest opinion is, I think it's all fraud.

चॉम्स्की की इस अन्तिम पंक्ति के साथ हममें से बहुत-से लोग निश्चित रूप से सहमत नहीं होंगे, यहाँ तक कि उन्होंने भी शायद किसी सामयिक उत्तेजनावश इतना कह दिया था।[१] लेकिन यहाँ से उठ आया यह सवाल

१. इस प्रसंग में थोड़ा सतर्क रहने की ज़रूरत है। यहाँ पर विश्ववन्दित जिन मनीषियों के नामों का उल्लेख किया गया, इस उल्लेख का लक्ष्य उनके चिन्तन-जगत के विषय में किसी प्रकार की अनास्था प्रकट करना नहीं है। या फिर, बात यह भी नहीं कि दुरूहता-

फिर भी ज़रूरी है कि किस तरह, कितनी सहजता से, किसी विचार को हम श्रोता या पाठकों तक पहुँचा सकते हैं।

इसे समझ लेना बहुत ज़रूरी है कि हम क्या चाहते हैं। हम जानकार हैं, क्या हम इस बात को सूचित करना चाहते हैं? या कि हम जो कुछ समझते हैं, उस समझने को समझाना चाहते हैं? दूसरी बात ही अपेक्षित है, लेकिन यथार्थ में अकसर ऐसा हो नहीं पाता।

दो

अपनी किशोरावस्था या युवाकाल में हम जिन अध्यापकों से पढ़े, उनमें से बहुत सारे हमें चिरस्मरणीय रहने योग्य लगते हैं। उनमें से एक विशेष व्यक्ति की लगभग हर रोज़ ही याद आती है : वे हैं गोपीनाथ भट्टाचार्य। प्रेसिडेंसी कॉलेज में वे दर्शन के अध्यापक थे। चालचलन, बातचीत में वे एक स्थिर समाहित भाव थे। धीर क़दमों से वे क्लास में आते, उपस्थिति लेने के बाद रजिस्टर को बन्द करते, फिर टेबल पर चॉक से हौले-से दो-एक बातें लिखते, लिखकर उसे पोंछ देते, फिर हमारी ओर देखते और पढ़ाना शुरू करते। हम समझ जाते थे कि मध्यवर्ती उस निःशब्द समय में वे आत्मस्थ होते थे और इस विशेष क्लास के लिये स्वयं को अभिमुखी कर लेते थे, इसके बाद वे पढ़ाना आरम्भ करते थे।

कैसा था उनके पढ़ाने का ढंग? वे बहुत शान्त और मन्द्र स्वर में बोलते थे। उस बोलने में कोई वाग्मिता नहीं होती थी, लेकिन एक ज़ोर रहता था, प्रवाह होता था, और कथोपकथन की एक सरल भंगिमा हुआ करती थी।

बोलते-बोलते एक दिन वे अचानक रुक गये। जो विद्यार्थी अपनी कॉपियों में नोट्स ले रहे थे, थोड़े अवाक् होकर उन्होंने अपने चेहरे ऊपर उठाये थे। अन्तर्भेदी दृष्टि से उनकी ओर देखते हुए स्मितभाव से उन्होंने कहा था : 'तो फिर मैं किसके साथ बात करूँ? समझाऊँ किन्हें, यदि तुम लोगों की आँखें कॉपियों में लगी रहें? मुझे कैसे समझ में आयेगा कि मेरी बातें कहीं पहुँच रही हैं? इस विषय को तो मैं तुम लोगों को समझाने की ही तो

→ मात्र ही संदेह की वस्तु है। विषय की मात्रा के अनुसार बोध्यता की मात्रा भी बदल जाती है, श्रोता और पाठक को भी स्वयं को थोड़ा तैयार कर लेने की ज़रूरत होती है। दूसरी ओर, यह भी समझना चाहिये कि सरलता का मतलब तरलता नहीं होता।

कोशिश कर रहा हूँ? इसे यदि समझ लो, तो फिर सिर झुकाकर नोट्स लेने की ज़रूरत ही नहीं रहेगी।'

बच्चे उनके इस निर्देश को कितना मानते थे, वह एक भिन्न प्रसंग है। लेकिन वे जो सभी की आँखों में आँखें डालकर बात करना चाहते थे, उसमें एक सहज जुड़ाव की व्याकुलता थी। वह रूखे ढंग से क्लास को पढ़ाना नहीं था, वह मानो कोई संचार का समय था। और वे इस संचार को बातचीत के अंदाज़ में एक निरुत्तेज शान्त स्वर में से होते हुए, एक मृदुता के माध्यम से घटित होने देना चाहते थे।

उनकी इतनी जो याद आती है वह सिर्फ़ इस वजह से नहीं कि वे पढ़े जाने वाले विषय को बहुत अच्छे से समझा पाते थे, उनकी याद इसलिये आती थी कि उनके इस व्यक्तित्व में, व्यक्तित्व की अभिव्यक्ति के प्रकरण में, शान्त स्थिर एक विश्वास का विकीर्णन रहता था। कह सकते हैं, उनके भीतर का विश्वास ही—उस विश्वास की शक्ति ही—उन्हें इतना शान्त रख पाती थी। रवीन्द्रनाथ की 'शान्तिनिकेतन' भाषणमाला में एक स्थान पर है : 'हम लोग दिन भर कितनी ही तरह से अपनी शक्ति का अपव्यय करते चलते हैं उसका कोई ठिकाना नहीं—कितनी फ़िज़ूल बातों में, कितने ही व्यर्थ के कार्यों में। निष्ठा हठात हमें याद दिला देती है, यह जो चीज़ है जिसे इस तरह बरबाद कर रहे हो, यह बहुत ज़रूरी चीज़ है। थोड़ी देर चुप रहो, थोड़ा स्थिर हो जाओ, इतना बढ़ा-चढ़ा कर मत कहो, इतने हद से बाहर मत जाओ।' वहाँ पर रवीन्द्रनाथ ने कहा था : 'जब सिद्धि प्राप्ति के निकट पहुँच जाने पर प्रेम की सहज प्राज्ञता प्राप्त होती है, तब मात्राबोध अपने आप घटित हो जाता है।' हमारे उन अध्यापक से हम लोगों के लिये सीखने लायक़ जो सबसे बड़ी बात थी, वह थी यह मात्राबोध। स्वरों, वाचन और नीरवता का मात्राबोध।

जीवन से लिये हुए नहीं, साहित्य से लिये गये और एक अध्यापक की बात यहाँ इस मात्राबोध के सिलसिले में मुझे याद आती है। 'उनकी शान्ति, उनके सत्य, उनकी पवित्र छवि' के साथ वे अध्यापक अपने विद्यार्थियों के जीवन के केंद्र में अपने जीवन की प्रतिष्ठा कर सके थे। जो 'न तो निन्दा से डरते थे, न क्षति से और न ही मृत्यु से', 'जिन्होंने अपने अन्तर्यामी को देखा था, इसलिये उन्हें और कुछ भी बहला नहीं पाता था', 'घरे-बाइरे' उपन्यास के चन्द्रनाथबाबू ने छात्र निखिलेश के रोज़ के

क्रियाकलापों में अपनी स्वाभाविक स्थिरता का संचार कर दिया था। चन्द्रनाथबाबू थे, 'इसीलिये मैं कल्याण को इतने सच्चे और इतने प्रत्यक्ष रूप से पा सका'—निखिलेश ने कहा था। 'शान्तिनिकेतन' वाले भाषण में वह 'थोड़ी देर चुप रहो, थोड़ा स्थिर हो जाओ' वाली बात ही मानो बार-बार चन्द्रनाथबाबू के कथनों में या निखिलेश के आचरण में रूपायित होती रहती है। स्वदेशी आन्दोलन की उत्तेजना के पक्ष में जब सन्दीप तल्ख़ भाषा में सवाल करता है, तब चन्द्रनाथबाबू थोड़ा मुसकराकर कहते हैं : 'आप फड़फड़ाना चाहते हैं फड़फड़ाइए, लेकिन उसी को वीरता या फिर उपलब्धि मानकर ख़ुद की वाहवाही मत करने लग जाइयेगा। इस पृथ्वी पर जिन लोगों ने आपकी सन्ततियों को बचाया था वे नहीं फड़फड़ाये थे, उन्होंने काम किया था।'

देशबोध और देश के काम के इन दो भिन्न रास्तों की प्रतिस्पर्धा लिये हुए है—'घरे-बाइरे' उपन्यास : यह फड़फड़ाना और काम करना। या कहा जा सकता है कि फड़फड़ाते हुए काम करना और स्थिर भाव लिये काम करना। सन्दीप और निखिलेश। आपातशक्ति और निहितशक्ति। आपातशक्ति के वेग से सन्दीप को लगता है कि वह तेज़ी से जुड़ाव स्थापित कर लेगा, वह प्रभावित कर लेगा, जल्दी से उस प्रभाव का फल वह देख सकेगा। और निहितशक्ति के संचार की वजह से निखिलेश कुछ गढ़ लेना चाहता है, हालाँकि उसे मालूम है कि इस जुड़ाव का कोई फल तुरन्त नहीं मिलता, इसके लिये बहुत दिनों तक इंतज़ार क़रना पड़ता है।

यह इन्तज़ार करना किसी-किसी को संकल्प या पौरुष के अभाव-जैसा लग सकता है—जैसा कि निखिलेश के हालचाल देखकर विमला को लगा था। लग सकता है यह ख़बर कहीं नहीं पहुँच पा रही है, किसी के साथ कहीं पर भी कोई जुड़ाव तैयार नहीं हो पा रहा है। नाराज़ होकर अचानक कुछ करने में निखिलेश को जो संकोच का अनुभव होता है, स्वभाव की उसी मृदुता से घृणा करना सीख रही है विमला। यह मृदुता ही आन्तरिक शक्ति उत्पन्न करती है, और वह भी कहीं संचारित हो सकती है, विमला की तरह हमें भी कई बार उसे मान लेने में दिक़्क़त होती है।

लेकिन क्या इस मृदुता का मतलब सब कुछ को बिना विचारे मान लेना है? तर्क से, युक्ति से, पीछे हट जाना? शान्त भंगिमा के साथ भी 'घरे-बाइरे' उपन्यास में हमने एकाधिकबार निखिलेश को जिरह करते देखा है,

हमने मृदुता के साथ तेज का संयोग देखा है। विमला ने पहले कभी अपने पति को किसी बाहरी व्यक्ति के साथ तर्क-वितर्क करते नहीं सुना था, सन्दीप के साथ एक दिन उसकी बहस सुनकर उसे लगा 'आज मैंने उसे अस्त्र चलाते देखा है'। जबकि, इसकी कुछ पंक्तियों के बाद ही है : 'मेरे पति के अन्तर की एक गहरी वेदना उनके चेहरे पर अपनी परछाई छोड़कर चली गयी। वे अत्यन्त मृदु स्वर में बोले ...' इत्यादि। विमला को दिखायी दिया, और उसी के साथ मुझे भी दिखा कि अस्त्रचालन और मृदुस्वर किस तरह एक-दूसरे का हाथ थाम लेते हैं।

मैं अपने जिन अध्यापक की बात कर रहा था, जिनका शान्त आत्मस्थ विश्वास हम लोगों के मन में एक आभा बिखेर देता था, उन्होंने भी अपने विद्यार्थियों को तर्क करना ही सिखाया था। कक्षा में वाद-विवाद करने योग्य कोई विषय उठाकर वे उम्मीद करते थे कि उस पर समान रूप से एक बातचीत हो। व्यक्तित्व की नमनीयता और युक्ति की दृढ़ता दोनों एकसाथ उनमें घुलेमिले होते थे। वे शिक्षक थे, इस उच्चपद के बल पर उन्होंने कभी भी अपने किसी भी विद्यार्थी को बीच में, बोलने से नहीं रोका, उन्होंने तर्क-वितर्क को अबाध रूप से आगे बढ़ते रहने दिया, ताकि अपने ही विचारबोध के जागरण से तर्क करने वाले एक यथार्थ लक्ष्य तक पहुँच सकें।

इस तर्कसौन्दर्य का और एक विकास हमने अबू सईद अय्यूब की रचनाओं में देखा है, या फिर उनके साथ तमाम लोगों के व्यक्तिगत कथोपकथन में। बातों या लेखन में कभी भी उनका स्वरग्राम ऊँचा नहीं होता था, वे एक विस्तृत स्थिरता के साथ विपरीत पथ को समझना और समझाना चाहते थे, उनकी बातें लावण्यमयी दृढ़ता से भरपूर रहा करती थीं। लोगों के सामने चल रहे एक वितर्क के प्रसंग में एक पक्ष ने जब एक दफ़ा उन्हें चिट्ठी के ज़रिये सूचित किया था कि साधारण पाठकों का यह मन्तव्य है कि दोनों के उस तर्क-वितर्क में अय्यूब ही जीते हैं, तो इसके जवाब में अय्यूब ने एक यादगार बात लिखी थी : 'हमारी रचनाओं को जिन लोगों ने तर्क की हार-जीत के खेल के रूप में देखा है, उन्होंने ग़लती की है; उनकी बातें गणना योग्य नहीं हैं।'

उन्होंने यह बात क्यों लिखी थी ? क्योंकि जो लोग सच्चे रूप में तर्क करते हैं वे तो किसी एक विषय के सत्य को समझना चाहते हैं, समझाना चाहते

हैं। सत्यानुसन्धान ही वहाँ बड़ी बात है। और दो लोगों की चर्चाओं के फलस्वरूप ही उस सत्य तक पहुँचा जा सकता है, पहुँचने की चेष्टा की जा सकती है। उस सत्य तक पहुँच जाने पर तार्किकों का कोई एक पक्ष जीत जाता है ऐसा नहीं है, जीत केवल सत्य की होती है, सत्य के बोध की। हम यदि ऐसा न सोचें, तब, विषय की अपेक्षा विषयी बड़ा हो जाता है, सत्य की अपेक्षा अहं बड़ा हो जाता है। 'मैं' को रखते हुए भी उस 'मैं' को किस प्रकार पोंछ कर मिटा लेना होता है, उसकी थोड़ी-बहुत मिसाल हमने गोपीनाथबाबू के अध्यापन में, अय्यूब के चिन्तन में, चन्द्रनाथबाबू के दीक्षादान में और निखिलेश के आचरण में देखी थी। औरों को इन्होंने जो समझाना चाहा था, वह इनका 'मैं' नहीं था, वे अपने अनुभूत समग्र एक सत्य को समझाना चाहते थे। 'मैं' के द्वारा अभिव्यक्ति में और 'मैं' को पोंछकर की गयी अभिव्यक्ति की इन दो भंगिमाओं में बोध का भी बहुत अधिक प्रभेद होता है।

तीन

बहुत दिनों पहले बीमार को देखने के लिये हमारे घर एक चिकित्सक आये थे। प्राथमिक जाँच-पड़ताल के बाद जब वे पर्चा लिखने लगे तो मुझसे बोले : 'हम लोग दो दिन तक यह दवाई देकर देखेंगे। इससे यदि फ़ायदा नहीं हुआ तो फिर हमें और तरह से सोचना पड़ेगा।' उनकी बात सुनकर मैं अवाक् हो गया। इलाज करेंगे वे, तो फिर 'हम देखेंगे', 'हमें सोचना पड़ेगा' वे ऐसा क्यों कह रहे हैं ? कहना तो यह चाहिये था कि 'मैं देखूँगा', 'मुझे और तरह से सोचना पड़ेगा'। यही ठीक बात होती ? ठीक बात होती, लेकिन साथ-ही-साथ यह भी सच है कि उस एकमात्र सत्य को झुठला कर, उस एकमात्र शब्द को बदल कर, 'मैं' से 'हम' में पहुँचाकर डॉक्टर बाबू ने अपने मरीज़ के साथ-साथ उसके परिजनों की भी ख़ासी सुश्रूषा कर ली थी। उस क्षण आश्वस्त मन कह रहा था, वे हमारे पारिवारिक व्यक्ति हैं, अपने आदमी हैं। मरीज़ की इस समस्या को वे केवल अपनी जीविका की दिशा से नहीं देख रहे थे, वे इसे व्यक्तिगत रूप से देख रहे थे।

थोड़ी देर पहले मैंने कहा था 'सत्य को झुठला कर'। लेकिन वह क्या झूठ था ? इसे निश्चय ही डॉक्टर बाबू केवल दस्तूर के हिसाब से नहीं, बल्कि

सचमुच सच साबित करना चाहते थे। कम-अज़-कम परवर्ती कुछ दिनों की आवाजाही और उद्वेग-कातरता में, निरामय के बाद उनकी आनन्द की अनाविल अभिव्यक्ति में, वह सच हो उठा था। उस एकमात्र शब्द के उपयोग के माध्यम से हमारी एक पारस्परिक अक्षुण्ण मित्रता निर्मित हो गयी थी।

'मैं' को 'हम' में तब्दील करने का एक भिन्न विवरण मैंने सुनील गंगोपाध्याय के एक लेख में पढ़ा था। कमलकुमार मजुमदार 'कृत्तिवास' पत्रिका के लिये एक उपन्यास लिख रहे थे, वह धीरे-धीरे आगे बढ़ रहा था, सुनील तगादा किये जा रहे थे। ऐसे ही एक समय वेलिंग्टन स्क्वॉयर के मोड़ पर खड़े होकर कमलकुमार कहने लगे : 'सुनो, यह जो हम उपन्यास लिख रहे हैं...', सुनील ने उन्हें बीच में टोकते हुए कहा : 'आप हम क्यों कह रहे हैं कमल दा, लिख तो आप रहे हैं!' कमलकुमार बोले : 'आह, रुको तो, मैं तो लिख नहीं रहा, ईश्वर मुझसे केवल लिखवा रहे हैं। वह मैं न होकर तुम भी हो सकते थे, या कोई और। हम सभी मिलकर लिख रहे हैं।'

इस कथन में विशुद्ध एक विनय है ऐसा नहीं है, इसमें एक विश्वास है। विश्वास इस बात का कि मेरा 'मैं' कोई बहुत बड़ी बात नहीं है, वह एक उपलक्ष्य मात्र है। चारों ओर के अनुभव एकसाथ तमाम लोगों में संचित हो रहे हैं, लेकिन सम्भव है कि वे एक-दो लोगों के माध्यम से प्रकट हो रहे हों। प्रकटीकरण के उस क्षण में कोई ज़ोर देकर कह ही सकता है कि यह 'मैं' कह रहा हूँ, ऐसा कहने में कुछ भी ग़लत नहीं है। फिर इसी को कोई कह सकता है कि 'हम लोग' कह रहे हैं, 'हम लोग' सोच रहे हैं। कमलकुमार ने सर्वथा ख़ुद के द्वारा लिखे जा रहे उपन्यास के प्रसंग में उस बहुवचन का प्रयोग किया था और इसीलिये स्वभावतः सुनील चौंक उठे थे, लेकिन यदि देखें तो हम लोगों के लिखने या कहने में इस तरह के प्रयोग तो हमेशा होते ही रहते हैं। नहीं होते हैं? मान लें कि अमिय चक्रवर्ती की किताब 'पाला-बदल' की आलोचना करते हुए बुद्धदेव बसु जब लिखते हैं :

> ... इनकी 'रात्रि' कविता की पंक्ति 'अकस्मात कब सफ़ेद बिस्तर पर बिखरती है जुन्हाई, / और मैं देखता हूँ कि तुम नहीं हो'—हमें अनायास ही 'लिपिका' की 'परी का परिचय' की याद दिला देती है...

तब निश्चय ही यह केवल बुद्धदेव बसु को ही याद आती है, यह नहीं कहा

जा सकता कि समस्त पाठकों को अनिवार्यत: वहाँ लिपिका की याद आयेगी ही। या फिर, यात्रा की तीन कविताएँ हमारे मन में अमिट रूप से मुद्रित हो चुकी हैं : बोदलेयर की 'भ्रमण', रैंबो की 'मदहोश नाव' और रवीन्द्रनाथ की 'निरुद्देश्य यात्रा'...

या, इसी तरह के और भी अनेक उत्तमपुरुष बहुवचन के प्रयोगों से हम समझ जाते हैं कि वह लेखक का निजी वक्तव्य है, वह उसकी निजी विवेचना है, नितान्त निजी। वे कोशिश में हैं कि वह सबका हो जाय। लेकिन इसी के साथ यह भी ग़ौरतलब है कि उन उद्धृत वाक्यों के बहुवचन को एकवचन कर दें तो भी बात वही रहती है, सिर्फ़ उनका मिज़ाज बदल जाता है। 'यह ढंग उनकी परवर्ती रचनाओं में यदि लौट आये तो फिर हम कह सकेंगे कि बाङ्ला कविता के लिये उन्होंने एक नया प्रदेश जीत लिया है'—इस कथन के 'हम' को यदि 'मैं' कर दिया जाय, तो फिर वह 'मैं' बहुत प्रत्यक्ष होकर, निहायत ही दुस्साहसिक ढंग से किसी श्रोता या पाठक को धक्का दे सकता है, शायद इसीलिये हम लोग 'हम' कहकर उसे थोड़ा नरम कर देना चाहते हैं।

अवश्य ही, 'हम' का ऐसा प्रयोग भी सम्भव है, जहाँ पर 'मैं' है ही नहीं। 'मैं' से बाहर और सब कुछ लिये हुए, या प्रतिपक्ष को लेकर, 'हम'। चेकोस्लोवॉकिया के कवि मिरोस्लाव होलुब की कविता की प्रशस्ति में यदि कोई लिखता है कि यह कविता पाठकों को धक्का मारेगी, क्योंकि : 'हम अपने अन्धविश्वासों को बहुत ज़्यादा प्यार करते हैं, उन्हें कोई यदि तोड़ने आता है तो हम उस परित्राता को ही गालियाँ बकने लगते हैं, अँधेरे से उजाले की ओर जाने में आज भी हमारा किसी तरह का आग्रह नज़र नहीं आता', तब हमें महसूस होता है कि इस 'हम' में वक्ता का 'मैं' शामिल नहीं है, क्योंकि वे तो कुत्सित भाषा में परित्राता को गाली बकना नहीं चाह रहे हैं, वे तो प्रशस्ति ही करना चाह रहे हैं। या फिर, समर सेन के प्रति श्रद्धा ज्ञापित करने के लिये कोई यदि लिखते हैं कि उनके बारे में सोचकर अब हमें क्या फ़ायदा, 'हम कॉलेज या ऑफ़िस जायेंगे, इसकी–उसकी ख़ुशामद करके थोड़े ऊपरी पैसों की व्यवस्था करेंगे, आख़िर में मौक़ा मिलने पर दो–तीन शौक़िया भाषण दे देंगे, रात को हम ख़ूब जमकर नींद लेंगे, मरता हो तो मरे, कौन है समर सेन'—तब, स्वभावत: इन तमाम हीन 'हम' में मैं नहीं है, क्यों वह 'मैं' ही तो समर सेन के बारे में इतना कुछ कह रहा है।

हम फिर से उसी पुरानी बात पर लौटते हैं। 'मैं' को 'हम' में बदल लेने की बात कह रहा था। कभी ऐसा भी हो सकता है कि 'हम' ही 'मैं' में तब्दील हो जाय। धूर्जटिप्रसाद मुखोपाध्याय की एक किताब का शीर्षक कइयों को याद आयेगा : 'हम लोग और वे लोग'। पूरी किताब इन दो पक्षों के कथोपकथन से सजी हुई है। एक पक्ष में हैं वे लोग। और दूसरे पक्ष में? जिस किताब के शीर्षक में है 'हम लोग', उस किताब के पाठ में लेकिन हमेशा ही 'मैं' है। भूमिका में धूर्जटिप्रसाद ने कह दिया है : 'हम लोग और वे लोग' में एक ओर का वक्ता मैं हूँ, दूसरी ओर के वक्ता वे लोग हैं।' तो फिर शीर्षक में 'हम लोग' क्यों? लेखक की कैफ़ियत है : 'ख़ुद में तथाकथित उच्चशिक्षितों के दोषों को देख पाने के कारण ही मैंने एकवचन का प्रयोग किया है।' यानी 'मैं' यहाँ पर 'हम' का प्रतिभू है।

सब समय ऐसा हो पाता है या नहीं, वह अवश्य ही अलग बात है। 'मेरे मुँह से व्यक्त यह राय ठीक मेरी नहीं है, मेरे दल की है' वे पाठकों को यह बात याद रखने को कहते हैं, लेकिन उस 'दल' अर्थात् 'तथाकथित उच्चशिक्षितों' के साधारण गोत्र से दूर हटकर कई बार वे पूरी तरह से धूर्जटिप्रसाद के रूप में ही बात करते हैं। फ़िलहाल हम उस प्रसंग की विवेचना नहीं करेंगे। अभी मैं जो कहना चाहता हूँ वह यह कि धूर्जटिप्रसाद के अभीष्ट 'हम लोग' यहाँ पर एक निर्दिष्ट सीमारेखा तैयार कर रहे हैं। दूसरी ओर कौन लोग हैं? साधारण लोग। लेकिन ये साधारण लोग निर्वाचित हैं। क्योंकि धूर्जटिप्रसाद ऐलान करते हुए ही कहते हैं : 'उच्चशिक्षित और मूर्ख के साथ किसी प्रकार का कथोपकथन या भावों का विनिमय सम्भव नहीं होता। इसलिये शिक्षाभिमानी बुद्धिजीवी तथा शहर के अन्य श्रेणी के मित्रों को प्रतीक के रूप में लेना पड़ा।' इस 'वे लोग' के प्रकल्प में इसीलिये ग्रामीण लोग नहीं हैं, मूर्ख लोग नहीं हैं, अन्त्यज लोग नहीं हैं।

यह उतनी विस्मयकारी बात नहीं है। विस्मय की बात तो यह घोषणा है कि इन दो वर्गों के बीच किसी भाव का विनिमय या किसी प्रकार का कथोपकथन सम्भव नहीं, ऐसा एक समाजशास्त्री सोच रहे हैं। तो फिर निर्दिष्ट इस 'हम लोग' और 'वे लोग' के बाहर भी तो विराट एक 'उन लोगों' का अस्तित्व है, उनके साथ हम लोगों का जुड़ाव कहाँ पर है? या, वह किस प्रकार हो सकता है?

हम जहाँ पर सचमुच हम हैं, हम जहाँ पर मैं हूँ, 'हम' का जहाँ पर 'मैं'

है ही नहीं, मैं ही जहाँ पर हम है, और हम जहाँ पर एक गोलाकार छोटा-सा समूह है—मैं जो इन तमाम तरह के प्रयोगों की बात सोच रहा हूँ, उनके साथ हमारे लोगों का जुड़ाव या जुड़ाव न होने का एक सम्बन्ध अवश्य है। धूर्जटिप्रसाद ने 'हम लोग' शब्द के साथ जिस वर्ग की कल्पना कर ली थी, वह एक तरह का विभाजन है। विभिन्न समयों में विभिन्न प्रसंगों में हम इस विभाजन को विभिन्न जगहों पर पहुँचा सकते हैं। हम विद्वान हैं वे मूर्ख, हम शहरी हैं वे ग्रामीण, हम गोरे हैं वे काले, हम मुसलमान हैं वे हिन्दू, हम स्त्रियाँ हैं वे पुरुष, हम सी.पी.एम. के हैं और वे कांग्रेस के ... इस तरह का और भी बहुत कुछ। किसी-किसी विवरण के लिये ऐसा विभाजन दिखाना ज़रूरी हो जाता है। लेकिन जब इन सबको साथ लेकर सोचने की दरकार होती है, तब 'हम लोग' शब्द का ऐसा विभाजित प्रयोग हो सकता है कि वह कोई स्थायी संकट पैदा कर दे, हमारे समझने में भी बहुत त्रुटियाँ हो सकती हैं। मान लें, जब कोई सरकार 'हम लोग' कहकर कोई बात रखती है, तब उस हम लोगों में से उनका कोई विरोधी राजनैतिक पक्ष वर्जित रह सकता है, लेकिन उस कथन में देश के सारे साधारण लोगों को समाहित करने का संकेत है। अर्थात, वक्ता को समझना होगा कि उनका वह 'हम लोग' का परिसर जितना छोटा होता जायेगा, उनका देश भी उतना खण्डित होता रहेगा। बात यह नहीं है कि 'उन लोगों को' 'हम लोग' में तब्दील कर देना है, बल्कि होना तो यह चाहिये कि 'वे लोग' 'हम लोग' ही हैं। उस पर ध्यान न देकर, हम लोग-वे लोग के विभाजन को मिटाना ही हमारी ज़िम्मेदारी थी, लेकिन एक शब्द के प्रयोग के माध्यम से सम्भवत: हम उसे बढ़ाते ही जा रहे हैं।

हम कह सकते हैं कि शब्दों का प्रयोग कोई स्वतन्त्र समस्या नहीं है। शब्दों का प्रयोग बाहरी रूप से मानसिकता की ही एक अभिव्यक्ति है। लेकिन यह भी सही है कि मानसिकता से उत्पन्न शब्द ही फिर से उस मानसिकता को प्रभावित करते रहते हैं। दायरे में सीमित 'हम लोग' कहते-कहते मन, आत्मविस्मृत मन, और भी अधिक एकदलीय 'हम लोगों' की सीमारेखा के भीतर घुस पड़ना चाहता है।

और यदि यह 'हम लोग' कभी 'मैं' में बदल जाये तो ? तब 'हम लोगों' को पाकर प्रभुत्व का वज़न और भी स्पष्ट होकर सामने चला आता है। किसी भी एक जगह पर कर्मियों का थोड़ा-बहुत स्वरविन्यास शेष रह ही

जाता है। वहाँ पर जो मुख्य रूप से ज़िम्मेवार होते हैं, वे ही यदि यह कहना शुरू कर दें कि 'मेरा विभाग', 'मेरे कर्मी', 'मेरा लक्ष्य', तो फिर वहीं से विपदा का सूत्रपात होता है। मैंने शुरू में हमारे जिन डॉक्टरबाबू की बात कही थी, वे अपने अकेले द्वारा किये जाने वाले काम को ही कहा करते थे 'हमारा काम'। और हम लोग कई बार सबके द्वारा किये गये काम को 'मेरा काम' कहना शुरू कर देते हैं। व्यक्तिगत स्तर से लेकर सामाजिक और राजनैतिक स्तर तक यह 'मैं' एक घोषणा-शब्द बन जाता है, चीख़ का शब्द, जिसमें से होते हुए अकारण ही ज़ोर से बोलने की एक प्रताप-भंगिमा आगे बढ़ती रहती है। और इस गुप्त रास्ते से आगे बढ़ आता है फ़ासीवाद। फ़ासीवाद हमारे स्वभाव की एक अनियन्त्रित चीख़ है।

चार

एक सौ छब्बीस वर्ष पहले 'भारती' पत्रिका में एक लेख छपा था, उसका शीर्षक था 'चिल्लाकर कहो'। उस लेख में जिस साधु-भाषा का प्रयोग किया गया था, उसे चलित भाषा के रूप में बदल लें तो लग सकता है कि बिलकुल आज के इस समय को लेकर, इसकी समस्याओं को लेकर कोई बात करना चाहता है। उस लेख की अलग-अलग जगहों से ली गयी कुछ पंक्तियाँ हम यहाँ एक-एक बार सुन लेते हैं :

१. आजकल सब लोग सभी विषयों पर चिल्ला कर बोलते हैं। धीरे बोलने का चलन ख़त्म ही हो गया है।...खटारा गाड़ी जितनी चलती नहीं है, उससे ज़्यादा आवाज़ करती है; उसका पहिया झनझन करता है, उसकी खिड़की झरझर करती है, उसका गाड़ीवान गालियाँ बकता रहता है, उसके चाबुक की आवाज़ हमें बेचैन कर देती है। बंग समाज भी आज उसी चाल चल रहा है, उसके हर इंच से शोर बाहर आ रहा है।
२. कान ही हमारा अब एकमात्र लक्ष्य हो गया है। देखिये न, बाङ्ला अख़बार सिर्फ़ शोर के प्रभाव के दम पर ही पाठकों के कानों को अपने क़ाबू में किये बैठे हैं। वे क्या कह रहे हैं इस बारे में ज़्यादा सोचते भी नहीं, बस गला नीचा नहीं होना चाहिए। कोई एक बात हुई और तुरन्त बाङ्ला अख़बारों में शोर-शराबा मचने लगता है। हो सकता है वह बात समझी ही नहीं गयी, अच्छी तरह से सुनी ही नहीं गयी, हो सकता है उस विषय में कुछ पता ही न हो—लेकिन इसकी क्या ज़रूरत है ? विषय को जितना

कम समझा जायेगा, मुझे लगता है, उतना ही हो-हो करके चिल्लाने में अधिक सुविधा होगी।

वह लेख, यदि न बताते तो भी चल जाता, रवीन्द्रनाथ का था। उन्होंने जब इसे लिखा, तब उनकी उम्र बाईस साल थी। 'बस गला नीचा नहीं होना चाहिए'—यह बात हालाँकि इन सवा सौ वर्षों में एक भिन्न हैसियत पा चुकी है, क्योंकि समाचार-पत्रों से इतर अब तो आकाशवाणी भी है और दूरदर्शन भी। वहाँ, सजावटी अर्थ में नहीं, यथार्थ रूप में ही गला नीचे न करने की एक प्रतियोगिता चलती ही रहती है। सभास्थलों के भाषण विषय पर 'चिल्लाकर बोलना' प्रबन्ध में इस तरह का प्रसंग है : 'वक्ता जब वक्तृता के लिये खड़े होते हैं, तब एक अत्यन्त कष्टकर दृश्य उपस्थित होता है। डायरिया के मरीज़ की तरह उसके हाथ-पाँवों में खिंचाव होने लगता है, गले की शिराएँ फूल उठती हैं, दोनों आँखें बाहर निकल आना चाहती हैं।' केवल सभास्थलों पर ही नहीं, आजकल ऐसे दृश्य अकसर हमें तमाम जगहों पर देखने पड़ते हैं। देखने पड़ते हैं, क्योंकि, सिर्फ़ इस माध्यम में उस माध्यम में नहीं, दूरदर्शन के तमाम हलक़ों में एक घोर प्रतियोगिता चलती रहती है, स्कूप या एक्सक्लूसिव या बाइट-जैसे नशे की ताड़ना में उत्तेजना का आग्रह बढ़ जाता है, ख़बर देने वाले या फिर तार्किक लोग सोचते रहते हैं कि अगर स्वरग्राम को और-और ऊँचा कर सकें तो सत्य को और ज़्यादा ताक़त मिलेगी। जो लोग सुन रहे हैं चूँकि उन लोगों की बोध या विवेचना पर कोई आस्था नहीं होती इसलिये ऐसा घटित होता है, या कि वक्ता स्वयं की बातों पर उतना भरोसा नहीं जता पाता और इसलिये ऐसा करता है? सम्भव है दोनों ही सच हों। 'जब मैं प्राणों के साथ कोई बात करता हूँ, तब जो भी कहता हूँ उसी में एक बल रहता है—लेकिन जब प्राणों में ध्वनित न होने पर भी बोलना पड़ता है, तब चिल्ला कर बोलना होता है, थोड़ा बढ़ाकर बोलना पड़ता है।'—रवीन्द्रनाथ ने ऐसा ही लिखा था।

चिल्लाकर बोलने के साथ यहाँ जुड़ गया है—बढ़ाकर बोलना, अत्युक्ति। और वह बढ़ाकर बोलना सहज ही बनावटी ढंग से बोलने में, एक मिथ्याचार में तब्दील हो जाता है। समझाकर बोलने की अपेक्षा तब वक्ता को जड़ता और नशे के आवेश से भरने, हिप्नोटिज़्म की ज़रूरत होती है। 'यही तो हिप्नोटिज़्म है'—सन्दीप ने कहा था। 'यही शक्ति पृथ्वी को जीतने की शक्ति है। कोई उपाय नहीं, उपादान नहीं है यह सम्मोहन। कौन कहता है

सत्यमेव जयते ? जय होगा मोह का।' उसने कहा था। निखिलेश अत्युक्तियाँ सहन नहीं कर पाता था, और सन्दीप का तो अस्त्र ही था अत्युक्ति। इसलिये सन्दीप का प्रसंग आते ही उपन्यास में हमें सुनने पड़ते हैं 'तूफ़ानी हवाओं के क़िस्से', 'वज्र के ऊपर वज्र का गर्जन, बिजली के ऊपर बिजली की कौंध' की कहानियाँ। उसके दलबल के चीत्कार से 'आकाश मानो फटकर टुकड़े-टुकड़े' हो जाता है, उसका स्वप्न 'जनसमुद्र की लहरों के ऊपर' डोलते रहना, जिसके 'चारों ओर गर्जन और फेन' व्याप्त है। तर्क की ताक़त को बताने के लिये वह फ़र्श पर लात मारता है, 'कार्पेट से बहुत सारी निद्रित धूल चौंककर ऊपर उठ' आती है। भीतर की शक्ति में जितनी अधिक दीनता होती है, बाहर उतने ही परिमाण में दम्भ बढ़ जाता है, 'इसीलिये इतना ठोंकना पड़ता है, इतना शोर करना पड़ता है'। वह सत्य को चाहता नहीं, वह सत्य को गढ़ लेता है।

सत्य को गढ़ लेने के इस दम्भ से, इस चीत्कार से अपने चारों ओर नशे में चूर एक समूह को गढ़ा जा सकता है, जहाँ आत्मव्यक्तित्व की कोई दरकार नहीं होती, स्वयं के प्रति या सत्य के प्रति किसी विश्वास या अभिमुखिता की आवश्यकता नहीं होती। तब जो संयोग घटित होता है, वह किसी बोध के साथ किसी बोध का नहीं होता, वह तो यन्त्र के साथ यन्त्र का संयोग होता है। उस प्रकार के संयोग—या कि असंयोग—के बारे में सोचकर ही 'चार अध्याय' की उत्तप्त अनु ने एला से कहा था : 'अपनी ताक़त पर से हमारे विश्वास को आरम्भ से ही इतना संकुचित कर दिया गया था कि सब सरकारी कठपुतली के साँचे में ख़ुद को ढलवाने के लिये दुःसाहस करते हुए राज़ी हो गये थे।'

सिर्फ़ 'चार अध्याय' या 'घरे-बाइरे' के घटनाकाल में नहीं, किसी भी राजनैतिक, सामाजिक आन्दोलन के बड़े-बड़े क्षणों में इन सब बातों की सत्यता हमें बार-बार दिखायी देती है। हमें यह भी दिखायी देता है कि पारस्परिक जुड़ाव के किसी सुन्दर पथ पर हमारा अनुसन्धान कम रहता है, जल्दी से सफलता प्राप्त करने का लक्ष्य लेकर व्यक्ति या दलीयता का ज़ोर लगाना ही महत्त्वपूर्ण हो उठता है। ताक़त सिर्फ़ दम्भ में ही नहीं होती, नशा ही फलप्रद शक्ति नहीं होती, सत्य के साथ कोई ज़ोर-ज़बर्दस्ती नहीं चलती, निखिलेश की तरह उन तमाम आत्मस्थ विश्वासों पर हमारी कोई आस्था नहीं रहती।

मैं यह नहीं कह रहा हूँ कि यह केवल हमारी राजनैतिक, सामाजिक समस्या है। 'घरे–बाइरे' जिस प्रकार एक ही साथ राजनैतिक भी है और गृहनैतिक भी, हमारी समूची समस्या लगभग ऐसी ही है, एक ही साथ कई–कई स्तरों पर उसकी आवाजाही है। घर या कि बाहर, काम में या कि खेल में, एक के साथ दूसरे के सम्बन्ध बनने में यह प्रभुत्व या यह शक्ति ही हमें क़दम–क़दम पर संचालित करती रहती है, तब संयोग का अर्थ केवल प्रच्छन्न संयोगहीनता रह जाता है। हाथ से थोड़ी ही दूरी पर रह जाता है हाथ। बीच में सिर्फ़ आत्मश्लाघा की बात, आत्म–अहंकार की बात रह जाती है, रह जाती है महानगर के बवण्डर में चक्कर खाती अलस उत्क्षिप्त निष्फल विवर्ण कुछ बातें। याद आता है, 'आर्तुरो उई' में ब्रेष्ट ने एक बार लिखा था : 'बातें करने की बजाय काश हम कुछ काम कर पाते।'

पाँच

'घरे–बाइरे' के निखिलेश ने कई बार सन्दीप और विमला के संग बहसें की हैं, लेकिन जब कहने के बहुत सारे क्षण आये तो उसने कुछ भी नहीं कहा। आहिस्ते–आहिस्ते उसके उठकर चले जाने या धीरे–धीरे थोड़ी–बहुत बातें करने की छवियाँ विमला के मन में अंकित हैं। जैसे कि एक बार : 'मुझे लगा कि मेरे पति कुछ कहना चाहते हैं, लेकिन वे नहीं बोले, धीरे–धीरे वे चले गये।' यह चले जाना भी क्या कुछ नहीं कहता ? अपनी लम्बी ऊष्म वाग्मिता में सन्दीप जब देश की लड़कियों की अन्याय शक्ति की स्तुति कर रहा था, आवेग से भरकर कविता सुना रहा था, गरजते हुए कह रहा था 'हम सभी को बरबाद होने का दुर्जेय तेज दो', तब निखिलेश उसके बदन पर हाथ रखकर आहिस्ते–आहिस्ते कह रहा था : 'सन्दीप, चन्द्रनाथबाबू आये हैं।' और तभी सब कुछ पर नम्रता का एक प्रलेप चढ़ गया था।

क्या इस धीरता का कोई सुदूर फल नहीं मिलने वाला ? विमला जो कि इतनी उद्भ्रान्त और नासमझ है, वह भी लेकिन कभी देह की नीरव भाषा में देख पाती है : 'मेरे पति के अन्तर में एक गहरी वेदना उनके मुख पर परछाई डाल कर चली गयी है।' निःशब्दता ने उससे कुछ भी नहीं कहा, ऐसा नहीं है। वह देख पाती है कि किस तरह सारी उत्तेजनाओं के भीतर निखिलेश को 'मानो एक विषाद आकर आघात करता है। जो सामने दिखायी

दे रहा है उसके ऊपर से भी उन्हें मानो कुछ और भी दिखायी देता था।'

इस उपन्यास में एकाधिक बार कहा गया है कि 'निखिल चुप रहा'। नीरवता की भी एक भाषा होती है। कई बार हम उस भाषा को पढ़ना भूल जाते हैं। हम सिर्फ़ पढ़ना भूल जाते हैं ऐसा नहीं है, सम्भवत: हम जीवन में उसके प्रयोग को ही भूल जाते हैं, हम भूल जाते हैं कि कई बार नीरवता ताक़त भी होती है। भाषा के संयोग के साथ नीरवता का संयोग मिलकर संयुक्त रूप से एक संयोग की भाषा गढ़ लेता है। जीवन के क्रियाव्यापार में हम बार-बार उस भाषा को खो देते हैं। और तब ही चीत्कार बढ़ने लगता है, तब ही 'मैं' बढ़ने लगता है, तब ही एक-दूसरे के बीच सेतुहीन एक दूरी बढ़ने लगती है।

पश्चिमी दुनिया में एक रिवाज़ है, सामान्यतम किसी प्राप्ति पर भी कहना पड़ता है 'धन्यवाद', न कहना वहाँ अपराध है। हालाँकि अब 'पश्चिमी दुनिया में' कहने का कोई मतलब नहीं, क्योंकि अब यह हमारे लिये भी करणीय हो गया है। उस बात को हम इस तरह भी कह सकते हैं—कई बार कहते ही हैं—कि जिससे शब्द तो रहता है, लेकिन धन्यता कहीं नहीं रहती। इसके विपरीत, किसी शब्द की मदद के बिना भी, हम अपनी कृतज्ञता के उस मनोभाव को प्रकट कर सकते हैं, हमारे चेहरे की रेखाओं के ज़रिए, आँखों के देखने के अन्दाज़ से, हमारी समग्र देह की आभा से। रवीन्द्रनाथ की ऐसी दो पंक्तियाँ हैं :

> दया कहती है, तुम कौन हो जी कण्ठ में नीरवता ?
> आँसूभरी आँखें कहतीं, मैं हूँ कृतज्ञता।
>
> —कणिका

केवल आँसूभरी आँखें ही नहीं, नीरव देह भी तमाम क्षणों में अपनी विभिन्न प्रकार की भाषा को ढूँढ़ लेती है। उच्चारित शब्दों के बाहर भी तब संयोग का एक भिन्न प्रकार का बोध निर्मित होने लगता है। और फिर यह भी कि आवाज़ों में बहुत कुछ अनुच्चार भी घुला रह सकता है।

'कान ही हमारा अब एकमात्र लक्ष्य हो गया है'—'चिल्लाकर कहो' प्रबन्ध में इसी आक्षेप की बात थी। और, इसके बहुत दिनों बाद, पूरी तरह इसकी उलटी दिशा में, 'फाल्गुनी' नाटक में, एक नेत्रहीन बाउल के साथ नौजवान दलबल का एक कथोपकथन इस तरह चल रहा था :

क्यों भाई, मुझे ठीक तरह से ले तो जा सकोगे?

ठीक से ही ले जाऊँगा।

किस तरह।

मुझे तो क़दमों की आवाज़ सुनाई देती है।

कान तो हमारे भी हैं, लेकिन—

मैं तो सबकुछ से सुनता हूँ—सिर्फ़ कान से नहीं।

इस सबकुछ से सुनने के लिये कभी-कभी हमें तैयार होना पड़ता है। ऐसा सिर्फ़ कला के आस्वादन के लिये ही नहीं होता, ऐसा केवल प्रणय के क्षणों के लिये ही नहीं होता, ऐसा हमारे रोज़ के क्रियाव्यापार में, हमारी सामाजिक चर्चाओं के लिये भी होता है। इसीलिये संयोग के उद्देश्य से हमारे द्वारा गढ़ी गयी सभी भाषाओं में हम नीरवता का एक परिसर बिखराकर रखना चाहते हैं, सारे चीत्कारों से बाहर, सारे 'मैं' के भाव से बाहर। और इस तरह, हमारे किसी भी पारस्परिक सम्बन्धों में, इस 'सबकुछ' से सुनने के लिये हम स्वयं को उन्मुख रखना चाहते हैं। तब सिर्फ़ वाणी नहीं, हमारी आकांक्षा किसी और स्पर्श की होती है, तब कहने की इच्छा होती है : अपना वह हाथ बढ़ाओ।

डेढ़ महीने पहले, बंगसंस्कृति सम्मेलन के तत्त्वावधान में कर्जन पार्क में एक नाटक चल रहा था। देर शाम को, खुली जगह पर, छोटा-सा एक घेरा बनाकर वहाँ पर कुछ ऐसे लोग 'लाल कनेर' का अभिनय कर रहे थे, जिन्हें आँखों से दिखायी नहीं देता। बहुत थोड़े-से दर्शक थे। पूरी तरह से नेत्रहीन लोगों के सुन्दर अभिनय के अन्त में दर्शक जब उल्लास प्रकट करने लगे, तब एक अनूठा दृश्य दिखायी दिया। पंक्तिबद्ध खड़े होकर नाटक के सभी पात्रों ने अपने दोनों हाथ प्रार्थी की तरह आगे पसार दिए। वे क्या चाहते थे? कुछ चाहते थे क्या? उनमें से एक ने कहा : 'आप सभी आये, लेकिन हम तो देख नहीं पा रहे हैं। आप यदि हम सभी के हाथों को थोड़ा-सा अपने हाथों से छू दें, तो आपका अच्छा लगना हम लोगों तक पहुँच जायेगा, हमें भी अच्छा लगेगा।' दर्शकों ने एक-एक कर सभी के हाथों को अपने हाथों से छुआ, एक आपसी संचार घटित हो गया, किसी-किसी की आँखें नम हो उठीं।

हम लोग जब सचमुच का जुड़ाव चाहते हैं तो हम भी ऐसे ही कुछ शब्दों को ढूँढ़ लेना चाहते हैं, ऐसी ही कुछ बातें, जो नेत्रहीन के स्पर्श की तरह

बिलकुल सीने के भीतर तक जा पहुँचे। शायद हम ऐसा नहीं कर पाते, लेकिन फिर भी ढूँढ़ना तो पड़ता ही है, हमें हर वक़्त शब्द के उस भीतरी स्पर्श की तलाश करते रहना होता है।

(२००७)

वे किस तरह जी रहे थे

किस तरह जी रहे थे वे, नये समय के पाठक अब से केवल उनकी कविताओं के माध्यम से ही इस बात को जान सकेंगे।

नये समय की कविता कैसी हो सकती है, इस बात को लेकर पचास वर्ष पहले एलेन गिन्सबर्ग ने हाल ही में बने अपने युवा मित्र सुनील को एक बार कुछ बातें लिखी थीं। 'हाउल' के ज़रिये पूरी दुनिया को दीवाना बना कर गिन्सबर्ग उन दिनों कोलकाता-वाराणसी घूमते फिर रहे थे, वे 'कृत्तिवास'* के कवियों के साथ घुल-मिलकर एकाकार हो गये थे। उस समय वे सुनील को लिख रहे थे : तुम जो कुछ भी महसूस करते हो उसे ठीक-ठीक कहते चलना ही कविता का काम है, जहाँ पर तुम्हारी सब तरह की स्वीकारोक्तियाँ रहेंगी, हर तरह का असन्तोष रहेगा और सब तरह की उच्छलता रहेगी। 'तुम्हारा क्या होना उचित है' उस तरफ़ ज़रा भी ध्यान न रखते हुए कविता आज जानना चाहती है कि तुम ठीक किस तरह के हो।

अपने ही भीतर से वैसी ही एक दिशा में सुनील अग्रसर होना चाह रहे थे, फिर भी इस चिट्ठी ने उनकी अन्तिम दुविधा को तोड़ने में शायद मदद की थी। और इसीलिये 'अकेले और कुछेक लोग' के कवि 'मैं किस तरह जीवित हूँ' के वृत्तान्त में एक झटके में आगे बढ़ आये थे। और यह वृत्तान्त केवल उनकी उस एकमात्र पुस्तक का शीर्षक बनकर ही रह गया, ऐसा नहीं है, वरन यही उनकी आद्यन्त समस्त कविताओं का सामान्य परिचय भी बन गया था। उनकी कवितायें उनके जीवित रहने का धारावाहिक-विवरण हैं। वे उस विवरण को नये समय की भाषा में इस तरह कहते

---

* सुनील गंगोपाध्याय के सम्पादन में निकलने वाली बाङ्ला कविता-पत्रिका।

चलते हैं कि बहुत-से पाठकों को उनमें अपनी ही आत्मप्रतिच्छवि दिखायी देती है, जिन्हें वे स्वयं नहीं देख सके थे, या कि जिसे उन्होंने देखने की कामना ही नहीं की थी। इस तरह, आत्मस्वीकारोक्ति के द्वारा ही सुनील ने एक बड़े पाठकसमाज की भी स्वीकारोक्ति तैयार कर ली थी।

मैं किस तरह जी रहा हूँ, इसे देखने जायें तो लोग केवल 'मैं' पर ही अटके रहते हैं, ऐसा नहीं है। मेरे उस जीवित रहने में जिस तरह मेरा अपना दैनन्दिन शामिल रहता है, वैसे ही मेरे आसपास के लोग और पृथ्वी भी शामिल रहते हैं। वह भी तो 'मैं' का ही अनुभव होता है, मेरे जीवित रहने का अनुभव। तभी भूमध्यसागर के ऊपर से उड़ रहे हवाई जहाज़ के भीतर अपनी ही भूख से कातर चीख़ के समानान्तर समूचे जगत के भूखे लोग दिखायी दे सकते हैं, तभी 'पीछे जलता हुआ यूरोप और सामने भस्मसात स्याह प्राच्यदेश' दिखायी दे सकते हैं। तब चे ग्वेरा की मृत्यु आकर मुझे अपराधी ठहरा सकती है, तभी राह किनारे बैठी उपेक्षिता को देखकर किसी को अपनी धाय माँ की याद आ सकती है, अपने देश की माटी के लिये आवेग से भरे प्रेम में तभी कहा जा सकता है 'अगर निर्वासन देते हो, मैं होंठों पर उँगली रखूँगा / मैं ज़हर पीकर मर जाऊँगा!' लेकिन सबकुछ को संलग्न कर जो व्यक्ति इस देश, इस पृथ्वी को इस तरह प्यार करता है, कई बार खण्ड रूप से या ग़लत ढंग से वही व्यक्ति नितान्त व्यक्ति-केन्द्रित, अतियौनता-कातर व्यक्ति के रूप में या फिर नितान्त रवीन्द्रविरोधी के रूप में चिह्नित हो जाता है।

अलग-अलग कुछ पंक्तियाँ उस ग़लत समझने में अवश्य ही मदद करती हैं, जैसे कि, एक समय 'तीन जोड़ लात से पाँवदान पर लोट रही है रवीन्द्र रचनावली'-जैसी पंक्ति को लेकर काफ़ी हो-हल्ला हुआ था। उस ज़माने में बहुतों को लगा था कि यह तो 'ईश्वरद्रोहिता' है। पलंग पर कुछ किताबें रखी हुई थीं, उनमें रवीन्द्ररचनावली भी थी, सो रहे तीन मित्रों के पैर लगने से ज़मीन पर वह जा गिरी थी, घटना सिर्फ़ इतनी-सी थी। लेकिन इस घटना को यदि कविता में नहीं ही लाते तो क्या नुक़सान होता? नुक़सान कुछ भी नहीं होता, यह घटना सामने नहीं आती, यह तसवीर हमें नहीं मिल पाती। मन में यदि रवीन्द्र के प्रति विद्वेष न रहे तो क्या कोई ऐसी पंक्ति लिख सकता है? ऐसा प्रश्न मन में उठे तो उन्हें इस व्यक्ति की ही कुछ और पंक्तियों का हवाला देना पड़ता है : 'कुछ दिनों से मन भारी आनन्द

से भरा हुआ है। मैं सिर्फ़ रवीन्द्रनाथ की कवितायें पढ़ रहा हूँ।'

इसका मतलब यह नहीं है कि कविता की दुनिया में इस कवि ने या कि अन्य कवियों ने रवीन्द्रनाथ से ख़ासी दूरी बनाये रखने की कामना नहीं की थी। उन्होंने अवश्य ही कामना की थी, उन्होंने कई तरह से इस दूरी की कामना की थी। लेकिन सुनील गंगोपाध्याय के लिये वह दूरी 'मैं किस तरह जी रहा हूँ' के बोध की तरह ही थी। रवीन्द्रनाथ ने एक बार एक प्रबन्ध में लिखा था 'जैसा होना अच्छा' की ओर 'जैसा होता है' को जाना चाहिए। रवीन्द्रनाथ का समूचा जीवनबोध और साहित्यबोध इस 'चलने' पर निर्भर था। और इसके ठीक विपरीत थी गिन्सबर्ग की वह सलाह कि 'What should be' leads one astray। इस विपरीत में ही सुनील के समूचे जीवन के 'मैं किस तरह जी रहा हूँ' की दलील है। इसलिये, रवीन्द्रनाथ की कविता पढ़कर कुछ दिनों से मन के अच्छे होने के बावजूद सर्जना के क्षण में उन्हें उस जगत से बहुत दूरवर्ती हो जाना पड़ा था।

दूरवर्ती उस जगत में छोटी मौसी के आँचल में मुँह छुपाकर रोते हुए पहले यौन आनन्द पाने के वयःसंधि-शोभन नितान्त ही स्वाभाविक एक अनुभव को व्यक्त करते हुए एक दिन इस कवि को कितना अधिक धिक्कृत होना पड़ा था। इसमें कोई संदेह नहीं कि तीव्र यौनता उनकी कविताओं का अन्यतम आधार है। लेकिन वह वहीं पर ठिठकी नहीं जाती, इसे अतिक्रमित कर वे अपनी कविता को एक व्याप्त मदिर प्रेम के संसार में पहुँचा देते हैं, इस बात को हम अक़्सर भूले रहते हैं, भूले रहते हैं एक कातर करुण प्रेमी के चेहरे की आर्त्त छवि को। जहाँ जाकर कहा जा सकता है 'आजा छुटकी, स्वर्ग के बग़ीचे में हम आज दौड़भाग करते हैं', प्रेम सुनील गंगोपाध्याय की कविताओं में वही बग़ीचा है। 'नीरा'[१] के प्रेमी के रूप में ही उनकी जनप्रिय पहचान है, और वह पहचान मिथ्या नहीं है। लेकिन केवल 'नीरा' के लिये नहीं, केवल स्त्री के लिये नहीं, सुनील की कविताओं में देश के हर ज़र्रे के लिये, हर मनुष्य के लिये प्रेम बिखरा हुआ है। जिस प्रकार व्यक्ति-जीवन में, ठीक उसी तरह कविताओं में भी, यह प्रेम उनकी सबसे बड़ी ताक़त है, सबसे बड़ी पहचान है। यह प्रेम किसी दायरे में सिमटा हुआ नहीं है, यह सर्वात्मक सर्वभक्षी प्रेम है।

---

१. सुनील गंगोपाध्याय की कविताओं की एक अत्यन्त लोकप्रिय पात्र।

और इस प्रेम के विषय में बोलने के लिये सुनील जिस भाषा और भंगिमा का उपयोग करते हैं, उससे कविता के साथ गद्य–समाज की दूरी आहिस्ता–आहिस्ता मिटती जाती है। इस दूरी को पूरी तरह से मिटा देना ही उनके कवि–जीवन का एक मुख्य काम था। आज से लगभग पैंतालीस वर्ष पहले एक निर्जन दुपहरी में उन्होंने अपने किसी मित्र से कविता की नयी राहों की तलाश के विषय में चर्चा की थी। वे उस समय अमेरिका के आयोवा शहर में एक वर्ष के प्रवास जीवन को छोड़कर लौट आये थे, समकालीन विश्वकविता के साथ वे गहरे रूप से परिचित हुए थे। उन्होंने तब कहा था, हमारा रास्ता अब लिरिक का रास्ता नहीं है, आज एक भिन्न प्रकार के गद्यपंथ पर हमारी कविता को चलना है। कम–अज़–कम उनकी कविता तो उसी समय से अतिरहस्य के मायाजाल को छोड़ कर उस गद्य के पथ पर चलने की कोशिश करने लगी थी।

गद्य और पद्य एकाकार हो जाते हैं, यापन और सृष्टि एकाकार हो जाते हैं, सिर्फ़ एक स्वच्छ मूरत अपनी स्वाभाविक सूरत लिये जागी रहती है। उनके जीवनगत आचरण की स्वच्छन्दता और स्वतःस्फूर्ति उनकी कविताओं और उनके प्रवहमान गद्य में अपने निशान छोड़ गयी हैं। लेकिन यह सारा कुछ पाठकों के सामने मानो एक स्वच्छन्द जलधारा के रूप में प्रवाहित हो रहा है। एक दिन उस पानी में पहाड़ों से पछाड़ खाकर उतर आने की तेज़ी थी, फिर धीरे–धीरे वह प्रवाह मृदुता की ओर बढ़ता गया था। तीक्ष्ण पीड़ायें गहरी वेदना में तब्दील हो गयी थीं।

उन सारी वेदनाओं को अपने भीतर लेकर सब कुछ को देखने की चाहत रखने वाला, सब कुछ को छूकर देखने वाला प्रेम से परिपूर्ण वह व्यक्ति चला गया। जिन्होंने प्रेम के हीरे के आभूषण के साथ जन्म लिया था, उनका इस तरह अकस्मात चले जाना मानो पक्षी की आँखों से रेत के कण की भी असामान्यता को देखते–देखते चले जाना है। यमुना का हाथ थामे स्वर्ग के बग़ीचे में अब यह उनके दौड़भाग करने का समय है।

(२०१२)

देवेश को लेकर व्यक्तिगत

हमारे समय के श्रेष्ठ उपन्यास-लेखक देवेश राय के विषय में यह कोई विधिवत लेख नहीं है। वैसा कुछ लिखने का मुझमें सामर्थ्य भी नहीं है। जिन व्यक्ति-देवेश को मैं पिछले साठ वर्षों से थोड़ा-बहुत जानता हूँ, उनके विषय में सामान्य-सी कुछ बातें यहाँ पर हैं, चौदह वर्षों बाद लगातार पाँच अन्तरंग क्षणों की बातें... ।

१९५४

मैं उन दिनों विश्वविद्यालय में पढ़ रहा था, सहपाठियों के रूप में जलपाईगुड़ी में कई लोगों का आविर्भाव हुआ था। चर्चा के दौरान मुझे उनके एक प्रिय मित्र दिनेशचन्द्र राय के बारे में पता चला, उम्मीद की गयी कि अगले वर्ष उसके साथ हम लोगों की मुलाक़ात हो सकती है। उसकी बुद्धिमत्ता और वाकचातुर्य, यहाँ तक कि उसकी सुन्दरता की अनेक प्रशस्तियाँ सुनकर मैं लगभग ईर्ष्याकातर हो उठा था। फिर वर्ष १९५४ के एक दिन उसी दिनेशचन्द्र ने कोलकाता में क़दम रखा। और मुझे महसूस हुआ कि मानो हम बहुत दिनों से एक-दूसरे से परिचित हैं, देखते-ही-देखते हम गहरे मित्र बन गये।

तमाम तरह की बातचीत के दौरान उन दिनों दिनेश अकसर अपने भाई-बहनों के विषय में चर्चा किया करता था। वह जब चर्चा करता तो उसके चेहरे से इतना स्नेह छलकने लगता कि मैं समझ जाता, वह अपने परिवार से कितना प्यार करता है। वह सबसे ज़्यादा अपने एक गुणी भाई के बारे में बताया करता था। उसके बारे में बताते हुए उसके स्वर में केवल स्नेह ही नहीं एक श्रद्धाभाव भी जाग उठता था। वह कहता, बचपन से ही वह

पूर्णकालिक कम्युनिस्ट कर्मी है, बचपन से ही वह अच्छा-ख़ासा लेखक है। हम जब यह सब बातें सुन रहे थे तब उस भाई की उम्र अठारह वर्ष थी, लेकिन कर्मी और लेखक के रूप में दिनेश उन दिनों जिस प्रकार की भाषा का व्यवहार करता था, उससे वह एक वयस्क व्यक्ति ही लग सकता था। लेकिन ऐसा उसके और एक वर्णन की वजह से नहीं हो सका था। दिनेश के उस भाई देवेश का नाम जिस पल मुझे याद आया—और आज भी—उस पल मुझे उस वर्णन की तसवीर में उसकी ही झलक दिखायी देती रही।

'वह किस प्रकार की शरारतें करता है, पता है?'—दिनेश ने बताया था—'घोर दुपहरी में हो सकता है वह मकान की छत पर दौड़भाग करता दिखायी दे जाय, नहाना नहीं, खाना नहीं, माँ नीचे से डाँटती हुई नहाने के लिये आवाज़ लगा रही हैं, और वह तुरन्त 'देश' पत्रिका में छपी किसी कविता की पंक्ति दोहराने लगता, माँ को सुनाते हुए हँसने लगता।'

मेरे मन में देवेश की यह अनदेखी तसवीर ही क्यों उभरती रहती है, इस बारे में मैंने कभी-कभी विचार भी किया है। उसकी वह छटपटाहट भरी चंचलता, कौतुक से भरी उच्छलता, और इसी के साथ उसके भीतर की कविताप्रियता के अलावा भी उस तसवीर में उसका एक और आयाम मेरे लिये उभर आता था—उसकी पारिवारिकता। बाद में जब मैंने उसे लम्बे समय तक रूबरू देखा, तब लगा कि यह परिव्याप्त पारिवारिकता उसके चरित्र का एक बड़ा धर्म है। उस पारिवारिकता का आरम्भ अवश्य ही अपने परिवार से हुआ था, लेकिन वह उसी पारिवारिकता में अपने परिचितों को भी शामिल करके, उन्हीं के बीच जीना चाहता है। निकट आत्मबन्धन में वे परिचित लोग तो ठीक ही हैं, एक पारिवारिक वृत्त में सम्पूर्ण रूप से उन्हें शामिल कर लेना उसका राजनीतिक कार्य भी हो सकता है।

अगले ही वर्ष, सन १९५५ में, देवेश की रचना को लेकर दिनेश की अग्रिम प्रशस्ति का यथार्थ रूप में एहसास हमें 'देश' पत्रिका में छपी एक कहानी के माध्यम से हुआ था, कहानी का शीर्षक था 'हाड़काटा'। यह हमने पहली बार उसकी रचना पढ़ी थी। एक कसाई को लेकर लिखी उस कहानी की विषयगत विशिष्टता ने ही हमारे मन को छुआ था ऐसा नहीं था, उसकी लेखन-शैली ने भी हमें प्रभावित किया था—जिस शैली में स्वभावतः बाद में बहुत बदलाव भी आया। बहुत दिनों बाद उस रचना को

फिर से पढ़ते हुए मुझे समझ में आया कि उसने कहाँ पर प्रभावित किया था, किस अनुपुंज कविदृष्टि में : 'लोग कहते हैं बकरा काटते-काटते बकरे का ख़ून भी ननकू की आँखों में आ मिला है। इसीलिये उसकी आँखें इतनी लाल रहती हैं, माथे पर असंख्य निशान, लगता है मानो एक बाघ ने शिकार न पाने की वजह से हिंसक होकर एक आबनूस के पेड़ के समूचे शरीर को पंजों के वार से क्षत-विक्षत कर दिया है। सारे अंगों की हड्डियाँ किसी भी प्रकार की मांसल प्रतिबन्धकता न पाकर उसके शरीर को ज्यामिति के कोण-उपकोण की उदाहरणमाला में तब्दील कर रही हैं।'

दो-तीन वर्षों के भीतर दो और स्मरणीय कहानियाँ लिखकर ('आह्निक गति और बीच का दरवाज़ा' तथा 'दोपहर') देवेश तत्कालीन लेखक-समाज की आँखों का तारा बन गया था, मित्रों के साथ मिलकर उसने कहानी की नवीन शैली का एक आन्दोलन खड़ा कर दिया। बाद में हालाँकि उसे लगा कि उस आन्दोलन में बहुत कम चीज़ों को लेकर बहुत अधिक अपेक्षा की गयी थी। वहाँ पर कथन की आधुनिकता के बावजूद एक नाटकीयता की सीमाबद्धता रह ही गयी थी। स्वयं को आगे बढ़ाने के लिये यह लगना उसके लिये अनिवार्य था, हालाँकि हम-जैसे पाठकों के लिये उस समय की थरथराहट भरी उत्तेजना एक ताज़े आविर्भाव के लिये कुछ ही समय बाद की 'निरस्त्रीकरण क्यों' या फिर 'विस्थापित'-जैसी कहानियों के लिये स्मरणीय बनकर रह गयी है। इतने दिनों में मैं समझ गया था कि देवेश घोरतर राजनैतिक व्यक्ति है। लेकिन उन दिनों जिन्हें राजनैतिक कहानी-उपन्यास कहा जाता था, उनके साथ उसकी कहानियों का ज़रा भी मेल नहीं था। उसके हाथों राजनैतिक आख्यान की एक नयी संज्ञा तैयार होने वाली है, मैं तब भी पूरी तरह से इसे नहीं समझ सका था।

१९६८

उस बार मैं लक्ष्मीपूजा से एक रात पहले जलपाईगुड़ी पहुँचा था। देर रात बाढ़ आ गयी। तिस्ता का बाँध टूट गया था और पानी गाँव-शहर को बहाये ले जा रहा था, शहर की ऊँची जगहों पर भी पानी दस-बारह फुट तक चढ़ आया था। चारों ओर जान-माल का बहुत अधिक नुक़सान हो रहा था, और हम बहुत सारे लोग दूसरी मंज़िल के एक कमरे में क़ैद होकर रह गये थे।

दो दिन बाद पानी उतर गया। कछार पर 'बाहर' के साथ 'भीतर' मिलकर

एकाकार हो गया था। राहत के बिना किसी को भोजन नहीं मिलना था। साधारण लोगों की तत्परता की वजह से सिलीगुड़ी से उस राहत के आने की शुरुआत भी हो गयी थी। लेकिन अचानक उसे रोक दिया गया। अव्यवस्था को वजह बताकर उस पर रोक लगा दी गयी।

इससे अव्यवस्था समाप्त हो गयी, ऐसा नहीं हुआ। उस अव्यवस्था के बीच मुझे एक दिन पता चला, राहत के प्रसंग में बहस करते हुए देवेश मिलिट्री की बंदूकों के सामने अपने सीने पर से कमीज़ हटाकर खड़ा हो गया था, वह कह रहा था : 'अगर हिम्मत है तो मारिये यहाँ पर।' देवेश जिसे राजनीतिक रोज़मर्रे की बात समझता है, उसी की वजह से उसका यह दौड़ जाना है, बंदूक के रूबरू खड़ा होना है। अकेले देवेश? हाँ, उस क्षण अकेले ही।

एक पंक्ति मन में बहती चली आई। 'सोचता हूँ, अकेले बाँधना संभव है? ऐसा क्या कभी हो सकता है'? मुझे आरुणी की कहानी याद आ गयी, कुछ दिनों बाद जो एक कविता में आकार लेगी।

उस दिन देवेश ने ही उस धूल भरे शहर में आरुणी की तसवीर ला दी थी।

१९८२

जादबपुर विश्वविद्यालय के बाङ्ला विभाग में एक बार तय हुआ, हर सप्ताह विद्यार्थियों के सामने कोई लेखक आकर अपनी रचनाधर्मिता के विषय में थोड़ी बातचीत करेंगे। समालोचक और अध्यापक तो इस बारे में कितनी ही बातें करते हैं। लेकिन जो स्वयं स्रष्टा हैं, उनसे उनकी रचना का इतिहास या रचना की प्रक्रिया के विषय में जान पाना निश्चय ही पूरी तरह से एक भिन्न स्वाद दे सकता है? इस परिकल्पना से सभी बहुत उत्साहित थे।

पहले ही दिन समरेश बसु को पकड़ कर लाने में सफलता मिल गयी। क्लास के कमरे में यह आयोजन किया गया था। लेकिन हम लोग अनुमान नहीं लगा पाये कि केवल साहित्य-चर्चा सुनने के लिये लोगों की इतनी भीड़ इकट्ठी हो जायेगी। कमरे में भारी भीड़ थी, बरामदा लोगों से ठसाठस भर गया था, सीढ़ियों पर तमाम लोगों का झुण्ड मौजूद था।

अगले ही सप्ताह हमने देवेश को आमन्त्रित किया। इस बार वैसा उन्माद

नहीं होगा, यह तो हमें पता ही था। इस बार केवल साहित्य-पिपासु लोग ही रहेंगे, यह जनसभा न होकर वास्तविक रूप से साहित्यसभा ही होगी।

जिस कमरे में चर्चा होनी थी, तीन बजे तक उसी कमरे में हमारी क्लास थी। तय हुआ था क्लास के बाद विद्यार्थी वहीं पर सेमिनार के लिये इंतज़ार करेंगे। क्लास से निकल कर अपनी बैठक तक जाने के रास्ते में मैंने देखा कि बीच के एक कमरे में कुछेक अध्यापकों के साथ देवेश बातचीत में मशगूल है। मैंने उसके पास जाकर कहा : 'बैठो थोड़ी देर, अभी शुरू करते हैं।'

लेकिन किन्हें लेकर शुरू करें? अपने कमरे में पहुँचते ही ख़बर मिली, क्लास वाला कमरा ख़ाली है। विद्यार्थियों की तलाश में बरामदे में कई बार चहलक़दमी करनी पड़ी। कैंटीन से कुछेक को पकड़कर लाया गया। एक कामचलाऊ समावेश के बाद मैं देवेश के पास जाकर खड़ा हो गया। मैंने अनुद्विग्न शान्त स्वर में कहा : 'तो चलो—' बातचीत बीच में छोड़कर देवेश तुरन्त उठ खड़ा हुआ। और उठते ही, उसने पहली बात कही : 'आप इतनी दुश्चिन्ता क्यों कर रहे हैं? मेरी बात सुनने के लिये क्या लोगों की भीड़ जमा होगी? मुझे कौन पहचानता है? आइए—'

हम सब एकसाथ क्लास वाले कमरे की ओर बढ़ चले। लेकिन मैं उस समय भीतर-ही-भीतर स्तंभित हो रहा था। उस कमरे की बाज़ू से मैं जितनी ही बार गुज़रा, देवेश ने एक बार भी उस ओर नहीं देखा था। विद्यार्थी उस कमरे में हैं या नहीं, इसे लेकर किसी ने उससे कोई बातचीत नहीं की थी। मैं अपनी व्यग्रता को छिपाने की भरसक कोशिश कर रहा था! लेकिन देवेश को यह सब कैसे समझ में आ गया?

तब हमें उसकी दृष्टि-क्षमता का पता चला। हम जितना देखते हैं, बस उतना ही देखते हैं। लेकिन एक बिंदु के पास और भी कई परिपार्श्वों को क्षण भर में यदि न देख पायें तो फिर वे भला कैसे उपन्यासकार बन सकेंगे? मैं सोच रहा था कि मैं ख़ुद को छिपा रहा हूँ, लेकिन उपन्यासकार की नज़रों से देखकर उस गोपन आच्छादन को तोड़ते हुए देवेश अन्तस्तल तक देख पा रहे थे।

हालाँकि उस दिन स्तंभित होने की और एक वजह थी। देवेश तब कोई सर्वजनप्रिय कथाकार नहीं थे, उनका 'तिस्तापार का वृत्तान्त' भी तब तक

नहीं छपा था। लेकिन 'ग्रामांचल का वृत्तान्त'-जैसी कमाल की पुस्तक छप चुकी थी, जिस पुस्तक के बाद उसके स्वातंत्र्य को समझने में ग़लती का सवाल ही नहीं उठता। उस 'च्यारकेटु' की बात किस तरह लिखी गयी, बच्चे-बच्चियों में यह जानने का आग्रह नहीं होगा क्या?

नहीं, उस दिन देवेश ने इस बारे में कुछ भी नहीं कहा था। अपने उपन्यास का वृत्तान्त न बताकर उसने घंटे भर बाङ्ला उपन्यास का वृत्तान्त सुनाया था। एक पश्चिमी सादृश्य को सामने रखने के फलस्वरूप किस तरह ग़लत आधुनिकता में हमारे पूरी तरह अपने निजी घराने की सम्भावना लुप्त हो गयी, उस दिन देवेश इसी का इतिहास सुनाता रहा। वह क्या उस दिन हमारे द्वारा तय किये गये विषय को ही भूल गया था? मुझे तो लगा वह भूला नहीं था। क्योंकि देखने या विश्लेषण का वह इतिहास ही उसके अपने उपन्यास-चर्चा का इतिहास था। देवेश अकसर कला में एक अन्तर्घात की बात करता है। अपने ही सृजित इतिहास में उस अन्तर्घात की एक प्रच्छन्न धारणा देने के लिये ही—स्वयं को ओट में छिपाकर—पुराने अन्तर्घात के चेहरे को ही उसने श्रोताओं के सामने लाने की कोशिश की थी। इसके अलावा उसके पास कोई चारा भी नहीं था। निर्वैयक्तिकता के शिल्पादर्श में अज्ञातवास जहाँ ज़रूरी है, प्रत्यक्ष रूप में रहते हुए भी ऐसा वर्णन वैसा ही एक अज्ञातवास है।

सभा के संचालन की ज़िम्मेदारी विभूति और अभ्र राय की थी। उच्छ्वसित मन्तव्य में उस दिन उसने कहा था : ऐसा एक भाषण सुन पाना एक जीवन का सौभाग्य है। यह एक अनुभव है, एक दिग्दर्शन।

वह भी एक अनुगामी कथाकार था।

१९९६

सुबह-सुबह अचानक एक फ़ोन आया। देवेश की आवाज़ थी। थोड़ी अनिश्चितता, थोड़े डर के भाव थे। बोला : 'रवीन्द्रनाथ की एक कविता है न 'आगमन'? उसे इसी वक़्त पढ़ने की बड़ी इच्छा हो रही है, लेकिन वह मुझे मिल नहीं रही।'

'किसी के हाथों भिजवा दूँ?'

'नहीं, नहीं, भिजवाने की ज़रूरत नहीं है। अगर सुन सकूँ तो भी हो

जायेगा। आप थोड़ा पढ़कर सुनायेंगे?'

'खेया' नहीं, मैं तब 'संचयिता' से ही पढ़कर वह कविता सुनाता रहा। अँधेरी रात में हम सोच रहे थे आज कोई नहीं आयेगा। दो-एक लोगों ने कहा था आज आयेंगे महाराज, लेकिन हमने उस पर विश्वास नहीं किया था। दरवाज़े पर दस्तक हुई, हमारा आलस्य तब भी दूर नहीं हो रहा था। दो-एक लोगों ने कहा था दूत आया है, लेकिन हमने कहा : शायद हवा है। हमारी समस्त अनिश्चितताओं, अविश्वासों में से होते हुए फिर भी दरवाज़े पर हाज़िर हो जाते हैं दुःखरात्रि के राजा, हम फिर भी तैयार नहीं रहते! 'हाय से भाग्य हाय रे लज्जा—कहाँ है सभा कहाँ है सज्जा।'

पूरी कविता सुनने के बाद देवेश इस कविता के आवेग-सौन्दर्य को लेकर ही कुछ बातें बताने लगा, लेकिन मैं सोच रहा था आज इस समय उसे इस तरह इस कविता को सुनने की इच्छा क्यों हुई भला।

वह समय देश की राजनीति के पक्ष में बोलने का समय था। समूचा देश एक नये निर्णय की प्रतीक्षा में उन्मुख था। भारत के इतिहास में पहली बार हमारे पूरे देश की ज़िम्मेदारी एक कम्युनिस्ट नेता के कन्धों पर जाने वाली थी। लेकिन क्या वे इस ज़िम्मेदारी को उठा सकेंगे? उनका दल क्या इस बात के लिये राज़ी होगा? पूरी मन्त्रीसभा तो उस दल की नहीं थी—तो इस तरह आंशिक रूप से ज़िम्मेदारी उठाकर क्या सचमुच वे नेता किसी काम में संलग्न हो सकेंगे? नहीं, दल में विचार-विमर्श के बाद तय किया गया कि इस तरह से ज़िम्मेदारी नहीं ली जा सकती।

तो क्या यह निर्णय ग़लत हो गया? इसे लेकर बहस होती ही रहेगी। बाद में कुछ लोग कहेंगे, यह केवल ग़लती नहीं थी, ऐतिहासिक भूल थी। दरवाज़े पर एक बहुत बड़ा अवसर आकर खड़ा हुआ था, दो-एक लोगों ने कहा था 'तो फिर दूत आ ही गया', लेकिन 'हमने हँसते हुए कहा था, 'शायद हवा है'।'

मैं समझ गया कि अभी तुरन्त यह कविता सुनना देवेश के लिये क्यों इतना अपरिहार्य हो उठा था। 'तो फिर दूत आ ही गया' की प्रत्याशा 'शायद हवा है' के अविश्वास में टूट गयी थी—उसने उस क्षण निश्चय ही रवीन्द्रनाथ की कविता में उस वेदना की प्रतिच्छवि की तलाश की थी। देवेश की राजनीति किस तरह हर क्षण कविता या फिर शिल्प के साथ संलग्न रहती

है, और उसका कविता–पाठ भी किस तरह हर क्षण उसके द्वारा अनुभूत एक राजनीति के साथ, उसकी समूची सत्ता के साथ संलग्न रहती है, एक मायामय उदाहरण बनकर उस सुबह मेरे मन में स्थायी रूप से बस गयी।

२०१०

पहले की अपेक्षा आजकल मुलाक़ात बहुत कम होती है, फ़ोन पर भी कभी–कभार ही बात होती है। ऐसे समय में, अप्रैल के मध्य में एक दिन पहले से सूचित करके देवेश आ पहुँचे। उनके हाथ में था नए वर्ष में प्रकाशित 'बरिशाल के योगेन मण्डल'। हाथ में लेकर मन ख़ुशी से भर उठा।

जैसा कि देवेश अकसर करता रहा है—बरसों तक तमाम जगहों पर भिन्न–भिन्न समय में कुछ आख्यान प्रकाशित होते रहे, जो मूल रूप से एक महाआख्यान के अंश ही हैं। अंश को पूर्ण मान लेने में भी कोई असुविधा नहीं; पुराने अर्थ में यह किसी रचना का धारावाहिक प्रकाशन नहीं है। अंश और पूर्ण एक–दूसरे का हाथ थामे चलते हुए किसी सम पर आ पहुँचते हैं।'बरिशाल के योगेन मण्डल' एक ऐसा ही महाआख्यान है। इसके लिखे जाने के शुरुआती दौर से ही विभिन्न कारणों से हम बहुत उत्सुक थे—इतने दिनों में वह अब पुस्तकाकार रूप में छपी है। यह पुस्तक हज़ार पृष्ठों से भी अधिक की है। लगभग चार दशक पहले मेरी टेबल से 'मनुष्य ख़ून क्यों करता है' शीर्षक उपन्यास को हाथ में लेकर संदीपन ने कहा था 'किताब, इतनी बड़ी होती है?' उससे भी दोगुने आयतन वाली इस किताब को देखता तो फिर वह क्या कहता!

लेकिन केवल उस वजह से नहीं, 'आदमी क्यों ख़ून करता है' की बात एक और वजह से याद आ गयी। उसके आयतन के विषय में मेरे विस्मय को देखकर तब देवेश ने कहा था : बहुत कुछ फेंक देना पड़ा, बार–बार लौट–लौट कर कई बार लिखना पड़ा। बहुत कुछ फेंक देना? कई बार लिखना? उसे इतना समय कैसे मिलता है, और इतना धीरज भी उसे कहाँ से हासिल होता है? परिवार, बन्धु–बान्धवों, साहित्यजगत और राजनीति को लेकर पूरे समय तो उसे दौड़–भाग करते देखता हूँ। इन सबके बीच वह कब इतनी मेहनत कर पाता है? इसमें लगभग एक अलौकिकता ही है। 'बरिशाल के योगेन मण्डल' के विषय में भी वह थोड़ा शर्माते हुए

कहता है : 'इसे और भी बड़ा होना था, लेकिन मुझे इसे बीच में ही रोक देना पड़ा।' इसका मतलब यह कि एकदम अन्तिम हिस्से में मानो लेखक ने ही नॉवेल को त्याग दिया, मानो वह कह उठा हो : बहुत हुआ, अब और नहीं। इतनी मेहनत के बीच उसकी एक बेपरवाही भी है।

अब तक उस ऐतिहासिक महाग्रन्थ का पूरी तरह समादर हो सका है मुझे नहीं लगता, हमारी स्वाधीनता के इतिहास का एक उपेक्षित अध्याय यहाँ गुँथा हुआ है। जो लोग केवल इतिहास को लेकर चर्चा करते हैं, उनका मन इस अध्याय की ओर आज भी पूरी तरह से निविष्ट नहीं हो सका है। उसी अध्याय से, यहाँ पर भी उपन्यासकार की इतिहास-दृष्टि से एक 'अपर' का अनुसन्धान है। 'ग्रामांचल का वृत्तान्त' या फिर 'तिस्तापार का वृत्तान्त' के 'अपर' से वह स्वतन्त्र है, फिर भी जुड़ा हुआ है। बहुत दिनों पहले देवेश ने कहा था : 'एक उपन्यासकार व्यक्ति की ऐतिहासिकता को लिखना चाहता है। व्यक्ति के इतिहास का मतलब व्यक्ति का जीवन नहीं होता। वह जीवन जिस इतिहास का अंश है उस इतिहास में उस व्यक्ति को स्थापित करना ही उपन्यास का काम होता है।' उसके इस महा-उपन्यास में वही काम अब तक अधूरा है, जिसकी अन्तिम कुछ पंक्तियाँ हैं : 'योगेन स्वयं को देखना चाहता है, भारतवर्ष नामक हज़ार-हज़ार वर्षों के ध्यान का वह एकमात्र प्रतिनिधि है, एक शूद्र। जो पाकिस्तान जा रहा है। उस ध्यान के स्वदेश को सत्य बनाये रखने के लिये। / शूद्र के अलावा वह ज़िम्मेदारी भला और कौन लेगा।'

उसके पुराने वृत्तान्तों के साथ इस तरह योगेन मण्डल का वृत्तान्त भी शामिल हो जाता है, और उपन्यास का यह अन्तिम वाक्य हमें भावी भारत के किसी स्वप्न की ओर ले जाना चाहता है।

उस दिन उस स्वप्न को मेरे हाथों में सौंपकर देवेश ने विदा ली थी।

(२०१३)